『山东大学中文一流学科建设经费』资助项目

山东大学中文专刊

面向构式知识库构建的现代汉语『A+一+X，B+一+Y』格式研究

刘洪超 著

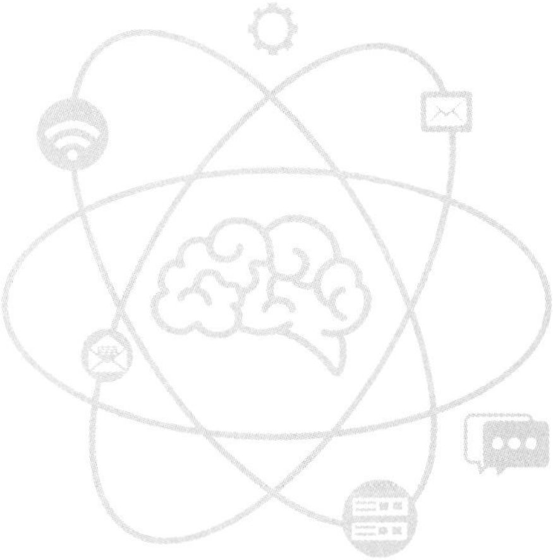

山东大学出版社
SHANDONG UNIVERSITY PRESS

图书在版编目(CIP)数据

面向构式知识库构建的现代汉语“A＋一＋X，B＋一＋Y”格式研究／刘洪超著. — 济南：山东大学出版社，2022. 8

ISBN 978-7-5607-7566-1

Ⅰ. ①面… Ⅱ. ①刘… Ⅲ. ①现代汉语－语法结构－研究 Ⅳ. ①H146

中国版本图书馆 CIP 数据核字(2022)第 131674 号

策划编辑　张铭芳
责任编辑　张铭芳
封面设计　泽坤广告

出版发行　山东大学出版社
社　　址　山东省济南市山大南路 20 号
邮政编码　250100
发行热线　(0531)88363008
经　　销　新华书店
印　　刷　济南乾丰云印刷科技有限公司
规　　格　787 毫米×1092 毫米　1/16
　　　　　20.5 印张　4 插页　243 千字
版　　次　2022 年 8 月第 1 版
印　　次　2022 年 8 月第 1 次印刷
定　　价　90.00 元

刘洪超

男，山东滨州人，香港理工大学博士。现为山东大学文学院助理研究员，硕士生导师。主要研究方向为现代汉语句法学、词汇语义学和计算语言学。先后在 IEEE ACCESS（SCI）、Journal of Quantitative Linguistics（SSCI）、Corpus Linguistics and Linguistic Theory（SSCI）、《云南师范大学学报》（CSSCI）、《中文信息学报》（北大核心，CSCD）等期刊发表论文，并为 IEEE ACCESS（SCI）和 Sage Open（SSCI）的审稿人。

《山东大学中文专刊》
编辑工作组

组长

杜泽逊　张　帅

副组长

黄发有　程相占　马　兵　杨建刚　樊庆彦

成员

王培源　刘晓东　萧光乾　张学军　张树铮

孙之梅　关家铮　王新华　杨振兰　岳立静

戚良德　祁海文　李开军　刘晓多　沈　文

王　萌　王　辉　刘靖渊　程鸿彬　刘天宇

吉　颙　李振聚

《山东大学中文专刊》编辑出版说明

《山东大学中文专刊》，是山东大学中文学科学者著述的一套丛书。由山东大学文学院主持编辑，邀请有关专家担任编纂工作，请国内有经验的专业出版社分工出版。山东大学中文学科与山东大学的历史同步，在社会巨变中，屡经分合迁转，是国内历史悠久、名家辈出、有较大影响的中文学科之一。1901年山东大学堂创办之初，其课程设置就包括经史子集等中文课程。1926年省立山东大学在济南创办，设立了文学院，有中国哲学、国文学两系。20世纪30年代至40年代，杨振声、闻一多、老舍、洪深、梁实秋、游国恩、王献唐、张煦、丁山、姜叔明、沈从文、明义士、台静农、闻宥、栾调甫、顾颉刚、胡厚宣、黄孝纾等著名学者、作家在国立山东（青岛）大学、齐鲁大学任教，在学术界享有盛誉。新中国成立后，山东大学中文学科迎来新的发展时期，华岗、成仿吾先后担任校长，陆侃如、冯沅君先后担任副校长，黄孝纾、王统照、吕荧、高亨、高兰、萧涤非、殷孟伦、殷焕先、刘泮溪、孙昌熙、关德栋、蒋维崧等语言文学名家在山东大学任教，是国内中文学科实力雄厚的学术重镇。改革开放以来，新中国培养的一代学术名家周来祥、袁世硕、董治安、牟世金、张可礼、龚克昌、刘乃昌、朱德才、郭延礼、狄其骢、葛本仪、钱曾怡、曾繁仁、张忠纲等，以深厚的学术功力和开拓创新精神，谱写了山东大学中文学科新的辉煌。总结历史成就，整理出版几代人用心血和智慧凝结而成的著述，是对学术前辈最大的尊敬，也是开拓未来、创造新知、更上一层楼的最好起点。2018年4月16日，山东大学文学院新一届领导班子奉命成立，20日履任。如何在新的阶段为学科发展做一些有益的工作，是摆在面前的首要课题。编辑出版《山东大学中文专刊》是新举措之一。经过一年的紧张工作，一批成果即将问世。这其中既有历史成就的总结，也有新时期的新著。相信这是一项长期的任务，而且长江后浪推前浪，在未来的学术界，山东大学中文学科的学人一定能够创造出无愧于前哲、无愧于当代、无愧于后劲的更加辉煌的业绩。

山东大学文学院

2019年10月11日

前　言

这部书脱胎于我的硕士毕业论文，我试图用这部语言学著作贯彻和实践句法结构和语义相印证的基本理念。朱德熙先生的《语法讲义》是我的"启蒙"语言学著作，朱先生严谨的治学理念让我受益匪浅，其中让我印象最深刻的就是句法和语义相印证的语言学研究方法论。如果脱离句法形式的约束，语义研究很容易受到主观性的影响；如果脱离语义考量，句法研究的实用性会"大打折扣"。

在现代汉语中，一些半固定的格式是贯彻这种语言学方法论的绝佳对象。它们往往具有丰富的语义，这些语义的形成和凸显除了与外部句法环境相关之外，还与其内部的"句法槽"相关。无论是外部句法分布，还是内部"句法槽"，都为句法语义的相印证提供了理想的研究对象。我在参与我硕士导师詹卫东教授的项目过程中，对这些半固定格式非常感兴趣。考查其不同的意义以及产生这些意义的句法条件是非常有意思的一件事情，让人有一种解决数学问题的"成就感"。

但是对于这些句法条件，总结的时候有"宽严"之分，其中最为严格的条件可以直接用于计算机自动识别。在跟随我导师做科研的过程中，这种"面向计算"的思想越来越强烈，因为它与句法语义相印证的方法论是一致的：两者都要求对于产生或凸显句法格式意义的条件,在描述时应该做到具有可行性和排他性。可行性是指这些句法语义条件要能够“预测”出相应的意义,给定某个条件,句法格式就会呈现某种意义;排他性是指一个或一组条件不应该产生多种不同的意义,即不能够产生歧义。

这种面向计算的句法语义相印证的语言学研究方法在我做半固定格式的研究中逐渐形成,也由此有了这部研究“A+一+X,B+一+Y”半固定格式的著作。

在现代汉语中,“A+一+X,B+一+Y”是一种很常见的同型结构重复出现格式,该格式的意义非常复杂,以往针对该格式的专门研究不多,需要做进一步的描写和解释。

本书从语言学研究和应用的角度出发,面向构式知识库的构建,按照构式义的不同将“A+一+X,B+一+Y”分为三个构式,详细描写了其中两个构式及其下位构式的判定条件,并探讨了这两个构式及其下位构式的构式义形成机制。

这部书还有诸多不足,希望诸位读者,尤其是语言学研究者多提意见。

刘洪超

2022年4月

目　录

理论篇

语料篇

——·理论篇·——

第1章　绪论

本书中涉及一些常用概念需要进行说明。首先是“格式”和“构式”之间的区分。“格式”在本书中是上位概念，既包含内部含有变项的“A＋一＋X，B＋一＋Y”，也包括内部成分无法进行替换和更改的熟语，而“构式”只指含有变项的“A＋一＋X，B＋一＋Y”。其次是动词过程结构。本书中的过程结构既包含动词的过程结构，也包含形容词的过程结构，动词过程结构由郭锐（1993）提出，本书沿用了这一名称，统一使用动词过程结构指称形容词和动词的过程结构。

现代汉语中“A＋一＋X，B＋一＋Y”格式的例子很多，但是并不是所有的例子都是本书的研究对象，因此首先需要对本书的研究对象进行界定。

1.1 “A＋一＋X，B＋一＋Y”的界定

本书的研究对象主要是A、B为动词或形容词的“A＋一＋X，B＋一＋Y”，如：

（1）青一块，紫一块　走一阵，歇一阵　见一个，杀一个

（2）走一天，算一天　赚一点，是一点　宰一刀，是一刀

（3）多一点自立，少一点依赖　投产一代，研制一代，构思

一代

(4)东凿一点,西凿一点　你译一段,他译一段

(5)走一路,笑一路　有一搭,没一搭

(6)做一天和尚,撞一天钟

其中,例子(1)(2)是本书的主要研究对象,其他都是次要研究对象。

之所以将前两个例子作为主要研究对象,有两方面原因。首先,这两个例子构式意义多样,形成机制复杂,句法语义特征丰富,研究价值比较大。其次,前人对于这两个例子的研究不多,也不深入,需要对其进行进一步的研究。

例子(3)构式意义非常简单,就是两个部分间的逻辑关系义,如“多一点自立,少一点依赖”就是“多一点自立”和“少一点依赖”,形式特征也都比较明显,所以不需要做过多的阐述。

例子(4)的特点是A、B前还有其他成分,这些成分大都是对举式方位词或代词,整个格式具有[＋散乱义]的语义特征。此类例子与以下这些例子的关系更加密切:

(7)东一块,西一块　你一句,他一句　这儿一个,那儿一个

例子(4)(7)与本书的研究对象关系比较密切,如“青一块,紫一块”与“东一块,西一块”的意义就有一定的相似性,都有“散乱分布”的意思。但是本书也不打算将其列入重点讨论范围,这些由代词或方位词做对举标记的结构,其形式特征比较明显,因为数量结构前的对举标记非常固定,就是“东—西”“左—右”“你—我(他)”“这—那”有限的几个,前人的研究也已经比较多,笔者就不再做重复性工作,而是在文献综述部分对其进行阐述。

例子(5)的特点是构式凝固化程度比较高,如“走一路,笑一路”中“一路”不可以被替换,只有“走”和“笑”可以被替换;这里的

“一路”已经成为一个词,不是“一X”短语结构。与此相似的还有“有一X,没一X”。其形式特征比较明显,判定相对简单,所以本书不再详述。

例子(6)是熟语,可以收入词典,本书不做讨论。

1.2 研究背景及研究问题

1.2.1 “现代汉语构式知识库”的构建

构式语法(Construction Grammar)已经提出近三十年(Goldberg,1995,2006),不过,在信息处理领域,短语结构语法由于描写强类推性(递归性)结构的优势,应用较多,而构式语法受到的关注则较少。尽管短语结构语法与构式语法在一些基本问题上存在分歧,比如短语结构语法强调对语言单位采取层层二分的结构模式,而构式语法则强调语言结构的整体性,更多地关注语言结构作为一个整体在语言中的使用,但这二者在描写语言时其实是可以互补的。从这个视角出发,用于信息处理的组合规则知识将包含两部分,即短语结构规则和构式规则,前者针对通用的“常规组合”,后者针对类推性弱的“非常规组合”。两者需要分别建库。

构式研究的难点就在于构式的判定和释义,因此需要面向构式的判定和释义建立知识库。

为了构式的识别,这个知识库应该能够充分描写构式的内部句法语义特征,如哪些成分可以进入构式;还要能描写构式的外部句法语义特征,如其句法功能和构式义。

为了构式的释义,要建立能够较为自然地对构式进行释义的释义模板。所谓释义模板,从本质上说是一种句式变换,构式的句法语义信息就是转换条件,而构式与释义模板之间的关系就是一种源句式与目标句式之间的关系。

为了实现这样的目标,笔者已经做了一些基础性的工作,主要是建立了一个用于描写构式信息的“现代汉语构式知识库”,并为其中的字段值规定了相应的填写规范。

但是目前已有的文献对现代汉语构式的描写很难直接用于建立“现代汉语构式知识库”,一方面是由于描写的规范性问题,但更多的是由于其对构式的归纳概括都是举例性质的,“形式—意义”之间的对应关系比较差,关于这一点笔者将在下文详细说明。因此,这就需要我们发现新的构式,采用新的规范描写新的构式。

1.2.2 以往关于“A+一+X,B+一+Y”的研究的不足

“A+一+X,B+一+Y”很早就引起了语言学家的关注,如李临定和范方莲(1960)、李临定(1986)。后来周毕吉(2002)、吴姝俐(2007)、窦玉荣(2008)和蒋遐(2011)都在一定程度上对该格式进行了描写和解释。

这些研究的一个最大的问题就是形式和意义的描写完全分开,即先描写能够出现于“A、B、X、Y”这些变项位置的词或短语的句法语义属性,然后对格式可能具有的意义进行分类归纳,两者之间几乎没有任何对应关系。换句话说,就是在格式层面描写变项、常项的句法语义,而在构式层面描写构式意义,两者根本不在一个层面,因而无法产生对应关系。形式、意义不对应的后果有以下几个:

首先,无法推测出一个形式所对应的意义是什么,或者说某个构式的意义所具有的形式特征是什么。“A+一+X,B+一+Y”不是“一形一义”配对的“构式”,而是“一形多义”的“格式”,

即这个格式对应了多个同形或同源的构式。如果仅仅在格式这个层面进行句法语义信息的描写，对于我们认识其构式义并没有多大的帮助。吴姝俐(2007)将“A+一+X,B+一+Y”的“结构意义”分为“从量的角度、从空间的角度、从时间的角度”，其中从量的角度看，格式的意义可以分为“数量”和“程度量”，但是笔者只找到了有限的几个例子，根本找不到与这些意义相对应的句法语义特征。

其次，无法找到构式意义与常项、变项之间的关系。构式研究的一个很重要的任务是研究构式的意义的形成机制。描写清楚构式的变项、常项以及项之间的关系是从共时角度（如认知心理学）对构式义形成机制进行探讨的一个基础，仅仅在格式层面对各个变项和常项进行描写则很难做到这一点。如周毕吉(2002)在文章的最后提到了格式意义的形成机制，认为“A+一+X,B+一+Y”的格式义形成机制是“先通过A、B之间的对比，突出A、B之间的对立，把对比产生的含义凝聚起来，形成格式意义”，什么叫作“把对比产生的含义凝聚起来”？如何凝聚起来？这不是对形成机制的探讨，而是变相地逃避对构式义形成机制进行解释。

最后，带来构式义划分的随意性。如窦玉荣(2008)先从“量”的角度考察“A+一+X,B+一+Y”的格式义，认为整个格式表示的都是“变量”和“增量”。“A+一+X,B+一+Y”的构式义中没有“量”的含义，或者说强调的并不是“量”，如“走一阵，歇一阵”，构式义是“交替”，而不是“量”。“量”是组成成分的意义。

1.2.3　本书研究问题

本书需要解决的问题主要有以下几个：

第一，“A+一+X,B+一+Y”格式有多少种意义，各自的释义模板是什么。

第二,该格式内部各成分的约束条件有哪些。

第三,该格式的用法规律,即上下文环境约束条件是什么。

第四,各个意义之间的关系是什么,不同意义的形成机制是什么。

1.3 本章小结

本部分主要介绍了本书的研究对象,指出了本书的重点研究对象和次要研究对象;介绍了选题缘由,指出该选题既有语言学价值,也有语言工程价值;最后明确提出本书要解决的问题。

本书所有例子,如无特别标注,都抽取自北京大学 CCL 语料库(网址:http://ccl.pku.edu.cn:8080/ccl_corpus/)。共收集样例(Type)1120 个①,其中 466 个属于 A、B 为动词、形容词或谓词性结构,是本书的主要研究对象。②

笔者对这 466 个例子进行了详细的句法语义标注,建立了数据库。句法功能和语义特征字段值分别查询自俞士汶等(2002)和王惠等(2006);动词过程结构查询自郭锐(1993),未登录词的动词过程结构按照郭锐(1993)的判定标准人工登录。"A+一路,B+一路"和"有+一+X,没+一+X"未在本书详细论述,只在部分章节提及。

---

① 本书样例(Type)中同一个词或固定结构无论出现多少次,都只算作一个,不重复计算数量。

② 行文中,同一例子会被重复使用,用于证明不同论点。为防止混淆,重复但是用于论证不同论点的例子分别用不同的编号表示。

第2章　文献综述

本章主要对以往研究进行综述，回顾了语言工程实践与理论两个方面的相关研究，从而梳理了相关研究的空白与不足。

2.1　构式语法的语言工程应用研究

构式语法的语言工程化实践和应用目前较少，与本书相关的只有 Fillmore(2012)等。

FrameNet(框架结构)的本质就是一个对收录的句子进行了句法语义标注的语料库。其标注机制的特点就在于预先设定了多个框架(a list of frames)，每个框架都有自己的参与角色，然后通过制定一个多层次的标注体系，将这些语义角色指派给句子中的每个成分，实际上得到了一棵含有丰富的句法语义信息的句法树。由于 FrameNet 在设计之初就是以框架作为标注基点，所以适合对构式进行标注(构式就是框架)。

FrameNet 对构式的处理有这样几个特征：

首先，其目的是构建一个经过深层标注的构式语料库。而笔者的目的是建立一个构式知识库，实例的标注在后台进行。

其次，其工作机制是自顶向下和自底向上相结合，即先根据以往研究找到相应的构式类型，并建立相应的 Frame(框架)，这是自顶向下;随后搜集大量实例,对其进行标注,为以后对该构式句法语义特征的总结建立语料库,这是自底向上。笔者构建的构式知识库也是从以往研究中寻找有价值的构式,但是后来发现以往的研究中有价值的部分只有研究对象,对研究对象的分析和描写都太粗糙,无法用于信息处理,需要重新搜集语料并在后台进行标注,随后总结约束条件。这点与FrameNet的做法相似。

最后,FrameNet不重视构式的意义形成机制。标注只是单纯的语言学规律描写,而没有相应的解释。

FrameNet下,并不是所有的构式都能够激活出一个Frame,如“in the distance of”构式。同时,FrameNet的标注过于注重构式外部,而忽视了构式内部。构式与普通短语结构句子不同,其大量的句法语义信息在于构式“内部”,笔者不否认外部的组合环境或者说句法分布环境能够为其提供语义信息,但是“内部”也很重要,所谓“内部”就是指构式的项、组块及其之间的关系,FrameNet未对组块之间的关系进行标注,主要原因是英语形态标记丰富,同时强制在句子之间使用连词,因此逻辑关系清晰明白,框架网络省略了组块之间关系的标注。然而汉语不同,汉语构式的“意合性”很强,忽略内部是不可能做到构式识别和判定的,甚至在对实例进行标注时,应该将构式内部信息作为重点。

2.2 关于“A+一+X,B+一+Y”的研究

2.2.1 “A+一+X,B+一+Y”内部组成成分特征

变项A、B位置上可以出现的句法功能类成分比较多,徐国玉(1992)主要探讨了变项A、B是名词的情况,他所说的“名词”事实

上包括了词类体系中的名词、代词和方位词,如“你—我”“左—右”“东—西”“这儿—那儿”等。黄大祥(2005)重点探讨了A、B为形容词的情况,指出该位置上的形容词往往都是单音节的。周毕吉(2002)将A、B的范围扩展到了动词,如“有—无”“掐—捏”等。吴姝俐(2007)和窦玉荣(2008)则将所有A、B是动词、名词、形容词、代词和方位词①的情况都考虑了进来。但是实际上,这只是对之前研究的有限扩展,因为这些情况在以往的文章中都被讨论到了,尤其是A、B是名词、代词、方位词的情况,由于能够进入该位置的名词、代词和方位词本身就不多,几乎可以看作是一个封闭类,所以吴姝俐(2007)和窦玉荣(2008)的最大的贡献就在于将尽量多的A、B是动词和形容词的情况考虑了进来。

此外,上述几篇文章都提到A、B以单音节和双音节居多,多音节的极为罕见。

由于X、Y位置上能够出现的词类不多,因此,对这部分的研究是比较充分的。徐国玉(1992)笼统地指出“一X”②是数量结构,对于X、Y也只是举例性地指出可以是量词(专用量词)和临时量词。周毕吉(2002)则将出现在变项X、Y位置的量词明确地区分为动量词、物量词和时量词,并给出了判定量词性质的四条标准,但是这四条标准实际上比较混乱,主观性也比较强,如其中的一条标准是“通过上下文的逻辑关系判定”,让人无法明白量词的句法属性为何与上下文的逻辑关系发生联系。黄大祥(2005)

① 两者还都提及了A、B为数词的情况,但是笔者找到的例子只有“三一群,五一伙”及其变体,换句话说,这里的“三”“五”没有可替换性。笔者认为将之作为熟语放入词典即可,不需要单列一类。

② 其文章中用“L”指称“一”后面的变项。

只讨论了X、Y为名量词的情况,对进入其中的名量词进行了细分,将之分为"表示一个整体事物中包含的部分量的量词""一些常用的表示客观事物的个体的量词""一些形象具体的集合量词",只是这种分类不成系统。吴姝俐(2007)和窦玉荣(2008)则对量词的情况做了更为详细的划分。

对于常项"一"的讨论,只有徐国玉(1992)提到"一"是数词,不能被替换,不能有"东一榔头,西一扫帚"的说法。

对于变项之间的关系,大部分文章的区分都相似,基本上可以概括为"相似"和"相异"。周毕吉(2002)将A、B之间的关系分为"趋同对照"和"趋反对照";对于X、Y,该学者认为两者"一般是相同的",如果不同,则存在"类义、同义、互文现义"三种关系。吴姝俐(2007)等人的看法与此相似。

对于同构式义关系更加密切的组块之间的关系,上述文章则大都比较简单地进行了举例性说明,这主要是由于:徐国玉(1992)等人讨论的主要都是A、B为名词、代词、方位词的情况,这些例子大都是并列关系,所以不需要详细讨论;而A、B为动词的情况则会导致组块之间的关系复杂化,文中的展开论述不多。窦玉荣(2008)将组块间的关系归纳为三种:"并列""选择"和"顺承"。其问题首先在于没有对三种逻辑关系进行定义;其次,归类太粗糙,无法解释所有例子。

本部分主要从变项、常项、项与项之间的关系以及组块间关系的角度分别对相关文章中的观点进行了阐述和评价,下面笔者将对"A+一+X,B+一+Y"的外部句法功能及其格式意义进行综述。

2.2.2 "A+一+X,B+一+Y"外部句法语义特征

首先,从"A+一+X,B+一+Y"的句法功能角度来看,徐国玉(1992)认为"N — L,N — L"结构是谓词性结构,一般能够充当谓语、状语和补语等成分。周毕吉(2002)则认为"A+一+量,B+一+量"可以单用和充当句子成分;充当句子成分时,可以做谓语、定语、状语和补语。吴姝俐(2007)和窦玉荣(2008)都详细描写了其所收集的例子的句法分布。

对于"A+一+X,B+一+Y"的意义,以往研究的差异较大,表 2-1 对此做了总结。

表 2-1 对"A+一+X,B+一+Y"的意义分类情况

<table>
<tr><th></th><th colspan="2">格式义分类情况</th><th>例子</th></tr>
<tr><td>李临定(1986)</td><td colspan="2">表示"每"</td><td>见一个,爱一个</td></tr>
<tr><td rowspan="3">徐国玉(1992)</td><td colspan="2">表示不稳定的动作行为或变化</td><td>左一摇,右一晃</td></tr>
<tr><td colspan="2">表示数次反复的动作行为</td><td>左一趟,右一趟</td></tr>
<tr><td colspan="2">表示散乱而不集中</td><td>东一张,西一张</td></tr>
<tr><td rowspan="4">周毕吉(2002)</td><td rowspan="3">当 A、B 趋反对照时</td><td>表示散乱而不集中</td><td>东一堆,西一堆</td></tr>
<tr><td>表示两种相反或相对的行为、状态反复交替出现</td><td>昏一阵,醒一阵</td></tr>
<tr><td>表示无论 A 还是 B,具有周遍性</td><td>多一个,少一个,她也不在乎</td></tr>
<tr><td>当 A、B 趋同对照时</td><td>表示的只是一种行为方式或状态</td><td>屎一把,尿一把</td></tr>
<tr><td>黄大祥(2005)</td><td colspan="2">描述某事物或某类事物性状上的不同情况</td><td>厚一片,薄一片</td></tr>
</table>

续表

	格式义分类情况			例子
吴姝俐（2007）	从量的角度	数量	虚量	三个一群，五个一伙
			多量	三一回，五一回
		程度量		青一块，紫一块
	从空间的角度	同一个体表面表现出来的不同性状的散乱、交错分布		凹一块，凸一块；青一块，紫一块
		同一事物的不同个体表现出来的不集中分布		左一根，右一根
		事物表现出来的不集中分布		东一丛，西一丛；三步一岗，五步一哨
	从时间的角度	行为主体的轮换、交替		你一言，我一语
		行为动作的交替或相继		东摸一把，西摸一把；走一阵，歇一阵
		状态的反复交替出现		东一句，西一句；高一声，低一声；冷一阵，热一阵
	熟语	各自有各自独特的语义		聪明一时，糊涂一世
	其他	比喻上下文所出现的某种状态或陈述对象之间的关系		泥一把，水一把；鸡一嘴，鸭一嘴；红一半，黑一半
		表示无论A还是B，都不会对陈述对象或事件产生多大影响		多一个，少一个，她也不在乎

续表

	格式义分类情况			例子
窦玉荣(2008)	区别类	有界常量		说一套，做一套；痛快一时，后悔一世
		熟语		君子一言，快马一鞭
	加合类	无界代表性增量	大量	满地热带野生剑矛东一棵、西一棵地自然蓬勃
			小量	似乎是东一棵、西一棵零散地长着
			现实性特征	他家门前两棵树，东一棵，西一棵
		无界交替性增量	事物交替分布	绿一块、黄一块，深一块、浅一块
			状态交替出现	高一句、低一句；对他好一天，坏一天，也没用
			动作交替发生	说一段，唱一段
		无界顺序性增量		经一事，长一智；拍一集，卖一集；见一次，少一次；省一点，是一点

从表中可以看出，各篇文章对意义的分析没有具体的判定标准，因而意义的划分具有非常大的主观性和随意性。如吴姝俐(2007)在“其他”类中划分出的“表示无论 A 还是 B，都不会对陈

述对象或事件产生多大影响”是将语境的意义也附加在了构式上;再如窦玉荣(2008)对有界、无界的划分,让人费解,用“量”来解释“A+一+X,B+一+Y”的意义也非常牵强。但是以上几位研究者对交替义的细分,笔者基本同意。

2.3 本章小结

本章主要综述了目前构式语法的应用研究和“A+一+X,B+一+Y”的相关研究。构式语法在语言工程领域的应用很少,目前只有 Fillmore 等人构建的 FrameNet 构式标注系统及语料库。针对“A+一+X,B+一+Y”,吴姝俐(2007)等从格式的角度对其内外部句法语义特征进行了一定的探讨。

第3章 基本概念及“A＋一＋X，B＋一＋Y”分类

本章主要对本书要使用的一些基本概念进行说明，并用这些概念对“A＋一＋X，B＋一＋Y”的基本情况进行概述，同时给出“A＋一＋X，B＋一＋Y”的分类标准和分类说明。

3.1 基本概念界定

本书将一个构式分为三个层次进行描写。从最底层到最高层分别是项、组块和构式整体，下文将对这三个部分进行介绍。

3.1.1 项

项包括了常项和变项，同时还涉及项之间的关系。

1.常项

常项指构式中固定不变的部分。一般情况下，一个词（或被变项隔开的语素）是一个常项。

“A＋一＋X，B＋一＋Y”格式的常项只有“一”。《现代汉语八百词》按照“一”的分布位置，将其分为三类：用在量词前；用在名词前；用在动词、形容词前。笔者搜集到的例子中，大部分都是出现在量词及名词（或名词性语素）前的“一”，只有部分例子中有出

现在动词前的"一",如"东照一照,西照一照",本书已经将这类排除在主要研究对象之外。

2.变项

变项指构式中可以被替换的部分。变项可以是语素、词、短语甚至句子。换句话说,对一个变项的衡量是看其在构式中是否占据了一个"槽"(slot)。对变项的表示主要分为三种情况:(1)大写字母 X、Y、Z 等,一个大写字母充当一个变项,表示词性不确定的范畴;(2)词类标记(小写),一个词类标记充当一个变项,按照俞士汶等(2002)中的词类标记进行标注,表示词性确定的范畴;(3)大括号{},可以在大括号中直接列出变项的所有取值,如"A+一+X,{是|算}+一+X",值与值之间用"|"隔开。前后两个变项相同,则用同样的符号表示,即"X+是+X,Y+是+Y"。

"A+一+X,B+一+Y"包括 A、B、X、Y 四个变项,两两一组。

变项 A、B 被限定为谓词性词语,如表 3-1 所示。

表 3-1 A、B 句法功能类分布

	动词性	形容词性
语素	无	饥一顿,饱一顿
词	走一阵,歇一阵	轻一下,重一下
短语	走掉一个,是一个	无

变项 X、Y 可以是量词,如"见一个,杀一个""走一步,歇一下"和"热一阵,冷一阵";也可以是名词或名词性语素,如"干一行,学一行"和"大一箩,小一筐"。另外位数词也可以出现在这个

位置上,如“有一万,用一万”。

这里的量词包括了专用的量词和借用为量词的名词以及名词性语素。笔者对量词的判断主要是依据郭锐(2004)和俞士汶等(2002)中所提及的判断标准,两者大致相同,但有差异。有差异或词典中未收的,以郭锐(2004)为准,比如“丛”在词典中未收,笔者根据郭锐(2004)将之判定为“成形量词”。笔者认为对量词的界定,主要还是看其计量对象。如果计量对象是事物,那么就是名量词;如果是时间,就是时量词;如果是动作,就是动量词。

3.项间关系

项间关系包括项间聚合关系和项间组合关系。项间聚合关系主要是指项间的句法类、语义类等是否相同;项间组合关系则主要是指项与项之间在搭配上有何句法语义限制。

3.1.2　组块

组块①是由项与项构成的,介于构式与项之间的单位。构式分为多组块式和单组块式,单组块式的特征是组块中的各项之间要么是句法关系,要么是论元关系;多组块的特征是各组块之间是逻辑关系。本书参照邢福义(2001)中的分类方法,对组块间的逻辑关系进行了分类,邢福义(2001)中的复句分类体系如表3-2所示:

① 组块在信息处理中一般指大于短语小于句子的单位,本书对其进行了限定。

表 3-2　复句分类体系

	一级分类	二级分类	关系标记
复句关系	广义因果类	因果关系	因为,所以
		推断关系	既然,就
		假设关系	如果,就
		条件关系	只有,才;只要,就
		目的关系	以便;以免
	广义并列类	并列关系	和;又,又;边,边
		连贯关系	接着;然后
		递进关系	不但,而且
		选择关系	或者;是,还是
	广义转折类	转折关系	但是
		让步关系	虽然,但是
		假转关系	否则;不然

"A+一+X,B+一+Y"的例子中既有多组块式,也有单组块式。多组块式如:

(8)条件关系:用一吨,少一吨　有一个,杀一个

(9)并列关系:青一块,紫一块　走一路,说一路

(10)连贯关系:拍一集,卖一集　成熟一项,出台一项

(11)转折关系:说一大堆,做一点点　赢一次,输一辈子

单组块式如:

(12)省一点,是一点　挨一天,是一天

例(12)实际上是经过同形删略(郭锐,2017)得出的“伪”多组块式,其底层是单组块式。

3.1.3 构式整体

对于构式,本书取狭义上的定义,即构式是指整体义无法从部分义推导出的“形式—意义”配对体。①

格式和构式。格式侧重指具有某一形式特征的语言结构;而构式则是指整体意义无法从组成部分意义推导出的“形式—意义”配对体。即前者不强调“形式—意义”的配对,主要强调形式特征的相同;而后者则强调两者的配对。当一个形式只是对应了一个意义的时候,格式与构式的所指对象相同,如“那个+X+啊”只有一个意思,即“程度高”,那么称之为格式和构式都是可以的;当一个形式对应多个意义时,两者不同,如“A+一+X,B+一+Y”,这时候一个格式对应了多个构式。

构式例子和构式(construction)。构式是一个抽象概念,是一个由具有相同构式义的例子抽象而来的框架(pattern);而构式例子是具体概念,是指那些具有特殊含义的具体的短语和句子等。没有特别说明的情况下,本书中的“构式”都是指抽象的框架。构式用大写字母“C”(construction)来表示。

① 除此之外,本书在具体收录构式时还有另外两条标准,即构式中必须含有变项,而变项也必须具有一定的替换度;另外,所收构式要大于词。

3.2 "A+一+X,B+一+Y"分类

本部分主要介绍"A+一+X,B+一+Y"的分类及分类标准，并对各个类别进行界定和说明。图 3-1 是"A+一+X,B+一+Y"的分类体系。

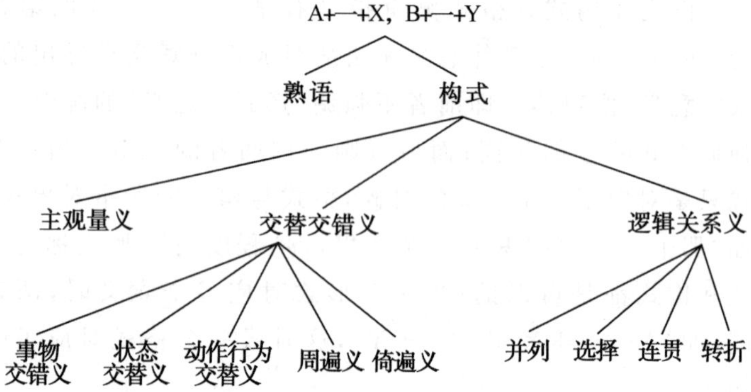

图 3-1 "A+一+X,B+一+Y"层级分类体系

熟语和构式的区别在于前者没有变项，成分不具有替换性，或替换性很低，如"做一天和尚，撞一天钟"；后者有变项，变项有可替换性，如"走一阵，歇一阵"。本书主要讨论构式性"A+一+X,B+一+Y"，不讨论熟语性"A+一+X,B+一+Y"。

构式性"A+一+X,B+一+Y"按照构式义的不同可以分为三个大类，下面分类阐述。

3.2.1 交替交错义"A+一+X,B+一+Y"的界定

表示组块交替交错的"A+一+X,B+一+Y"主要指下面这

些例子：

(13)不卖淫就不给我们东西吃，还打我们骂我们，身上被打得青一块、紫一块。

(14)杨凤玲3人踏着朦胧的月色，高一脚，低一脚，走一阵，歇一会儿，步行了近4小时的山路才赶到部队。

交替交错义指“A+一+X,B+一+Y”的两个组块所表示的事物交错分布并不断延伸，或两个组块所表示的事件先后轮流出现并不断循环。前者可以称为交错义“A+一+X,B+一+Y”，如例(13)；后者可以称为交替义“A+一+X,B+一+Y”，如例(14)。

表示交替交错义的“A+一+X,B+一+Y”的判定标准是能够转化为“A+一+X,B+一+Y,A+一+X,B+一+Y……”，如例(13)可以转换为“青一块，紫一块，青一块，紫一块……”等。这种转换只能基本保持意义不变，因为交替交错义的“A+一+X,B+一+Y”是上位类，是对其内部包含的多个构式意义的归纳，具体的构式意义还要看每个下位构式。

李艳华(2004)认为交替实际上是反复的一个次范畴。笔者认为两者有相通的地方，但是没有必要将两者归为一个范畴，因为对于“A+一+X,B+一+Y”来说，从“反复义”到“交替义”实际上是观察角度的不同形成的。从反复义的角度看“A+一+X,B+一+Y”，可以用图3-2表示：

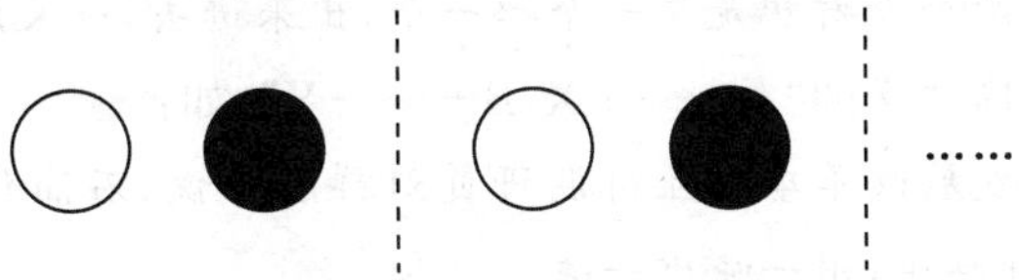

图3-2　反复义示意图

从交替交错义的角度来看“A+一+X,B+一+Y”，则可以用

图 3-3 表示：

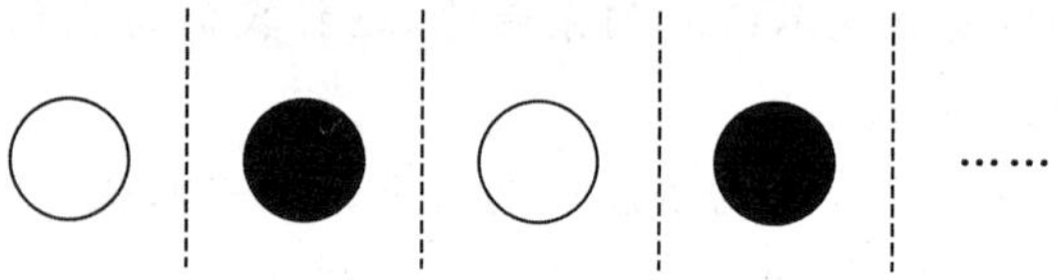

图 3-3 交替交错义示意图

交替交错义“A+一+X,B+一+Y”根据意义的不同，可以细分为三类。

一是表示事物交错义的“A+一+X,B+一+Y”,如：

(15)那满坑满谷的渊渊绿树，深一丛，浅一丛，太阳底下，鸦雀无声，偶尔拨刺作响，是采柴的人钻过了。

二是表示状态交替义的“A+一+X,B+一+Y”,如：

(16)王伯炎一听这话，大为光火；脸色青一阵、红一阵的，最后吐出一句话来：“原来是个圈套！”

三是表示动作行为交替义的“A+一+X,B+一+Y”,如：

(17)贾春明夫妇读着朱琳同志的亲笔信，读一句，哭一阵，两颗濒临绝望的心又升起了新的希望。

而下文中的例(18)和例(19)所代表的分别是周遍义和倚变义构式，它们都不属于交替交错义构式。

表示周遍义的“A+一+X,B+一+Y”,如：

(18)两个女看护是见一个换一个，出来进去，一天没住脚。

表示倚变义的“A+一+X,B+一+Y”,如：

(19)发展改革委工业司调研员刘群解释说，石油作为矿物质能源，不可再生，用一吨少一吨。

需要指出的是，组块交替交错义是上位类，因此其下位类肯定都有其语义特征[+组块交替]或[+组块交错]；同样地，周遍义是倚变义的上位类，因此倚变义也肯定具有[＋周遍义]的语义特征。但是其凸显出来的意义，也就是听话人所理解的意义，是其最下位的构式义。

3.2.2　主观量义“A＋一＋X，B＋一＋Y”的界定

表示主观量义的“A＋一＋X，B＋一＋Y”是下面这样的例子：

(20)“其实说实话，涨这点钱对我们也没有那么大的影响，1个月也多不了多少钱，但能省一点是一点，工薪阶层嘛。”李女士这样解释她排长队买电的举动。

(21)我知道这样干永远不会成功，我可也知道干总比不干强。我抱定干一点是一点的心，尽管我的事业失败，我自己可不会失败：我决定为救国而死！

(22)冬梅趴在老虎肩上，哭着说：“老虎，敌人把房子烧了，把家里人杀光了！你快上咱们部队去，逃出去一个算一个，我不死，总等着你！”

这类例子的特点很明显：A都是“是”或“算”①。因此可以用“A＋一＋X，{是|算}＋一＋Y”来表示。

陈小荷(1994)指出，主观量是“含有主观评价意义的量，与客观量相对应”，比如：

(23)三天

(24)都三天了

(25)才三天②

例(23)是客观陈述数量，例(24)则认为“三天”太长，例(25)

---

① “算”有多个义项，这里的“算”是“算作”的意思。

② (23)～(25)引自陈小荷(1994)。

认为“三天”太短，因此主观量其实就是对量的大小的主观判断，可以称之为主观大量和主观小量。李善熙(2003)指出主观量的产生有心理现实性，文中用错觉心理进行了解释，如图 3-4 和图3-5 所示：

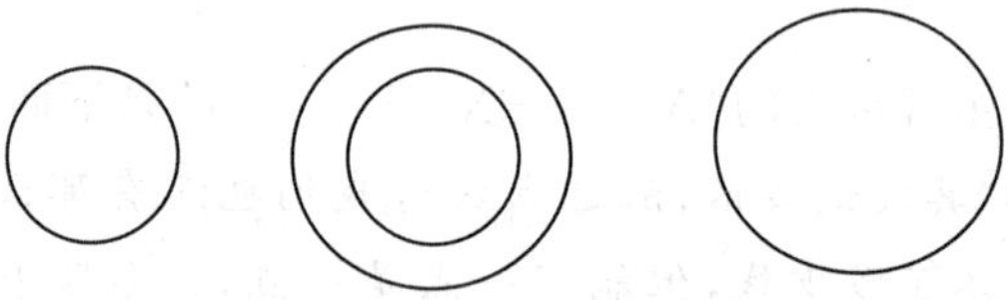

a　　b　　c

图 3-4　李善熙(2003)大小错觉示意图

图 3-4 中，b 中的内层圆与 a 是同样大小，但是我们觉得 b 中的内层圆小；b 中的外层圆与 c 一样大，但是我们觉得 b 中的外层圆小。这是大小错觉。

图 3-5　李善熙(2003)长短错觉示意图

图 3-5 中的两条线段是同样长短，但是我们觉得右侧线段要长于左侧，这是长短错觉。

李善熙(2003)所举例子说明了主观量义的形成其实在于选择的对比参照物不同，即“三天”没有参照物，因此是客观量；“都三天了”参照物是小于三天的时间，如“一天”，因此，“三天”是主观大量；“才三天”的参照物是大于三天的时间，如“十天”，所以“三天”是主观小量。

但是“A＋一＋X，{是|算}＋一＋Y”的主观量义更加复杂，如：

(26)“其实说实话，涨这点钱对我们也没有那么大的影响，1

个月也多不了多少钱,但能省一点是一点,工薪阶层嘛。"李女士这样解释她排长队买电的举动。

"省一点,是一点"中的"一点"其实经过两次主观评价,首先说话人承认"一点"并不是大量,如文中"涨这点钱对我们也没多大影响",这是将"一点"与大于"一点"的量进行对比;其次,"省一点,是一点"对"一点"又进行二次主观量评价,即将"一点"与"没有"对比,这就是主观大量。例(26)显性地将第一次对"一 X"的主观评价过程在语境中表示出来了,但是更多的例子是将之作为预设,如:

(27)救人如救火,快一点是一点的事儿。

(28)总厂认为,与其整体都死,不如搞活一块是一块。

(29)今天到甲医院,明天到乙医院,多卖一次是一次。

(30)他们却振振有词:"便宜一分是一分。""祖祖辈辈吃土盐,不也照样到今天!"

这些例子都预设了"虽然一 X 不多,但是总好过没有"这样的让步转折义,通过让步转折义推导出言外之意是"能 A 一 X 就 A 一 X"。

3.2.3　逻辑关系义"A＋一＋X,B＋一＋Y"的界定

对于要不要把无标记的组块间逻辑关系看作一种构式义,笔者的看法主要有两点:首先,从构式的定义出发,这种无标记的逻辑关系义也应该算作一种构式义;其次,从意义上看,如果两个组块之间仅仅是存在一种简单的逻辑关系,其研究的价值也会"大打折扣"。笔者的观点是将之排除出本书的收录范围,因为短语结构语法规则对这些例子的处理就非常有效,无须借助知识库对其进行判定和释义,将之看作复句即可。

本书需要研究的是那些在组块间逻辑关系的基础上又产生了新的意义的构式。比如"用一吨,少一吨",两个组块之间确实

存在“条件关系”,但是在这个条件关系的基础上,又产生了“倚变义”,用形式标记对应就是“越……越……”,如“用一吨,少一吨”“泡一次,淡一次”都可以转化为“越用越少”和“越泡越淡”。对于“A+一+X,B+一+Y”来说,笔者搜集到的例子中绝大部分都有交替交错义或主观量义,而不是简单的逻辑关系义。

对于构式义只是简单的逻辑关系义的构式,可以按照逻辑关系进行细分,这里只列出了“并列关系”“选择关系”“连贯关系”和“转折关系”四类,是因为笔者搜集到的例子只有这几种关系,当然也有条件关系,但是有条件关系的例子都形成了其他构式义(主要是周遍义)。

组块间关系是并列关系的构式可以用逻辑连接词“和”显性地表示其关系,如:

(31)左宗棠有些不大相信,“就这么看一眼、放一枪,就能听得出来?”

(32)我们实行“模拟市场管理”,用户的需求和满意,永远是“奔月”的奋斗目标。我们重视提高产品的科技含量,“研制一代,开发一代,投资一代,储备一代”,是“奔月”永恒的追求目标。

例(31)中的“看一眼、放一枪”可以转换为“看一眼和放一枪”,而整个句子的意义基本保持不变;例(32)可以转换为“研制一代、开发一代、投资一代和储备一代”。

组块间关系是选择关系的构式可以用“或”显性地表示其关系,如:

(33)潘岳说:“别的国家发展新能源技术早一天晚一天都行,唯独中国不成。”

(34)别的事还可以马马虎虎,早一点迟一点,没有多大关系,这是“五反”呀,宜早不宜迟。

(35)很多人预言大连万达队势不可挡,夺冠只是迟一轮早一轮的问题,联赛后半段将成为大家一起争亚军的比赛。

“早一天晚一天”“早一点迟一点”和“迟一轮早一轮”可以分别转换为“早一天或晚一天”“早一点或迟一点”和“迟一轮或早一轮”。

组块间关系是连贯关系的可以用“然后”显性地表示。如:

(36)正弯腰拾掇一架旧犁的曹冷元,听见问声转回头看一眼,咳嗽一声,没回答,又继续整理农具。

(37)说着,走到靶位前,左右手各拿一把枪,很快打完了十发子弹,报靶员凑着靶看一会,大喊一声:“八十一环,脱靶一发。”

“转回头看一眼,咳嗽一声”可以转换为“转回头看一眼,然后咳嗽一声”;例(37)可以转换为“凑着靶看一会,然后大喊一声”。

组块间关系是转折关系的,可以用“但是”显性地表示,如:

(38)在实际生活中,许多事情往往是说的人多做的人少,有人说没人做或说一大堆办一点点。

(39)矿上一位负责人说:“唉,厂长与县长打官司,赢一次,输一辈子,我们吃过苦头,所以来了摊派,我们就交,图个清静,不愿找麻烦。”

(40)前不久,7名向患者暗示索取“小红包”的医务人员,分别受到了调离岗位、降级、降职、降薪、罚款、扣发奖金等处分,起到“处理一人、教育一片”的作用。

“说一大堆办一点点”可以转换为“说一大堆,但是办一点点”;例(39)可以转换为“赢一次,但是输一辈子”;例(40)可以转换为“处理一人,但是教育一片”。

3.3 本章小结

本章首先阐述了构式描写所需要的一些基本概念,这些概念组成一个简单三级描写体系,即项、组块和构式整体。后文对具体构式的描写都将从这三个层面进行。

其次,本章对“A+一+X,B+一+Y”进行了分类。郭锐(2004)在制定划分词类标准时指出,分类的依据可以是不能直接观察到的东西,但分类标准必须是能观察到的东西。因此,每一级的划类都有对应的可观察标准。“A+一+X,B+一+Y”的分类依据是构式义,分类标准是句型转换和形式特征,表 3-3 是具体划类标准。

表 3-3 “A+一+X,B+一+Y”划类标准

<table>
<tr><td colspan="3" rowspan="2">类名</td><td colspan="2">分类标准</td><td rowspan="2">例子</td></tr>
<tr><td>共性</td><td>区分</td></tr>
<tr><td rowspan="2">构式</td><td rowspan="2">交替交错义</td><td>事物交错义</td><td rowspan="2">可以转换为:
A+一+X,
B+一+Y,
A+一+X,
B+一+Y
……</td><td>(1)可以转换为:一+X+A,一+Y+B
(2)A、B 都是形容词,X、Y 是名量词</td><td>青一块,紫一块
浓一道,淡一道</td></tr>
<tr><td>状态交替义(Ⅰ类)</td><td>(1)可以转换为:一+X+A,一+Y+B
(2)A、B 都是形容词,X、Y 是动量词</td><td>轻一下,重一下</td></tr>
</table>

续表

<table>
<tr><th colspan="3" rowspan="2">类名</th><th colspan="2">分类标准</th><th rowspan="2">例子</th></tr>
<tr><th>共性</th><th>区分</th></tr>
<tr><td rowspan="5">构式</td><td rowspan="4">交替交错义</td><td>状态交替义(Ⅱ类)</td><td rowspan="4">可以转换为:
A+一+X,
B+一+Y,
A+一+X,
B+一+Y
……</td><td>(1)A、B都是形容词,X、Y是时量词
(2)不可以转换为:一+X+A,一+Y+B</td><td>晴一会儿,阴一会儿</td></tr>
<tr><td>动作交替义</td><td>A、B是动词</td><td>走一阵,歇一阵
走一步,歇一下</td></tr>
<tr><td>周遍义</td><td>可以转换为:
A+多少+X,就+B+多少+Y</td><td>有一个,杀一个
见一个,杀一个</td></tr>
<tr><td>倚变义</td><td>可以转换为:
越A+越B</td><td>用一吨,少一吨
泡一次,淡一次</td></tr>
<tr><td colspan="2">主观量义</td><td colspan="2">可以转换为:
能+A+一+X,是+一+X</td><td>赚一票,是一票</td></tr>
</table>

续表

<table>
<tr><th colspan="3" rowspan="2">类名</th><th colspan="2">分类标准</th><th rowspan="2">例子</th></tr>
<tr><th>共性</th><th>区分</th></tr>
<tr><td rowspan="4">构式</td><td rowspan="4">逻辑关系义</td><td>并列</td><td colspan="2">逻辑关系连接词：和</td><td>多一点自立，少一点依赖</td></tr>
<tr><td>选择</td><td colspan="2">逻辑关系连接词：或</td><td>手紧一点松一点，效果大不一样</td></tr>
<tr><td>连贯</td><td colspan="2">逻辑关系连接词：然后</td><td>看一会，大喊一声：“八十一环……”</td></tr>
<tr><td>转折</td><td colspan="2">逻辑关系连接词：但是</td><td>说一大堆，做一点点</td></tr>
<tr><td colspan="5">熟语</td><td>做一天和尚，撞一天钟</td></tr>
</table>

对组块交替交错义“A＋一＋X，B＋一＋Y”的细分，将在下一章进行详细讨论。

第4章 “A+一+X,B+一+Y”句法语义特征

本章具体描写“A+一+X,B+一+Y”各个构式义的句法语义特征和释义模板。交错交替义“A+一+X,B+一+Y”包含多个下位构式,因此,对其描写直接针对下位构式进行,不再描写上位构式;主观量义“A+一+X,B+一+Y”没有下位构式,因此只需描写其本身即可。对逻辑关系义构式不再进行详细描写,只在与其他构式有歧义时提及。

4.1 事物交错义“A+一+X,B+一+Y”

事物交错义指两个或两个以上事物交错散乱分布,判定标准是可以转换为“一+X+A,一+Y+B”,A、B都是形容词,X、Y都是名量词。如:

(41)那满坑满谷的渊渊绿树,深一丛,浅一丛,太阳底下,鸦雀无声,偶尔拨刺作响,是采柴的人钻过了。

例(41)“深一丛,浅一丛”表示“一丛深的,一丛浅的,一丛深的,一丛浅的……深浅交错散乱分布”。

4.1.1 项

1.变项 A、B

从句法功能类①上看,两者都是形容词,如:

(42)深一丛,浅一丛　青一块,紫一块　红一缕,绿一缕

只有一个例外,即“歪一道,扭一道”,其中“扭”为动词,但是这里的“扭”是“扭曲的”意思,因此实际上也是起了形容词的作用。

从语义类②上看,A 和 B 语义类相同,且大部分都为“物性值”,由于 A、B 语义类完全相同,表 4-1 只统计了 A 的语义类分布情况。

表 4-1 事物交错义“A+一+X,B+一+Y”变项 A 语义类分布情况

语义类	物性值	空间值	合计
A	17	1	18

注:表中值为 Token 值。③

因此,在制定语义类约束条件时可以参照表 4-1。同时,A 和 B 一般都是反义词,体现在语义类上是两者处于物性值或空间值的两端,如:

① 句法功能类信息主要来自俞士汶等(2002)、郭锐(2004)和《现代汉语词典》(第 6 版),如果三者之间有冲突,以郭锐(2004)对词类分布的描述进行确定。

② 后文会出现多处“语义类”的下位类,如“物性值”“人性值”以及“静态关系”等,在没有特殊交代的情况下,这些语义类都查询自王惠等(2006)。

③ 本书对语义类的分布统计都是 Token 值,后文不再专门说明。

(43)有余说:“你去歇歇吧!你翻得高一块低一块,碾过来不好碾!”

“高—低”属于“高度”的两个极端,但是语义类是“颜色”的只需对比鲜明即可:

(44)押尼珥听了,脸上红一块白一块,很不好意思。

2.变项X、Y

变项X、Y都是名量词,如:

(45)黑一张,白一张 深一块,浅一块 粗一道,细一道

X、Y绝大多数都是同形的,X、Y不同的情况在本书语料库中只搜集到1例,即例(46)。其变项不是词,而是形容词性语素,如:

(46)他们大一箩、小一筐地装着又大又鲜的草莓在叫卖,可是买者甚少。

3.项间组合关系

笔者认为事物交错义“A+一+X,B+一+Y”的前后组块中,形容词与其后面的数量结构是主谓关系,主要有两方面的原因,一方面是数量结构可以充当谓语,另一方面是事物交错义“A+一+X,B+一+Y”与“东+一+X,西+一+Y”“你+一+X,我+一Y”以及“这儿+一X,那儿+一Y”等存在对应关系,而对于后者来说,前后组块只能分析为主谓结构。两者的共性有两点:

第一,两者都有“散乱分布”的意义。“东一座,西一座”是指分布散乱,“你一句,我一句”是指动作无秩序,即说话乱。而“青一块,紫一块”是指“青、紫”交错分布,虽然两者意义形成机制不同,但是意义是有相似性的。

第二,两者的变换形式相同,都可以转换为“一+X+A,一+Y+B”和“一+X+东,一+X+西”等形式。

笔者不认为组块中A(或B)与数量结构之间是动宾关系。根据朱德熙(1982)的研究，形容词作述语，后面的数量结构一般都是准宾语，准宾语一般都由“数词＋度量词”“数量词＋不定量词”以及“很多、不少、多少”等充当，而事物交错义“A＋一＋X，B＋一＋Y”中的量词恰好不能由这些成分充当。在某些特殊语境中，形容词后还可以加动量词或时量词，如：

(47)高原的草木青了25次，黄了25次。

但是无法进行“一＋X＋A，一＋Y＋B”这样的变换。

因此，笔者认为事物交错义“A＋一＋X，B＋一＋Y”的组块结构类型为主谓结构。当然这种主谓结构与能够单说的主谓结构并不相同，这里称之为主谓结构其实是要明确组块中项与项之间的组合层次和组合关系。图4-1是“黑一张，白一张”的树图。

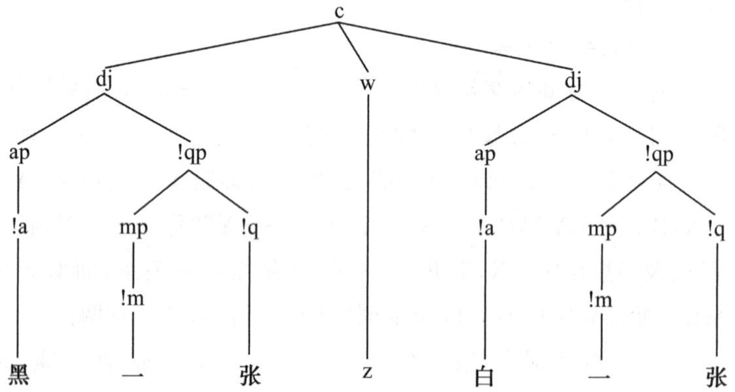

图4-1　“黑一张，白一张”项间组合关系示意图①

① 树图制作工具为詹卫东老师提供的“TestParserDoc”(1.0版)和TreeEditor(1.2版)。本书出现的所有树图都是用这两个工具制作而成，后文不再单独说明。

4.1.2 组块

事物交错义“A+一+X,B+一+Y”由两个组块组成,笔者收集的例子中也有三个甚至更多组块的情况,但是组块之间的关系类型与两组块式是相同的,而且数量少,所以本书只讨论两组块的情况。事物交错义“A+一+X,B+一+Y”的前后组块之间一般是并列关系,如:

(48)当时的田垄高一块低一块,大一块小一块。

例(48)中“高一块”与“低一块”之间是并列关系,“大一块”与“小一块”也是如此。

4.1.3 构式整体

1.句法功能

表示事物交错义的“A+一+X,B+一+Y”可以充当句法成分,也可以充当复句中的分句,下面分情况举例说明。

第一,充当复句的分句,如:

(49)在地窝子的顶上钻一个洞,用射进来的阳光印相,竟成功了!虽然黑一张白一张,但毕竟把哥儿们的脸由脑袋上“挪”到二寸见方的白色相纸上了!

第二,充当句法成分,具体如下:

充当谓语:

(50)提起王久军的奋斗生涯,看着眼前的拮据生活,郭玉莲说一阵叹一阵,眼泪长一行短一行。

带“的”充当谓语:

(51)最美的局长二太太的脸上也黄一块白一块的,有点象(像)连阴天时的壁纸。

带“的”充当定语：

(52)看着她身上青一块、紫一块的伤痕，问她“苦不苦”。

充当状语：

(53)四大娘冷一句热一句抱怨；咬定了今年的收成是没有巴望的了，白费了人工，而且多欠出一张豆饼的债！

带“地”充当状语：

(54)他们大一箩、小一筐地装着又大又鲜的草莓在叫卖，可是买者甚少。

充当补语：

(55)不卖淫就不给我们东西吃，还打我们骂我们，身上被打得青一块、紫一块。

表 4-2 是对事物交错义“A＋一＋X,B＋一＋Y”句法功能分布情况的统计。

表 4-2 事物交错义“A＋一＋X,B＋一＋Y”句法功能分布统计

	单句中的句法成分					复句中的单句	合计
	谓语		状语		补语		
	带“的”	不带“的”	带“地”	不带“地”			
数量	2	5	4	2	6	1	20

从表 4-2 可以看出，表示事物交错义的“A＋一＋X,B＋一＋Y”不怎么能够充当主语和宾语，而与之相似的选择关系“A＋一＋X,B＋一＋Y”与之互补，一般只能充当主语和宾语，如：

(56)至于观众多一些少一些那不是主要的，没人在如何吸引观众的问题上绞尽脑汁。

2.构式义

事物交错义构式的构式义是表示两个或两个以上的事物交错

散乱分布,用释义模板来表示是“一XA,一XB,一XA,一XB……多指两者交错散乱分布”①,如:

(57)有余说:“你去歇歇吧!你翻得高一块低一块,碾过来不好碾!”

(58)李景纯看着赵子曰,赵子曰的脸紫中又透着一点绿了,好象(像)电光绸,时兴的洋服材料,那么红一缕,绿一缕的——并不难看!

例(57)、例(58)可以分别用释义模板转换为“一块高,一块低,一块高,一块低……指两者交错散乱分布”和“一缕红,一缕绿,一缕红,一缕绿……指两者交错散乱分布”。由于每个例子的意义都会有一定的差异,释义模板只能将构式的意义尽量全地附加到具体例子上去,因此有可能出现释义不自然或不全面的情况,如“青一块,紫一块”很多时候都是指“伤痕遍布全身”,这样的意义无法用释义模板来表示,因为如果每个例子都追求释义的准确自然的话,那么几乎就是一个例子一个释义模板,这就失去制作释义模板的意义了。

4.1.4 与其他构式的区分

事物交错义、状态交替义以及表示选择关系的“A+一+X,B+一+Y”有共同点,即三者的A、B都是形容词,而且形容词的语义类都相同,且是反义词。因此,需要对三者进行区分。

状态交替义与事物交错义“A+一+X,B+一+Y”的区别是前者的变项X和Y都是动量词或时量词,后者的都是名量词。如“青

① 释义模板中的常项和变项之间不用“+”连接,这点与格式和构式的形式特征描写不同,目的是保证释义的自然性。

一阵,紫一阵”“长一声,短一声”“青一块,紫一块”之间的对比。

选择关系义“A+一+X,B+一+Y”与事物交错义的“A+一+X,B+一+Y”的区别是前者不能单说,只能充当主语和宾语;而后者很少充当主语和宾语。下面是选择关系义“A+一+X,B+一+Y”的一个例子:

(59)潘岳说:“别的国家发展新能源技术早一天晚一天都行,唯独中国不成。”

“早一天,晚一天”不能单说,也不能充当除主语和宾语之外的其他句法成分。

两者之间还有一个很大的区别是,表示事物交错义的“A+一+X,B+一+Y”可以做“一+X+A,一+X+B”这样的变换,如“青一块,紫一块”可以变换为“一块青,一块紫”;而表示选择关系义的“早一天,晚一天”不可以变换,如果变换,意义就发生改变。这实际上是因为“早一天,晚一天”“深一点,浅一点”中的数量结构充当的是宾语,而“青一块,紫一块”中数量结构充当的是谓语。

4.1.5 小结

事物交错义“A+一+X,B+一+Y”的内部约束条件主要是:

第一,A 和 B 不同形。

第二,A 和 B 的句法功能类都是形容词。

第三,A 和 B 的语义类相同,都是“物性值”或“空间值”,其中“物性值”概率最大,可以用打分机制为其赋大值,其他赋小值;A 和 B 一般都处于同一值的两端,是典型的反义词。

第四,X 和 Y 都是名量词。

事物交错义“A+一+X,B+一+Y”的外部约束条件主要是:一般只能充当主语和宾语之外的其他句法成分。

事物交错义“A+一+X,B+一+Y”的释义模板是:“一 XA,一 XB,一 XA,一 XB……多指两者交错散乱分布。”

约束条件只是对笔者搜集到的例子所反映出来的情况的一种总结和归纳,肯定还存在不足的地方。

4.2 状态交替义“A+一+X,B+一+Y”

状态交替义指两个或两个以上的状态先后轮流出现,并不断循环,经常表示状态变化无规律。形式特征是 A 和 B 都是形容词,X 和 Y 都是动量词或时量词。前者能够将之与除事物交替义“A+一+X,B+一+Y”之外的其他构式区分开,因为其他构式都至少含有一个动词,没有全部都是形容词的情况;后者能够将之与事物交错义“A+一+X,B+一+Y”区分开,因为事物交错义构式的变项 X 和 Y 都是名量词。状态交错义“A+一+X,B+一+Y”的例子如:

(60)两个孩子由于饥一顿饱一顿,肠胃都不好。

上面的例子表示“一顿饥,一顿饱,一顿饥,一顿饱……”,指“饥和饱的状态出现的不规律”,可以用“时而饥,时而饱”表示。

4.2.1 项

1.变项 A、B

从句法类上看,状态交替义构式的变项 A 和 B 都是形容词①

① 其中“晴一会儿,阴一会儿”中的“晴”在俞士汶等(2002)中归入动词,在《现代汉语词典》中归入形容词,我们认为“晴”是形容词,因为可以说“天很晴”。

和形容词性语素,如:

(61)马有翼虽然比十三岁的孩子强一点,可惜也是深一下浅一下拧不到正经地方,仍得天成老汉停一会放下木杴来清理一次,停一会放下木杴来清理一次。

(62)搞农技推广真是苦,风吹日晒,饥一餐饱一餐的,成年累月在田间地头、农户庄稼院里忙活。

(63)那天夜里,父子俩的吵闹持续到半夜,激烈的说话声低一阵儿高一阵儿荡在小院里,甚至传到了寂静无人的胡同外,终于惊动了邻居。

笔者搜集的例子中,只有“饥一餐,饱一餐”和“饥一顿,饱一顿”以及“密一阵,疏一阵”中的“饥”和“疏”是形容词性语素。

从语义类上看,A、B语义类相同,表4-3是变项A的语义类分布统计。

表4-3 状态交替义“A+一+X,B+一+Y”变项A语义类分布统计

语义类	物性值	人性值	空间值	合计
A	28	9	1	38

从分布上看,变项A(B)大部分属于“物性值”,但是也出现了不少“人性值”的形容词,这是与事物交错义“A+一+X,B+一+Y”不同的地方。

2.变项X、Y

状态交替义“A+一+X,B+一+Y”的变项X和Y都完全相同,都属于动量词或时量词,如:

(64)于是,邓肯号的烟囱喷着大股浓烟,蒸汽枪的叶子板轻一下重一下地拍着浪涛,有时叶子板直翘出水面。

(65)她热一阵冷一阵,猜测着剑波没说完的下半句。

例(64)中,"轻一下重一下"中的"下"是动量词,例(65)中"一阵"是时量词。

3.项间组合关系

状态交替义"A+一+X,B+一+Y"的项间组合关系按照变项X、Y位置上量词的不同分为两种情况。

第一,当X和Y为时量词时,"一X"和"一Y"充当前面形容词的准宾语,如:

(66)正是四月底的天气:晴一会儿,阴一会儿,忽然一阵小雨;雨点还落着,太阳又出来了。

朱德熙(1982)指出时量宾语是由表示时量的数量词或数量名结构充任的宾语,而时量宾语是准宾语的一种。另外,状态交替义"A+一+X,B+一+Y"中的时量结构表示的也确实是A、B所持续的时长。所以例(66)中的"一会儿"充当的是形容词"晴"和"阴"的准宾语,可用图4-2表示如下:

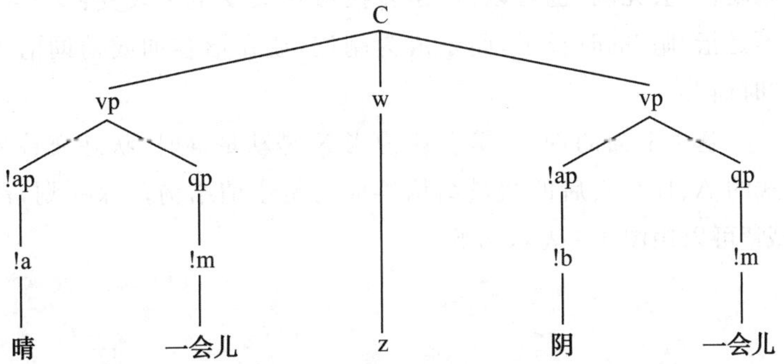

图4-2 "晴一会儿,阴一会儿"项间组合关系示意图

第二,变项 X 和 Y 为动量词的情况,如:

(67)她见我使不惯蘸水笔,深一划浅一划的,便默默地将她这支金笔放在了我课桌上。

首先,虽然动量词结构有做准宾语的可能,但由于 A 和 B 都是形容词,所以出现在其后面的“一 X”和“一 Y”不可能是表示其动作次数的准宾语。其次,“深一划”(浅一划)与“深一些”“浅五米”中充当准宾语的度量结构也不同,后者是对“深”和“浅” 的多少进行计量,前者则不是。

笔者认为这里的数量结构“一 X”和“一 Y”充当的是谓语,即形容词与其后面的“一 X”和“一”组成的是主谓结构,这与事物交错义构式的项间组合关系是一样的。而两者也有很大的相似性,即都可以转换为“一+X+A,一+Y+B”,如“深一划,浅一划”可以转换为“一划深,一划浅”,这与“东一块,西一块”的情况也是相似的,而“东一块,西一块”只能是主谓结构。但是 X 和 Y 为时量词的例子则不可以,如“晴一会儿,阴一会儿”,似乎转换成“一会儿晴,一会儿阴”也可以,但是转换后意义发生了改变:“一会儿”不是指“晴”的时长了,而是成为副词,放在形容词或动词前表示“时而”。

基于上面的理由,笔者认为当 X 是动量词时,状态交替义构式的 A、B 与其后的数量结构组成的是主谓结构,“深一划,浅一划”可以用图 4-3 表示如下:

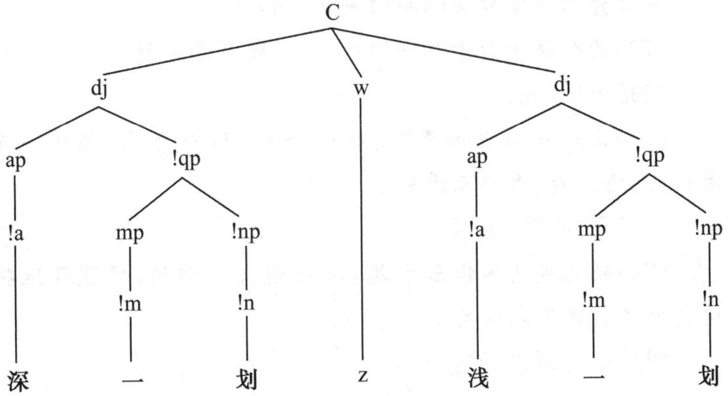

图4-3 “深一划,浅一划”项间组合关系示意图

4.2.2 组块

状态交替义“A+一+X,B+一+Y”组块之间的关系是连贯关系,因为有时量词和动量词的存在使得整个构式与时间发生了联系,根据邢福义(2001)论述,连贯关系实际上也是广义并列关系的一种。具体例子如下:

(68)这几句话说得胡雪岩脸上红一阵、青一阵,深秋天气,背上却湿漉漉地冒汗……

(69)林间铺着厚厚的腐殖质,犹如踩在厚厚的海绵上,深一脚,浅一脚,行走太困难,我与老人拉开了距离。

如果用显性的标记来表示连贯关系的话,例(68)可以表示为“红一阵,然后青一阵,然后再红一阵……”,例(69)也同样如此。

4.2.3 构式整体

1.句法功能

状态交替义“A+一+X,B+一+Y”的句法功能有以下几类。

一是充当因果复句的原因分句,如:

(70)两个孩子由于饥一顿饱一顿,肠胃都不好。

二是单用,如:

(71)正是四月底的天气:晴一会儿,阴一会儿,忽然一阵小雨;雨点还落着,太阳又出来了。

三是带"的"单用,如:

(72)她见我使不惯蘸水笔,深一划浅一划的,便默默地将她这支金笔放在了我课桌上。

四是充当谓语,如:

(73)两个人软一顿,硬一顿,逼得刘善道把一千来块本钱都拿出来了……

五是充当状语,如:

(74)四野无人,只有远处的几只老猿在长一声短一声哀啸。

六是带"地"充当状语,如:

(75)老妈妈面容愁惨惨的,长一口短一口地叹气。

七是充当补语,如:

(76)母亲气得脸上青一阵白一阵,头发也颤巍起来。

2.构式义

状态交替义"A＋一＋X,B＋一＋Y"表示两种或两种以上状态先后交替出现,并不断循环,往往指状态变幻不定,无规律。释义模板可以根据量词的不同分为两个。

第一,当X和Y是时量词时,可以用"时而A,时而B,表示A、B变幻不定,无规律或混乱",如:

(77)那天夜里,父子俩的吵闹持续到半夜,激烈的说话声低一阵儿高一阵儿荡在小院里,甚至传到了寂静无人的胡同外,终于惊动了邻居。

例(77)可以用释义模板转换为“时而低,时而高,表示低高变幻不定,无规律或混乱”。

第二,当X和Y是动量词时,可以用“一XA,一YB,一XA,一YB……表示两者无规律交替”,如:

(78)这时就起风了,风吹起了浪,浪拍打着岸边的小船,叭叭响,紧一声慢一声地传过来。

(79)她见我使不惯蘸水笔,深一划浅一划的,便默默地将她这支金笔放在了我课桌上。

例(78)用释义模板可以转换为“一声紧,一声慢,一声紧,一声慢……表示两者无规律交替”;例(79)可以转换为“一划深,一划浅……表示深浅不一或无规律交替”。

4.2.4 与其他构式的区分

状态交替义与事物交错义“A+一+X,B+一+Y”的区分主要是在X和Y上。前者是动量词或时量词,后者是名量词。

状态交错义与选择关系义“A+一+X,B+一+Y”也存在歧义。状态交错义“A+一+X,B+一+Y”一般不充当主语和宾语,而后者只能充当主语和宾语。同时它们之间还存在其他的区别,如:

(80)这个书篇幅不大,只有五千九百多个字,它自己本身有个逻辑体系,它十三篇,多一篇少一篇都是不行的。

(81)机械工业振兴的关键是质量,而质量往往就在技术工人对多一刨、少一刨的掌握上。

(82)潘岳说:“别的国家发展新能源技术早一天晚一天都行,唯独中国不成。”

“多一篇,少一篇”等中的数量结构充当的是“多、少”的真宾

语。而状态交替义"A+一+X,B+一+Y"不是如此,分两种情况说明:

第一,对于X和Y是动量词的状态交替义"A+一+X,B+一+Y"来说,其数量结构充当的是谓语,如"深一下,浅一下"。

第二,对于X和Y是时量词的状态交替义"A+一+X,B+一+Y"来说,其数量结构充当的是准宾语。

4.2.5 小结

状态交替义"A+一+X,B+一+Y"内部约束条件主要是:

第一,A和B不同形。

第二,A和B的句法功能类都是形容词。

第三,A和B的语义类相同,都是"物性值""人性值"或"空间值",其中"物性值"概率最大,可以用打分机制为其赋大值,其他赋小值;A和B一般都处于同一值的两端,是典型的反义词。

第四,X和Y同形,X和Y都是动量词或时量词。

释义模板根据X和Y的不同可以分为两个:当X和Y为时量词时,释义模板为:"时而A,时而B,表示A、B变幻不定,无规律或混乱。"当X和Y为动量词时,释义模板为:"一XA,一YB,一XA,一YB……表示两者无规律交替。"

4.3 动作行为交替义"A+一+X,B+一+Y"

动作行为交替义强调动作行为之间的交替,具体例子如:

(83)孟小姐走一阵歇一阵,边走边打听,太阳落山的时候,她路遇了敌工干事。

例(83)中"走一阵，歇一阵"的意思是"走一阵，歇一阵，走一阵，歇一阵"，指"走"和"歇"的不断交替。值得注意的是，周遍义和倚变义"A＋一＋X，B＋一＋Y"也都含有[＋交替]的语义特征，但是这两者的意义并不是强调A和B之间的交替：周遍义强调的是A和B之间的充分条件关系，倚变义强调的是A和B之间的倚变关系。

4.3.1 项

1.变项A、B

从句法功能上看，动作行为交替义"A＋一＋X，B＋一＋Y"中A、B大都是动词，如：

(84)塞得满满的果皮箱口不时被风吹落，一张纸屑在街道上打着滚儿地走一阵停一阵。

(85)猪头小队长叫了一声，马上扑过两个日本兵来，举起枪托，照那媳妇肚上腿上，没头没脑地打，打一阵问一句，问一句打一阵。

(86)不知道什么时候，他折了一棵红荆条儿，在手里拿着走一步摔一下，无目的地抽打着地上长着的东西。

有的是短语，笔者搜集的例子中只有一例：

(87)散了斗争会，老范问赵刺猬："怎么说一段吹打一段，热闹个没完了？"

例(87)中的"吹打"是一个并列结构。

有的是语素，笔者搜集到的例子中也只有一例：

(88)提起王久军的奋斗生涯，看着眼前的拮据生活，郭玉莲说一阵叹一阵，眼泪长一行短一行。

例(88)中的"叹"是一个动词性语素。

从语义类看,A和B的语义类不一定相同,如:

(89)大家在路沟里走一截埋一捆,刚埋了三捆,忽然听见远远响起马蹄声,小李抬头一看,惊叫道:"鬼子,鬼子!"

例(89)中,"走"属于"身体活动"类,而"埋"则属于"接触"类。

虽然A和B的语义类、下位类不相同,但是上位类大多属于"动作行为"类,表4-4是变项A、B的语义类分布统计。

表4-4 动作行为交替义"A+一+X,B+一+Y"变项A、B句法语义类分布统计

语义类	动作行为										心理活动	语素及短语	合计
	身体活动	信息交流	五官感觉	社会活动	位移	其他行为	接触	创造	变化	领属转移			
A	44	5	4	2	0	1	0	4	0	0	0	0	60
B	34	5	0	3	3	4	3	2	1	2	1	2	60

因此,动作行为交替义"A+一+X,B+一+Y"的内部约束条件应当对A、B的语义类进行限定,或采取设置打分函数的方式,即A、B都为"动作行为"类动词时,"A+一+X,B+一+Y"表示动作行为交替义的分值高于其他情况。

2.变项X、Y

变项X和Y不一定相同,且既可以为名量词,也可以为动量词或时量词,如:

(90)贾春明夫妇读着朱琳同志的亲笔信,读一句,哭一阵,两颗濒临绝望的心又升起了新的希望。

(91)不知道什么时候,他折了一棵红荆条儿,在手里拿着走一步摔一下,无目的地抽打着地上长着的东西。

(92)我哭一阵，说一阵，激动得浑身颤抖，为自己极力辩解但只会说三个字：我没有。

例(90)中“一句”为名量词，例(91)中“步”和“下”都为动量词，例(92)中“阵”为时量词。

3.项间组合关系

动作行为交替义“A＋一＋X，B＋一＋Y”中 A、B 与后面数量结构之间的关系都是动宾关系，只是当 X(Y)为名量词时，“一 X”(Y)充当的是 A 的真宾语，如“做一期，售一期”(见图 4-4)。

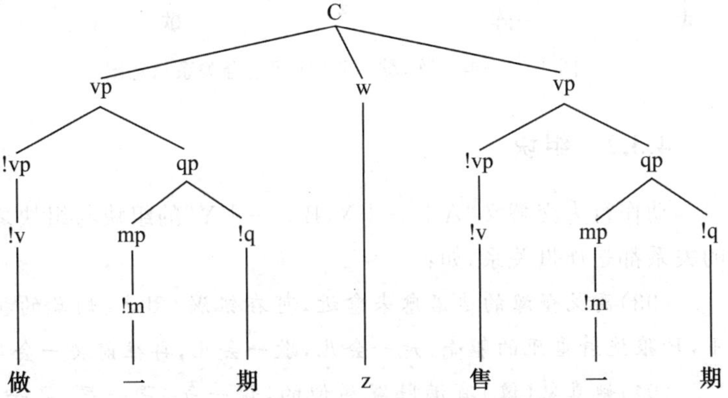

图 4-4 “做一期，售一期”项间组合关系示意图

当 X(Y)不是名量词时，“一 X”(Y)充当的是 A 的准宾语，如“走一阵，歇一阵”(见图 4-5)。

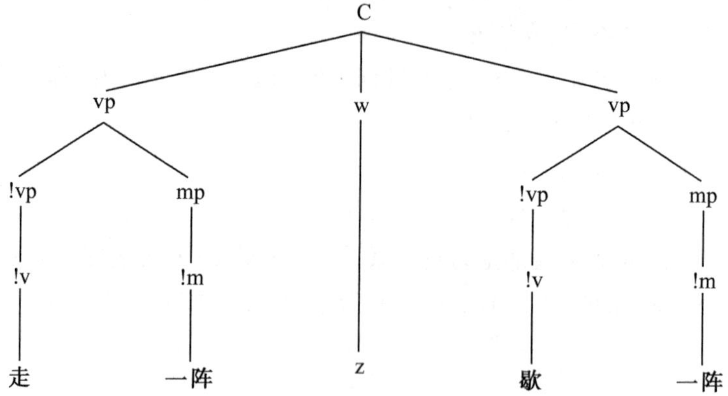

图 4-5 “走一阵,歇一阵”项间组合关系示意图

4.3.2 组块

动作行为交替义“A+一+X,B+一+Y”的组块与组块之间的关系都是连贯关系,如:

(93)离戈壁滩的边沿愈来愈近,可在饥渴、困乏、烦乱的折磨下,野狼拖着垂死的躯壳,走一会儿,歇一会儿,再往前爬一会儿。

(94)她真象(像)有满肚冤屈似的,说一气,哭一气,哭一气,说一气,一阵说的伪军都愣在那儿。

(95)电脑棋师的“棋艺”是人教给它的,它只能按照现成步骤来走棋,走一步运算一步。

例(93)中“走一会儿,歇一会儿”之间的逻辑关系就是,先“走”,然后“歇”。但是由于构式本身的交替义的存在,这种先后关系并没有限定得这么严格,如例(94)中,“说一气,哭一气”和“哭一气,说一气”相互颠倒,交替义使得A、B组成一个循环,所以不能说谁先谁后。

4.3.3 构式整体

1.句法功能

动作行为交替义“A+一+X,B+一+Y”的句法功能有以下几类。

一是充当谓语,如:

(96)电脑棋师的“棋艺”是人教给它的,它只能按照现成步骤来走棋,走一步运算一步。

二是带“地”充当状语,如:

(97)小平次郎慢腾腾地走一步吐一字地问。

三是以充当系词的宾语,如:

(98)萨维在电影院看电影时,为什么每次看的都是不连贯的电影? 答案:每次都是看一会儿睡一会儿。

2.构式义

动作行为交替义“A+一+X,B+一+Y”的意义就是交替,没有产生其他意义,可以用“A 一 X,B 一 Y,A 一 X,B 一 Y……表示 A 和 B 不断交替进行”释义,如:

(99)大家在路沟里走一截埋一捆,刚埋了三捆,忽然听见远远响起马蹄声,小李抬头一看,惊叫道:“鬼子,鬼子!”

例(99)表示“走一截,埋一捆……”,指“走、埋”的动作交替进行。

4.3.4 与其他构式的区分

动作行为交替义与事物交错义、状态交替义“A+一+X,B+一+Y”之间区别比较明显,因为后两者的 A、B 都是形容词,而前者的 A、B 都是动词。

动作行为交替义与周遍义、倚变义“A+一+X,B+一+Y”之间的区别体现在A、B之间的关系,以及“一X”和“一Y”之间的关系上。首先,动作行为交替义“A+一+X,B+一+Y”中A、B的动词过程结构类型相同①;而周遍义与倚变义“A+一+X,B+一+Y”中A和B的动词过程结构类型不同。其次,动作行为交替义“A+一+X,B+一+Y”中“一X”和“一Y”一般都不是同指的;而周遍义和倚变义的“一X”和“一Y”要么是同指,要么是有特殊关系。

动作行为交替义与主观量义“A+一+X,B+一+Y”的区别比较明显,即后者B的取值只能是{是|算},而前者的A和B都不可以取这两个值。

4.3.5 小结

动作行为交替义“A+一+X,B+一+Y”的内部约束条件为:

第一,A和B不同形。

第二,A和B的句法功能类都是动词或动词性结构,A和B都不能为“是”或“算”。

第三,A和B的动词过程结构类型都是双限结构3、4或5。

第四,“一X”和“一Y”一般不同指。

动作行为交替义“A+一+X,B+一+Y”的释义模板为:“A一X,B一Y,A一X,B一Y……表示A和B不断交替进行。”

① 动词过程结构类型在下一章详细讨论,这里只是作为内部约束条件列出。

4.4 周遍义“A+一+X,B+一+Y”

朱德熙(1982)在提及疑问代词的非疑问用法时指出,周遍义表示在所涉及的范围之内没有例外。对于“A+一+X,B+一+Y”来说,周遍义主要是指A、B所涉及的对象都没有例外。该类构式的判定标准就是可以转换为“A+多少+X,B+多少+Y”。具体例子如下:

(100)县市政法部门要介入打击违法经营药品活动,不允许地下药品交易场所及交易活动的存在,坚决做到发现一起打击一起,哪里打击不力,就追究哪里的责任。

例(100)可以转换为“发现多少起,打击多少起”。

4.4.1 项

1.变项A、B

从句法功能来看,变项A都是动词,而B位置上则出现了动词、动词短语、形容词以及动词性和形容词性语素,甚至还出现了名词。

从语义类上看,周遍义“A+一+X,B+一+Y”与动作行为交替义“A+一+X,B+一+Y”的一个很大的区别是:前者中的A可以为“静态关系”类、“心理活动”类;B除了可以为“静态关系”类、“心理活动”类之外,还可以是形容词,而且数量不少(见表4-5)。

表 4-5 周遍义"A+一+X,B+一+Y"变项 A、B 句法语义类分布情况

语义类	动词												形容词	短语及缩略语	合计
	动作行为										静态关系	心理活动			
	信息交流	社会活动	五官感觉	位移	身体活动	其他行为	领属转移	创造	变化	接触					
A	3	1	19	14	24	12	1	30	1	0	25	27	0	5	158
B	5	3	0	4	33	11	6	4	12	5	36	14	20	7	158

注:形容词语义类没有标出下位类的分布情况。

A、B 在语义类上的相互限制比较有规律。首先,当 A 是"心理活动"类的"发现","五官感觉"类的"见","静态关系"的"有",存现类动词[①]"来""出来""上来"和"走"时,B 可以是任意语义类的动词和形容词。其次,当 B 是"静态关系"的"是、算、成","心理活动"类的"感动""爱""怨""懂"和"厌"(语素),"变化"类的"错""收效""受益""赔""昏""死"等时,A 可以是任意语义类动词。

从语义类角度看比较混乱,但是从动词过程结构来看,上面的规律可以归纳为 A 和 B 中总有一个是表示"变化"或"状态"的。[②]

2.变项 X、Y

周遍义"A+一+X,B+一+Y"的变项 X 和 Y 都完全相同,绝大部分都是名量词,如:

① 在俞士汶等(2002)中的字段值设置为"存现=存"。

② 根据郭锐(1993),动词过程结构的不同实际上对应了"状态—动作—变化"的连续统,笔者将形容词看作表示"状态",将动结式看作表"变化",就可以将本书研究对象中出现的谓词都纳入这个连续统中,因而可以用这条规律进行说明。具体分析在下一章展开。

(101)发现这样的问题,要有一个查处一个,丝毫不能含糊。

但也有例外,变项X和Y是动量词,如:

(102)可是这以后,他的行程就更其困苦了,那砂子磨他的脚,使他走一步,痛一步,你想,假如鞋子里没有一粒砂,那该是多么愉快呢。

3.项间组合关系

周遍义“A+一+X,B+一+Y”的A、B与后面的数量结构是动宾关系,后面的数量结构往往是真宾语(见图4-6)。

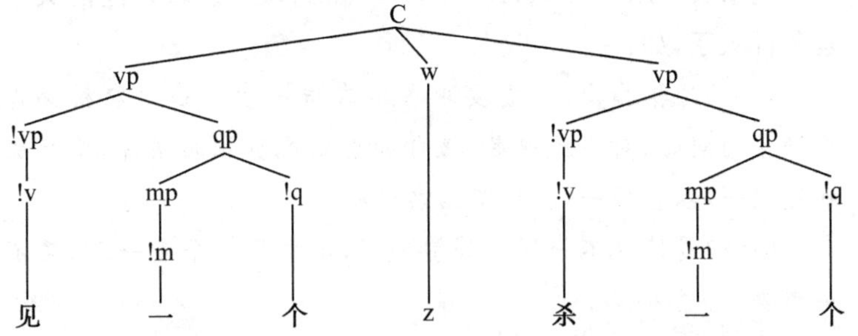

图4-6 “见一个,杀一个”项间组合关系示意图

尽管A可以是形容词,但是其宾语也是真宾语,因为这些形容词实际上都带有“使动”的意思,如:

(103)在他的身后,一道道穷山沟变成了花果山、米粮川,一户户吃粮靠返销、花钱靠救济的农民过上了富裕的好日子,真是“干一处响一处,走一路富一路”。

(104)“走一地绿一片,走一处绿一线”,为文学绿化工程奔忙的浩然,为办好《苍生文学》倾注着心血,为培养业余作者流淌着汗水。

还有个别句子,其动词和数量结构之间是“动作+处所”的关

系,如:

(105)走一亭吃一亭,熊大力也渐渐不口羞了。

(106)"九爷走一处'洗'一处,已践美女三千零九名,可有?"("洗"指"洗脚"——笔者注)

另外,(101)~(106)中X(Y)不是名量词的例子,其动词后面的数量结构充当的是准宾语。

4.4.2 组块

周遍义"A+一+X,B+一+Y"中组块与组块之间的关系都是条件关系,如:

(107)通报指出,省委要求各地在进一步加强对农村税费改革领导的同时,对违反规定、擅自加重农民负担的案件,要坚决做到发现一起,查处一起,绝不姑息迁就。

(108)爱情也不一样。如贾宝玉,几乎见一个爱一个,又不是全都要。

(109)中央政治局委员、省委书记姜春云强调,只要还有走私活动,就要穷追猛打,有一起查一起,有一个抓一个。

(110)切实办好现有"三资"企业,妥善解决"三资"企业发展中的问题,做到办一个,成一个。

例(107)中"发现一起,查处一起"是"只要发现一起,就查处一起"的意思;例(108)中,"见一个爱一个"是"只要见一个,就爱一个"的意思;例(109)中"有一起查一起"是"只要有一起,就要查一起"的意思;例(110)中"办一个,成一个"是"只要办一个,就成一个"的意思。

4.4.3　构式整体

1.句法功能

周遍义“A＋一＋X,B＋一＋Y”的句法功能主要有以下几种。

一是单独成句,如:

(111)南孙只得说:“做一行厌一行。”

二是充当复句中的单句,如:

(112)他还有一句口头禅:“不能让老实正派的人吃亏,只要是人才,发现一个支持一个,不搞势利眼那一套。”

三是充当谓语,如:

(113)高晓声的《陈奂生》,我看一遍哭一遍,我觉得那写的就是我,实实在在的就是我……1982 年大学毕业至今,从农村到城市,一步一步走得也同样不容易。

四是充当谓宾动词的宾语,如:

(114)县市政法部门要介入打击违法经营药品活动,不允许地下药品交易场所及交易活动的存在,坚决做到发现一起打击一起,哪里打击不力,就追究哪里的责任。

五是充当体宾动词的宾语,如:

(115)假设任你选择一种职业,你打算干什么?美国人的回答充分显示了干一行厌一行。

2.构式义

周遍义“A＋一＋X,B＋一＋Y”的释义模板是“A＋多少＋X,B＋多少＋Y,强调全都,无例外”,如:

(116)有的客户的大哥大出现毛病,不是拿到电信局去维修,而是拿到街边一些大哥大维修部去维修时,某些维修部便来一个窃取一个。

(117)临沂市的市场建一处,成功一处,其根本就在于他们遵循了“五先五后”的原则……

(118)勾肩搭背起过一棵蛋黄花树——那蛋黄花白瓣黄心,酷肖削了壳的鸡子,以此得名——霓喜见一朵采一朵,聚了一大把,顺手便向草窠里一抛。

(119)矿山公司经理费广智表示,今后上多种经营项目,要脚踏实地,看准了、选好了,干一个成一个。

例(116)～(119)分别可以转换为“来多少个,窃取多少个”“建多少处,成功多少处”“见多少朵,采多少朵”和“干多少个,成多少个”。其实这强调的就是两个数量之间的匹配,两者成比例关系,这点在倚变义“A＋一＋X,B＋一＋Y”上体现得更为明显,如“泡一次,淡一次”。

部分交替义“A＋一＋X,B＋一＋Y”中的例子似乎也可以进行这样的转换,如:

(120)我沿着诺第留斯号的黑暗过道,一步一步摸索着前进,走一步停一下,抑制住心上的跳动。

脱离句子,孤立地看例(120),将“走一步停一下”转换为“走多少步,停多少下”,也可以理解,只是接受程度不是很高。但一旦转换,它与句子中“走一步停一下”的意思就完全不同了,句中要强调的意思是“走”和“歇”之间的先后循环交替,“走多少步,停多少下”强调的是“走的步数”和“停的次数”之间的严格配比。即便是在没有语境的情况下,也很少有人把“走一步,停一下”理解成“走多少步,停多少下”。

4.4.4 与其他构式的区分

周遍义与交替义“A＋一＋X,B＋一＋Y”之间的区别有两点,第一,A 和 B 中一定有一个不属于双限结构 3、4、5;第二,前者的“一 X”与“一 Y”往往是同指关系。

周遍义与倚变义“A＋一＋X,B＋一＋Y”之间的区分在下节讨论。

4.4.5　小结

周遍义“A＋一＋X,B＋一＋Y”的内部约束条件为:

第一,A 和 B 不同形。

第二,A 和 B 的句法功能类不一定相同,A 都是动词或动词性结构,B 是动词或形容词性结构。

第三,A 和 B 中一定有一个动词过程结构不属于双限结构 3、4、5。

第四,X 和 Y 相同,“一 X”和“一 Y”一般都是同指的。

周遍义“A＋一＋X,B＋一＋Y”的释义模板为:“A＋多少＋X,B＋多少＋Y,强调全都,无例外。”

4.5　倚变义“A＋一＋X,B＋一＋Y”

邢福义(2001)称倚变义为“倚变关系”,笔者认同这看法,即倚变义事实上是“倚变关系义”。根据邢福义(2001)的研究,倚变关系是指两者之间的变化是“成比例的……可以是共增共减,也可以是一增一减”,前者是正比倚变,而后者是反比倚变。倚变关系事实上是在条件关系基础上形成的,邢福义(2003)认为倚变关系“从逻辑上说,是一种充足条件假言判断”,以“越 p,越 q”为例,其意义就相当于“只要越 p,就越 q”,所以有倚变义的构式也都有周遍义的特征。

倚变义“A＋一＋X,B＋一＋Y”的判定标准是其可以转换为“越 A＋越 B”,如:

(121)发展改革委工业司调研员刘群解释说,石油作为矿物质能源,不可再生,用一吨少一吨。

(122)从没有辛酸苦辣,老是清茶的风味,现在更象(像)泡一次,淡一次。日子一天天无事过去,跟自己毫无关系,似乎光阴不是自己真正度过的。

例子(121)和(122)分别可以转换为“越用越少”和“越泡越淡”,而意义基本保持不变。

4.5.1 项

1.变项 A、B

从句法功能上看,A 既可以是动词又可以是形容词,但是动词居多;B 的替换度比较低,笔者搜集到的例子只有“少”“好”“强”“淡”。所以,下面只给出 A 的语义类分布情况(见表 4-6)。

表 4-6 倚变义“A＋一＋X,B＋一＋Y”变项 A、B 句法语义类分布情况

语义类	动词									形容词	动结式	合计
	动作行为								心理活动			
	消耗	五官感觉	位移	身体活动	其他行为	领属转移	接触	变化				
A	1	1	2	8	1	5	4	4	1	2	4	33

从表 4-6 可以看出,变项 A 主要集中在“动作行为”类,但是其他各类也都有分布,这与周遍义“A＋一＋X,B＋一＋Y”有相似的地方。不同的地方在于周遍义“A＋一＋X,B＋一＋Y”的变项

A 不可以是形容词。

2.变项 X、Y

X 和 Y 都是完全相同的。虽然名量词居多,但是动量词和时量词都有多个,如:

(123)阶级敌人死一个少一个。白天死是白死,夜晚死是黑死。

(124)我只好起来坐在她的身旁,拉着她的手,目不转睛地看着她。也只能拉着她的手、也只能这样看着她了。就是这样,也是看一眼少一眼,拉一会儿少一会儿了。

例(123)中的“个”为名量词;例(124)中“眼”为借用的动量词,“会儿”是时量词。而周遍义“A+一+X,B+一+Y”的 X、Y 位置上没有出现时量词。

3.项间组合关系

倚变义“A+一+X,B+一+Y”中“用一吨,少一吨”“长一寸,强一寸”等前后组块都是动宾结构,“用一吨”不必说,“少一吨”和“长一寸,强一寸”都是度量词做准宾语。

比较难以判定的是下面几个例子的后组块:

(125)参加合作社,走一步好一步。

(126)从没有辛酸苦辣,老是清茶的风味,现在更象(像)泡一次,淡一次。日了一天天无事过去,跟自己毫无关系,似乎光阴不是自己真正度过的。

例(125)和(126)中“好一步”“淡一次”与状态交替义“A+一+X,B+一+Y”中的“长一声,短一声”存在相似性,即都是“形容词+动量词结构”,但是两者并不相同。“好一步”“淡一次”与“长一些”“短三米”才是平行结构,都可以在中间加“了”:

(127)好一步→好了一步

(128)淡一次→淡了一次

(129)长一些→长了一些

(130)短三米→短了三米

而"长一声,短一声"不可以在中间加"了":

(131)长一声→＊长了一声

(132)短一声→＊短了一声

相反的是,"长一声,短一声"可以前后倒置:

(133)长一声,短一声→一声长,一声短

而"好一步""淡一次""长一些""短三米"都不能进行这样的变换。所以,笔者认为"好一步""淡一次"这些"形容词＋动量词结构"的组块也都是动宾结构,如图 4-7 所示。

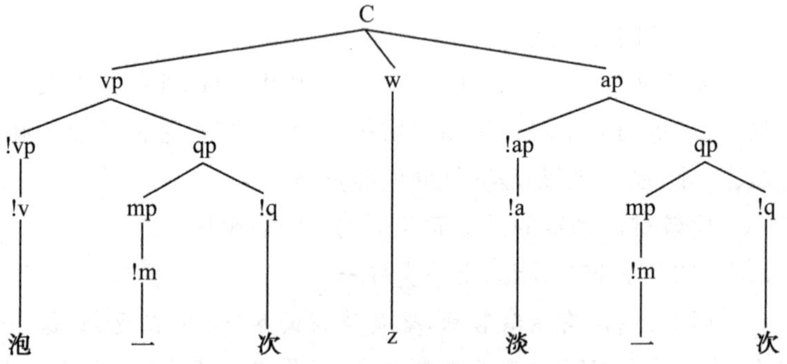

图 4-7 "泡一次,淡一次"项间组合关系示意图

4.5.2 组块

倚变义构式的前后组块之间是致使关系,如:

(134)鬼子对中国人,还不是杀一个少一个。

例(134)中"杀"和"少"之间是致使关系,因为"杀"导致的结

果就是“少”。

有的时候这种致使关系不明显,如:

(135)你嘟哝什么?这时候不睡,我啥时候去睡?我劝你也快去睡,再睡几天,乔家这座老宅,说不定就要顶给别人了,睡一天少一天!

但是语境往往能够凸显出A和B之间的致使关系,如例(135)中“乔家……就要顶给别人了”就暗示了没几天可待了,因而“睡一天少一天”。

4.5.3 构式整体

1.句法功能

倚变义“A＋一＋X,B＋一＋Y”的句法功能有以下几类。

一是充当复句中的分句,如:

(136)“胡太太,战事一起,法国兵舰封住中国的海口,外国商船不能来;货色断档,那时候的价钱,老实说一句,要多少就是多少,只问有没有,不问贵不贵,所以现在卖一样少一样,大家拿好东西都收起来了。”

其中,“卖一样,少一样”充当的是因果复句的结果分句。

二是充当谓语,如:

(137)阶级敌人死一个少一个。白天死是白死,夜晚死是黑死。

三是充当“是”字句的宾语,如:

(138)粮食经营放开后,多数单位由于费用来源奇缺,需要维修的仓房得不到修理,需要保养的机械得不到保养,保粮器材有减无增,有的甚至温度计也是坏一支少一支。

四是带“的”充当定语,如:

(139)反过来一想,任何事物都有正反两方面,我已经人到中年,携家带口的,大半辈子已经过去,是过一天少一天的人了,如果再如年轻人一般,争强好胜,累死累活又有什么意义?

2.构式义

倚变义“A+一+X,B+一+Y”的意义是强调A和B之间的正比关系,可以用“越A越B”来表示,如:

(140)而对于收藏者来说,艺术大师们的这类作品只可以出现在那个特定的历史时期而无以为继,堪称凤毛麟角,且卖一幅少一幅,因而极具收藏价值。

“卖一幅少一幅”的意思就是指“卖”和“少”之间存在一种正比关系,越卖越少。

4.5.4 与其他构式的区分

倚变义“A+一+X,B+一+Y”与其他“A+一+X,B+一+Y”的区别主要有两点。第一,A和B之间是致使关系,如“用一吨,少一吨”中“用—少”之间是致使关系。第二,“一X”和“一Y”的关系不是简单的同指或不同指,两者之间的关系更像是“同属一个整体”的关系,如“用”掉的“一吨”与“少”了的“一吨”不见的是同一个“一吨”,因为格式并不强调两者是否同指,格式预设了一个“总X数”(总吨数),A和B的实际作用对象都是这个预设的“总X数”。这是其他构式所不具备的特征。但是这两个特征都很难用于计算机处理,因此,需要寻找一些“替代”特征。

首先,倚变义“A+一+X,B+一+Y”中B的动词过程结构为双限结构1或形容词,这点可以将之与动作行为交替义(走一阵,歇一阵)和大部分周遍义“A+一+X,B+一+Y”区分开。

其次,虽然A和B都可以为形容词(长一寸,强一寸),但是A

和 B 的语义类一定不同,这可以与事物交错义(青一块,紫一块)和状态交替义(长一声,短一声)“A+一+X,B+一+Y”区分开。

如此一来,只剩下部分(B 为形容词或动词双限结构 1)周遍义“A+一+X,B+一+Y”(“走一处,红一处”“做一件,成功一件”等)还存在歧义问题,笔者没有找到可以用于计算机处理的形式化规则,这两个特征只能用“一 X”和“一 Y”之间关系的不同区分开。

4.5.5 小结

倚变义“A+一+X,B+一+Y”的内部约束条件为:

第一,A 和 B 不同形,A 和 B 语义类不同。

第二,B 往往表示“状态”,即动词过程结构为双限结构 1 或干脆就是表述状态的形容词。

第三,A 和 B 之间是致使关系。

第四,X 和 Y 相同,“一 X”和“一 Y”不一定同指,但是预设了两者同属“总 X 数”。

倚变义“A+一+X,B+一+Y”的释义模板为:“越 A 越 B。”

4.6 主观量义“A+一+X,B+一+Y”

4.6.1 项

1.变项 A、B

B 只能是“是”和“算”两个。需要指出的是,“算”有多个义项,这里的“算”是表示“算做”的准系词,而不是表示“计算数目”(算了一笔账)、“计算在内”(算我一个)、“算数”(他说了算)、“推测"(我算他今天该动身了)以及"作罢"(算了)①的"算"。

从句法功能上看,B可以是动词和动词性结构,也可以是形容词,如:

(141)据反映,目前每个门点每月需上缴的费用有2000多元,经营者压力大,只能追求短期效益,"赚一点是一点"。

(142)楚天舒瞪着牛眼说:"我是让你通知,办法由你自己想,撤下来一个连是一个连,这点道理也不懂吗?"

(143)一想到那个老者与小马儿,祥子就把一切的希望都要放下,而想乐一天是一天吧,干吗成天际咬着牙跟自己过不去呢?!

从语义类上看,动词绝大部分属于"动作行为类",表4-7是笔者对A的句法类和语义类分布情况做的统计。

表4-7 主观量义"A+一+X,B+一+Y"变项A句法语义类分布情况

语义类	动词												形容词	动结、动宾短语	合计
	动作行为										静态关系	心理活动			
	消耗	五官感觉	位移	身体活动	社会活动	其他行为	领属转移	接触	创造	变化					
A	1	1	2	14	4	8	15	4	1	18	2	1	9	27	107

从表4-7可以看出,动词绝大部分都是"动作行为"类动词和动结式短语。动结式的数量远远超出了其他意义的"A+一+X,B+一+Y"。

2.变项X、Y

变项X和Y可以是名量词、动量词或时量词,如:

① 引自《现代汉语词典》(第6版)。

(144)基于家用电脑市场“温而不热”的认识，许多电脑公司、特别是位于中关村的公司采取的营销策略是，等客上门，向家庭卖一台是一台，不指望它赚钱。

(145)梅珊先就奔了出来，她把飞澜抱住，睃了毓如一眼，说，打得好，打得好，反正早就看不顺眼，能打一下是一下！

(146)人一上了年纪本就来日苦短，和至亲至爱的人多守一会儿是一会儿，谁知道以后(还有多少个以后?)乃至明天，还有没有这样的相守的时机……

其中“台”“下”“会儿”分别是名量词、动量词和时量词。

3.项间组合关系

从表层结构上看，“省一点，是一点”中“一点”和“省”以及“是”构成的都是动宾关系，可以用图4-8来表示。

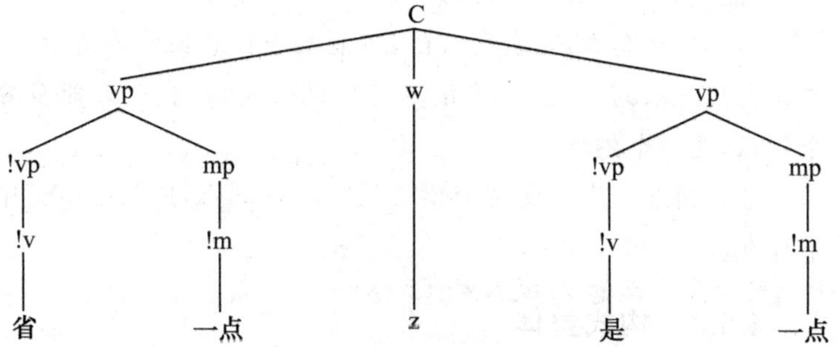

图4-8 “省一点，是一点”项间组合关系示意图

但是实际上，其底层结构与交替交错义“A＋一＋X，B＋一＋Y”并不相同，这点在后文详细讨论。

4.6.2 组块

从表层结构上看，主观量义“A＋一＋X，B＋一＋Y”也是多组块式,但是其底层结构并不是多组块式,而是单组块式,是单组块同语式经过同形删略而得出。因此,表层结构的两个组块之间不能用逻辑关系来解释。

主观量义“A+一+X,B+一+Y”前组块的一个特点是可以前加“多”“能”,如:

(147)10万个基因,我们能抢到一个是一个。错过这个机遇,对我们这代人来说,上对不起祖宗,下对不起子孙啊!

(148)对公存款是按旬均余额考核的,各行、处纷纷在旬末时点数上做文章,想尽一切办法提高旬末数,多占一旬是一旬。

但是例(147)和(148)不同,助动词“能”是支配整个前组块的,而“多”只是修饰A,因为可以在A后面加“着、了、过”等,如“多占了一旬”“多跑了三百米”。

“能”和“多”可以同时出现,如:

(149)“该怎么治,我怎么治,不能乱来!亡国?等着看吧,日本大夫们一来到,我就非挨饿不可!说老实话,我今天能多赚一个铜板,是一个铜板!”

这种情况在表示交替交错义的“A+一+X,B+一+Y”中都不存在。

4.6.3 构式整体

1.句法功能

绝大部分的主观量义“A+一+X,B+一+Y”都是做单句或复句中的单句,如:

(150)据反映,目前每个门点每月需上缴的费用有2000多元,经营者压力大,只能追求短期效益,“赚一点是一点”。

(151)晚上电视演一个荡气回肠的爱情片,章安仁想提醒南孙看,终于忍了下来,他不知这场赌气可以拖多久,迟早要投降的,但忍得一时是一时。

也有部分主观量义“A+一+X,B+一+Y”可以充当句法成分,有以下几类。

一是充当主语,如:

(152)“我们的利益与客户是一致的,只有他们得益了,永利中心才能长存下去。宰一刀是一刀绝不是我们的做法。”

二是充当谓语,如:

(153)快乐的机会抓到一次是一次,他相信自己不会乱抓,起码的分寸还是有的。

三是充当宾语,如:

(154)一想到那个老者与小马儿,祥子就把一切的希望都要放下,而想乐一天是一天吧,干吗成天际咬着牙跟自己过不去呢?!

四是带“的”充当宾语,如:

(155)被逼得走投无路的鲁群生当初只是出于改一点是一点的想法,以好言好语(因为没有钱给大家发奖金,只能好言好语)说服工程技术人员,开始在先天不足的生产线上修修补补地动起了手术。

2.构式义

主观量义构式的预设义是“虽然‘一X’不多,但总好过没有”,言外之意是“所以,能A一X,就A一X”,如:

(156)对扭亏有望的企业要从政策上、资金上给予扶持,活一个是一个。

例(156)用释义模板进行转换就是“虽然一个也不多,但总好过没有,所以,能活一个就活一个”。

4.6.4 与其他构式的区分

主观量义"A+一+X,B+一+Y"与绝大部分表示交替交错义的"A+一+X,B+一+Y"之间有着明显的区分标志,即前者的B只能为{是|算}。在笔者搜集的例子中,只有表示周遍义的"A+一+X,B+一+Y"中有部分例子的B为"是"或"算"。

下面是周遍义构式中出现"是"或"算"的例子:

(157)我们作出的每一个决策,定了的每一项工作,都要落实到人,限期完成,切实做到抓一项是一项,抓一项成一项。

(158)虽然他发表的小小说数量不算很多,但写一篇是一篇,几乎篇篇博得读者好评,大奖拿了一个又一个,令许多人眼馋得不行,却又不能不服。

(159)"正因为咱穷,就更该干一件事算一件事。"

(160)忽然王二虎站起来说:"要我说,不打就不打,要打就拣个大的,打一个算一个!"

这些例子的意思很统一,如"抓一项是一项"表示"只要抓一项,就要有一项的效果";"写一篇是一篇"表示"只要写一篇,就要有一篇的效果";"干一件事算一件事"指"只要干一件事,就要有一件事的效果";等等。

周遍义"A+一+X,B+一+Y"都可以转换为"只要A+一+X,就{是|算}+一+Y",但是主观量义"A+一+X,B+一+Y"都不可以做这样的转换,如:

(161)省一点是一点→*只要省一点,就是一点

但是主观量义"A+一+X,B+一+Y"可以转换为"{能|多}A+一+X,{是|算}+一+X",如:

(162)快活一天是一天→能(多)快活一天是一天

周遍义“A＋一＋X,{是|算}＋一＋X”无法做此转换,如:

(163)抓一项是一项→＊能(多)抓一项是一项

两者虽然在句式变换上有很明显的区分,但是这些条件都很难用计算机判定。主观量义和周遍义“A＋一＋X,{是|算}＋一＋X”之间的歧义只有靠语境才能消解。因为脱离上下文,同样一个例子,怎么理解都可以,如“抓一项是一项”,既可以理解为“只要抓一项,就有一项的效果”,也可以理解为“能抓一项是一项”。所以暂时无法找出其消歧条件。

4.6.5 小结

主观量义“A＋一＋X,B＋一＋Y”的内容约束条件为:

第一,A 和 B 不同形。

第二,A 都是动词或动词性结构,也可以是形容词,B 只能是“是”或“算”。

第三,前组块“A＋一＋X”前部都可以加“能”或“多”。

第四,X 和 Y 完全相同。

主观量义“A＋一＋X,B＋一＋Y”的释义模板为:“虽然‘一X’不多,但总好过没有,所以,能 A 一 X,就 A 一 X。”

4.7 本章小结

本章从项、组块、构式整体三个层面分别详细描写了事物交错义、状态交替义、动作行为交替义、周遍义、倚变义和主观量义“A＋一＋X,B＋一＋Y”的内外部句法语义特征。在此基础上找出了各个构式的约束条件和相互区分的条件,给出了相应的释义模板。

主观量义、周遍义、倚变义“A+一+X,B+一+Y”对A与B之间的互相限制都不严格,而事物交错义、状态交替义和动作行为交替义“A+一+X,B+一+Y”对A与B之间的互相限制比较严格,体现在统计结果上有两点:第一,前三者的A、B句法语义类分布范围更广,各个构式A、B的句法语义类分布结果在各个小结都已经给出,在这里不再重复。对于后三者来说,要么A和B都是形容词,要么都是动词,不能出现混合搭配的情况。第二,对于前三者来说,A和B之间的类型丰富程度①差距比较大。本书用变项A和B位置上出现的词或结构的Type值作为衡量对象,分别统计了各个构式A和B的替换度(见图4-9)。

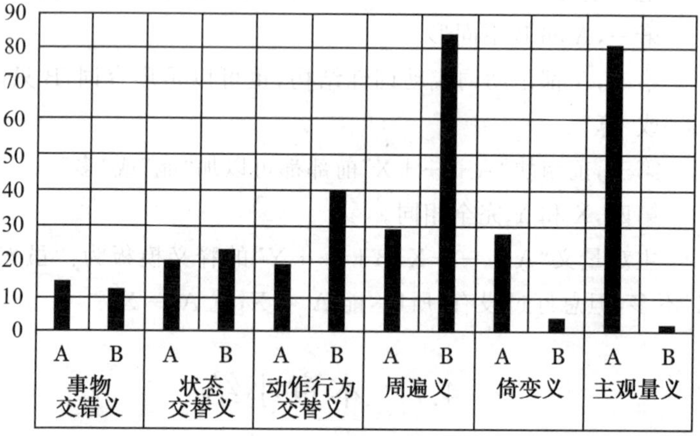

图4-9 各个意义的“A+一+X,B+一+Y”变项A、B替换度对比

周遍义、倚变义和主观量义“A+一+X,B+一+Y”的变项A、B中,总有一个的替换度远远高于另外一个。动作行为交替义

① 笔者用一个变项位置出现的结构Type值作为丰富程度的衡量对象。

的A和B之间尽管有互相限制,但是其B的替换度仍然非常高,大大超过了A。这里值得我们关注的是,为什么动作行为交替义和周遍义“A+一+X,B+一+Y”都是B的替换度远远超过A?关于这一点,有待后续进一步研究。

第5章 “A+一+X,B+一+Y”意义形成机制

本章重点探讨“A+一+X,B+一+Y”各个构式义的形成机制。“A+一+X,B+一+Y”的深层结构是复句,经过各种句法操作,如同形删略等,形成了“A+一+X,B+一+Y”这一表层结构,但是深层结构的语义被保留了下来,成为了构式义。因此,深层结构不同,保留的语义便有所不同,形成的构式义也有了差异。本章着重探讨这些构式义在共时层面上的形成机制,构式的历时变化机制,本书暂不涉及。

5.1 交替交错义形成机制

本节讨论作为上位类的表示组块交替交错义的“A+一+X,B+一+Y”的构式义形成机制。同时在此基础上探讨作为其下位类的事物交错义、状态交替义、动作行为交替义、周遍义和倚变义的凸显机制。

5.1.1 交替交错义形成机制的认知心理解释

“A+一+X,B+一+Y”的主要特征是同型结构的重复出现。由于A和B一定是不同的,所以前后两个组块不能看成是同形

的，可以用两个抽象的图形表示这种关系，如图 5-1 所示。

图 5-1　并列关系义示意图

这种抽象方式其实可以获得语言学上的解释，那就是数量结构对谓词的有界化。根据沈家煊(1995)的研究，A 后面出现的数量结构实际上使得“A＋一＋X”这个认知域有界化了，不管这个有界指的是事物有界、动作的持续时间有界、动作量有界，还是动作操作的对象有界。有界的事物或事件可以划分成离散的个体。

如果只是两个单纯的黑点并列，那么产生的意义无非是单纯的并列关系义和对照义，这两者在笔者搜集的例子中都存在，如：

(164)左宗棠有些不大相信，“就这么看一眼、放一枪，就能听得出来?”

(165)要学习理论，懂得人口发展的客观规律，使头脑里多一点辩证法，少一点形而上学。

但是这样的例子很少，说明“A＋一＋X，B＋一＋Y”的无标记用法是表示交替交错义(或主观量义)。例(164)和(165)的构式义分别是并列关系义和选择关系义，其意义都比较简单，两个组块的并列本身就可以隐喻这种关系，因此也不需要过多解释。可我们不能否认，有这样一种可能性的存在，如图 5-2 所示。

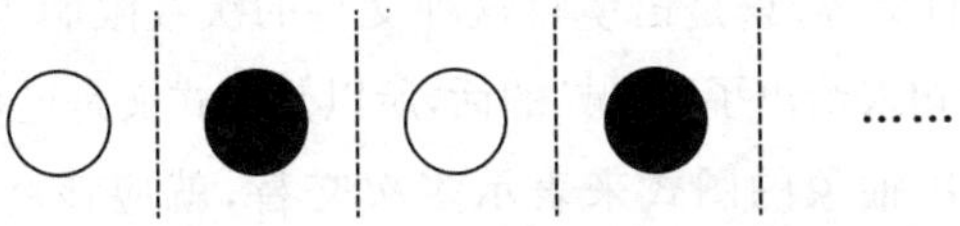

图 5-2　事物交错分布义示意图

由于完形心理的存在,人们会按照事物的出现规律对没有出现的事物进行自动补充,使对象成为一个完形结构。这种情况对应的例子是:

(166)李景纯看着赵子曰,赵子曰的脸紫中又透着一点绿了,好象(像)电光绸,时兴的洋服材料,那么红一缕,绿一缕的——并不难看!

例(166)形成的就是事物的交错分布义。

对于含有动词、动量词或时量词的“A+一+X,B+一+Y”来说,结构中A、B的先后出现本身就隐含了一种时间关系。所以对于这一类,必须将黑白点放在带有时间轴的三维体系中(见图5-3),而不是没有时间轴的二维体系。

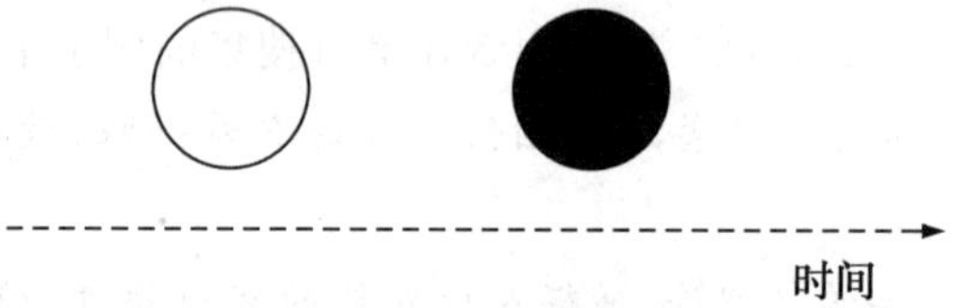

图5-3 连贯关系义示意图

在本书搜集的例子中,也存在与之相对应的情况,如:

(167)说着,走到靶位前,左右手各拿一把枪,很快打完了十发子弹,报靶员凑着靶看一会,大喊一声:“八十一环,脱靶一发。”

(168)闯王又回头向李强看一眼,挥一下手。

其实单独看“看一会,大喊一声”以及“看一眼,挥一下手”都是表示两个事件的交替,只是语境将这种交替的次数限制为“1”,比如例(167)直接在句末给出了“大喊”的话,所以其构式义是连贯关系义。

如果也用抽象的图式来表示多次交替,就应该将图5-3修改为图5-4的模式。

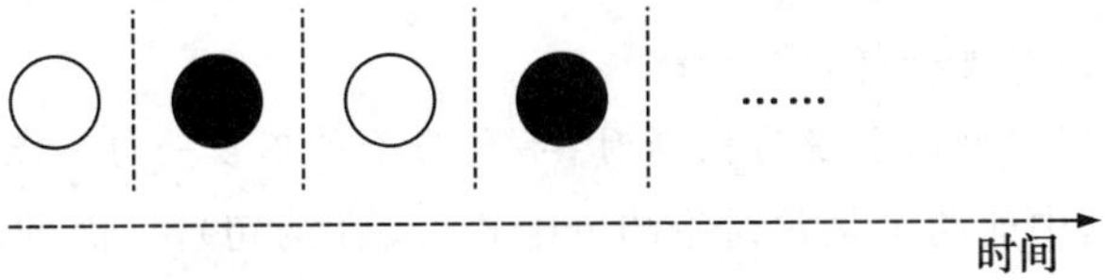

图 5-4 事件交替义示意图

从连贯关系义到事件交替义也能从完形心理角度得到解释。因为人会根据黑白点的先后出现规律自动补出其他黑白点,即黑白点的交替。如果是“白点+黑点+白点+黑点”这种模式,那么提示性就很强,如:

(169)一会你挤我,一会我挤你,睡一阵醒一阵,醒一阵又睡一阵,一夜不知道睡了多少觉。

但对于“A+一+X,B+一+Y”结构来说,即便没有这种循环模式的提示,听话人对它的无标记理解也是两个事物或事件出现多次,而不是分别出现一次。所以完形心理只能解释“A+一+X,B+一+Y”有产生交替义的可能性,但是无法解释其无标记性。

同时,尽管笔者用实际的事物来代替语言结构,以方便从人的认知心理角度解释其构式义形成机制,但是语言结构毕竟是语言结构,其意义的产生肯定离不开语言结构本身的作用。所以笔者尝试从语言学角度来解释组块交替交错义。

5.1.2 交替交错义形成机制的语言学解释

李临定(1960、1986)指出“数量结构对应句型”的意义都是表示“每”,如:

(170)一个人背一筐。

(171)一个人一天翻译五千字。

(172)见一样,学一样。

(173)副队长说这段话时,半老头子差不多一句一点头。①

其中前两个是常讨论的分配式(或容纳句),后面的两个与本书的研究对象有比较大的关系。笔者认为李临定的观点是很有道理的。根据《现代汉语词典》(第6版),"每"有两个义项,分别是"指全体中的任何一个或一组"以及"表示同一动作行为有规律地反复出现",在很大程度上就可以分别对应分配式和本书的研究对象。下面以"一个人背一筐"和"走一阵,歇一阵"来说明两者之间的关系。

"一个人背一筐"的意思是"每一个人都背一筐",分配构式的一个特点是其中的数量结构都是不定的,如果加上指示代词,这种意义就不存在了,如"这一个人背一筐"。不定的"一个人"有任指的作用,而"每"的含义的产生事实上就是通过任指实现了所有的"一个人"与"背一筐"之间的配比关系。

"走一阵,歇一阵"与此相似。"A+一+X,B+一+Y"中的前后组块实际上都不是真正能够单说的句子,如"走一阵",没有任何时体标记,所以这里的"走一阵"并不是实指一个动作行为,而是任指的,如果加上体标记,如"走了一阵,歇了一阵"就只能有一次交替的意义,而不会产生无限交替义了。这里的"走一阵"可以是任指所有"走一阵",从这个角度来看,"走一阵,歇一阵"的前后组块之间其实也存在"配比关系",即所有的"走一阵"都对应一个"歇一阵"。

"每"的作用是逐指,通过逐指实现全量。"一个人背一筐"就

① 例(170)~(173)引自李临定(1986)。

是通过逐指“每一个人”实现了全量对应。“走一阵，歇一阵”也是如此，通过逐指每一个“走一阵”实现了全量的对应。

通过逐指和全量就可以很容易理解为什么整个结构带有“出现多次”的意义了。“青一块，紫一块”可以解释成每一块“青”都对应一块“紫”，形成“青”“紫”交错的意义。“见一个，杀一个”可以解释成每一次“见一个”就对应一次“杀一个”。这种逐指配比关系是实现“多次出现”的关键所在。而代表“黑白点”的前后组块所表示的事物或事件，一旦有了“多次出现”的意义，其无标记理解就是组块交替交错义。

5.1.3 影响交替交错、周遍、倚变意义凸显的因素

交替交错义“A＋一＋X，B＋一＋Y”下位构式义包括事物交错义、状态交替义、动作行为交替义、周遍义和倚变义，可以分为两组，前三者为一组，后两者为一组。前三者的主要意义仍然是交错交替，只是更加具体化；后两者的主要意义不强调交替，而是强调组块之间的其他关系，主要是充分条件关系和致使关系。交替交错义和周遍义、倚变义的凸显受到以下几个因素的影响。

第一，同类而对比鲜明的 A 和 B 更加容易凸显交替义。这点从之前的“黑白点”对人的认知心理的提示作用上能够体现出来，“黑点”和“白点”首先都是“点”，如果一个是圆圈，一个是点，两者之间的颜色对比再鲜明也很难产生交替义。从考察结果和对意义的分类也可以看出，交错都是指不同性状的事物的交错，一个是性状，一个是非性状，很难凸显出交错义；状态交替是不同状态之间的交替，一个是状态，一个是非状态（如动作），就很难凸显出交替义；动作行为交替义也是如此。

第二，不同类而关系密切的 A 和 B 往往凸显的是相互之间的

关系。这点从周遍义和倚变义"A+一+X,B+一+Y"可以看出。A和B之间如果存在条件关系或致使关系,"A+一+X,B+一+Y"就会凸显出周遍义和倚变义。

这里的"同类"中的"类"是指状态、动作和变化三个类别(郭锐,1993),而非语义类。语义类①的操作性更好,但是有几个问题。首先,语义类的划分与前述三个类别之间并不对应,如"变化"就归入了"动作行为"类。其次,许多具体的词所属的语义类尽管相同,但实际上有差异,如"看"和"看见",都是"五官感觉",但是两者的差别很大。最后,无法将形容词和动词纳入一个体系中考察,更无法考察短语的类别。因此,笔者从动词的过程结构角度来考察A和B之间的关系。

动词的过程结构是郭锐(1993)提出的,该文章用六条标准对《动词用法词典》所收动词进行了动词过程结构类型的分类(见表5-1)。

表 5-1　动词过程结构类型表

代号	大类	小类	～了	～时量	～着	在/正在～	～过	例词
Va	无限结构		—	—	—	—	—	是,等于,以为,作为
Vb	前限结构		I	I	—	—	—	认识,知道,熟悉,当心

① 此处的语义类指王惠等(2006)中的语义类。

续表

代号	大类	小类	~了	~时量	~着	在/正在~	~过	例词
Vc	双限结构	1	I	I	−	−	+	相信,喜欢,懂,姓,重视
		2	I	I	+	−	+	有,瞎,信任,爱护,希望
		3	I,F	I	+	−	+	坐,病,醉,承担,昏迷
		4	I,F	I	+	+	+	等,端,战斗,敲,工作
		5	I,F	I,F	+	+	+	吃,烧,搬,看,修改
Vd	后限结构	1	F	F	+	+	+	产生,提高,消失,增加
		2	F	F	−	+	+	离开,灭亡,消除,实现
Ve	点结构		F	F	−	−	+	来,忘,看见,收到,开始

郭锐(1993)指出从 Va 到 Ve 实际上是动词从表示状态到动作再到变化(或结果)的一个连续统(见图 5-5)。

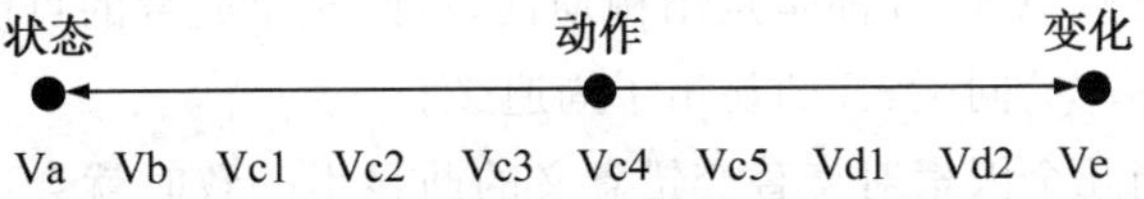

图 5-5 过程结构连续统和典型类

事实上,形容词也可以纳入这个连续统中来。形容词表示的要么是性状,如“青一块,紫一块”,要么是状态,如“阴一会儿,晴一会儿”,性状和状态可以放入连续统的左端。

本书收集的例子中,A 和 B 位置上出现的短语都是动结式(极少数动宾式),因此表示的都是变化(或结果),可以归入连续统的右端。为了方便指称,可以统一称之为“动词过程结构”。

如果 A、B 在连续统上的位置相同或相近,就属于同类,就可以凸显交替。

第一,如果 A 和 B 都是处于连续统的左端,凸显的就是状态交替,A、B同为形容词的如"晴一会儿,阴一会儿",同为动词的如"有一顿,没一顿"。

第二,如果A和B都是处于连续统的中间,凸显的就是动作行为交替,如"走一会儿,歇一会儿"。

第三,如果A和B都是处于连续统的右端,凸显的就是变化(结果)之间的交替,如"出来一个,毙一个",但是"一个"的同指弱化了其动词表示的动作行为之间的交替,凸显了其动词之间的充分条件关系,进而凸显了周遍义。关于这一点后文再详细讨论。

交替交错义"A+一+X,B+一+Y"不同意义的凸显还受到"一X"和"一Y"之间关系的影响。"一X"和"一Y"如果不同指,则凸显前后组块之间的独立性,从而凸显交替义。"一X"和"一Y"如果同指或存在其他特殊关系,则凸显前后组块之间的联系性,从而凸显周遍义和倚变义,如上文提到的"出来一个,毙一个",虽然A和B都是点结构动词,有凸显出交替的可能性,但是由于"一个"同指,又凸显出了周遍义。

当几个因素对交替交错意义的凸显不一致时就会出现歧义,如"拍一集,卖一集","拍"与"卖"动词过程结构相同,但是"一集"同指,所以在没有语境的情况下,既可以理解为"拍"与"卖"的交替,也可以理解为"拍多少集,卖多少集"。

5.1.4 事物交错义凸显机制

从A和B的关系上看,两者语义类完全相同,又都是形容词,表示的都是性状,如:

(174)作买卖的脸上的灰土被汗冲得黑一条白一条,好象(像)城隍庙的小鬼。

同时,A和B往往分别居于"物性值"或"二维值"的极值点上,可以说形成的是最强的对照。例(174)中“黑一条,白一条”中除了“黑”与“白”的字形不同之外,其他都完全相同,而且“黑”“白”还处于“颜色”语义类的两个极值点上。因此前后组块之间的对照关系非常明显。两个因素都凸显了交错义。

“一 X”和“一 Y”都不是同指的,如:

(175)搬家那天,我们借了一辆卡车,绑来几个朋友当装卸工。杜梅跑前跑后,指挥装卸,也挽起袖子加入到男人中抬大件家具。在狭窄拐角处往往被挤到墙上,身上的衣服蹭得灰一块白一块,依旧乐此不疲。

非同指性突出了两个事物之间的独立性和对立性。

5.1.5 状态交替义凸显机制

从A和B的关系来看,两者都是形容词,表示的都是状态,同时语义也都有非常强的对照性,因而容易产生状态之间的交替,如:

(176)四野无人,只有远处的几只老猿在长一声短一声哀啸。

状态的交替与动作行为的交替不同的地方在于前者具有[一可控性],而后者具有[+可控性],不可控的状态之间的交替不会凸显出有规律的交替义,而是会凸显出无规律的变幻不定的意义,因为这种不可控性使得状态之间的交替容易激发人对事件不可预知的一种判断。如:

(177)正是四月底的天气:晴一会儿,阴一会儿,忽然一阵小雨;雨点还落着,太阳又出来了。

自然现象的“晴”和“阴”的交替,会使人觉得天气变化无规律,而不会觉得它是有规律的交替。证明笔者判断的一个证据是,当状态具有[+可控性]时,我们感知到的就是规律性交替

了,如:

(178)计划生育工作只能抓紧,不能放松;也不能紧一阵,松一阵。

"计划生育"的抓紧与否是可控的,因此"紧一阵,松一阵"就没有"松紧不规律"的意思,或者是说这种意思不明显。

这一点从"有+一+X,没+一+X"上可以得到证明,"有""没"都是表示状态的动词,可以实现交替义,这种状态的交替也是不可控的,因此其形成的意义也带有无规律的意义,如:

(179)她身旁的小男孩早在半个钟头前就已经无聊透顶,现在正有一下没一下的(地)踢着椅子脚。

(180)山坡上的庭院很静,浓浓的竹林婆娑,从院墙上向远处望去,河对岸的小镇高低错落,一片参差,有一盏没一盏的昏暗灯光闪闪烁烁。

例(179)中"有一下没一下的(地)踢"的意思是"时不时踢一下",表示"踢"这个动作的无规律性;例(180)中"有一盏没一盏"表示"灯光散乱分布或时不时闪烁一下"。这都是[-可控性]造成的。

5.1.6 动作行为交替义凸显机制

1.动词过程结构类型对动作行为交替义的凸显

笔者按照 A 与 B 的过程结构类型组合对构式的类型进行分组,表 5-2 是组合类型统计。

表 5-2 交替义构式 A 和 B 的动词过程结构类型组合统计①

A	Vc5	Vc5	Vc5	Vc5	Vc5	Vc4	Vc4	Vc4	Vc4	Vc3	Vc3	合计
B	Vc5	Vc4	Vc3	Vd2	Ex.	Vc5	Vc4	Vc3	Ex.	Vc4	Vc3	
数量	8	4	1	1	1	4	30	8	2	1	1	60

注:"Ex."表示"例外",是指无法归类的动词结构;A 和 B 上下两行设置表示两者组合,如第二列表示"Vc5+Vc5";表中的值为 Token 值。

从表 5-2 可以看出,对于动作行为交替义"A+一+X,B+一+Y"的例子来说,绝大部分都是"Vc(3～5)+Vc(3～5)"的情况,"Vc3 已有很强的动作性"(郭锐,1993),而 Vc4、Vc5 本来就是典型的动作行为动词,从连续统上看,动作行为交替义"A+一+X,B+一+Y"的 A 和 B 的组合绝大多数情况下就是"动作+动作",因而可以凸显出动作行为交替义。②

2.数量结构非同指性对动作行为交替义的凸显

在笔者搜集的动作行为交替义构式例子中,90%以上的"一X"与"一Y"都不是同指的。动作行为的交替强调两个动作独立地轮流出现,如果"一X"与"一Y"都不是同指的,会凸显交替所需的组块独立性。如果前后组块中的数量结构出现同指,两者之间就会产生更紧密的关系(主要是充分条件关系),就不容易把两个动作离散开。如:

(181)我生孩子的时候,婆婆每天给我送饭,从医院到我们家

---

① 由于《动词用法词典》收词不全,笔者将收集到的例子中未被收录的词按照郭锐(1993)的 6 条标准进行了分类,共添加 60 余个。

② 实际上,由于 Vc3 处于 Vc 组动词的中间,因此状态性和动作性孰强孰弱很难界定,后文讨论周遍义构式时,不少 Vc3 的状态性就高于动作性。但是交替义构式中的动作性都比较强。

要倒两次车,婆婆晕车,走一段歇一段。

例(181)中的两个"一段"不同指,所以例子凸显出的就是动作行为交替义。

同时,非同指性也压制了周遍义的产生,使听话人只能将其理解为动作行为交替义。所谓"同指"是指前后两个成分所指相同,如"培训一项,推广一项"中的"一项"是指同一项。

朱德熙(1982)指出,同一个疑问代词前后配合着使用,所指相同,也表示周遍性,其周遍性就是通过疑问代词的任指实现的。"A+一+X,B+一+Y"中的"一X"和"一Y"也具有任指作用,如"见一个,杀一个"中的"一个"不是真的指某个人,而是任指的,指"任何人"。所以当前后组块中的数量结构同指时,就会通过其任指作用实现周遍义。但是在动作行为交替义"A+一+X,B+一+Y"中,绝大多数"一X"和"一Y"都不是同指的,因而就不能产生周遍义了。

3.对例外的解释

第一,A和B的动词过程结构不是表示"动作+动作"的,如以下3个例子:

(182)展览会主要由傅雷等人负责。由于黄宾虹的画件并非一次寄到上海,而是创作一批,寄出一批,这给傅雷带来了不少麻烦,但他总是认认真真对待此事。

(183)由第一位经营者确立,又由第二位经营者发扬的施工方式打破了国内房地产开发"做一期,售一期;用上期款,供下期施工"的惯例,许多可以逐步完成的工程一开始就一起上马了。

(184)安琪拉哭一阵,气一阵,可是现在气是越来越小了。

第二,"一X"和"一Y"是同指的,如上面提到的例(182)、例(183),又如:

(185)成都广播艺术团拍20集的《江湖恩仇录》,拍一集卖一集,用第一集的收入拍第二集,全剧投资虽高达100万元,可每一次最多投14万元。

(186)同时,把党员科技培训与实用技术推广结合起来,培训一项,推广一项,使培训工作收到实效。

(187)临沂电业局,面对资金困难,盖不了18层高楼,他们就搞5层矮建筑;全部完工再使用,难以尽快收回投资,就建一层用一层,滚动地把资金收回。

(188)后来,他就仔细地到古玩堆去掏腾,看一件撇一件,撇一件再看一件……最后他满头是黄豆大的汗珠,眼里那个神情儿好怪,倒好像有几分高兴似的。

例(182)中"创作"和"寄出"的组合实际上是"Vc5+Vd2",表示"动作+变化","一批"又是同指的,这两点能够凸显出周遍义,而不太能凸显交替义,但是语境中出现了"并非一次寄到上海",这就直接阻断了"创作多少批,寄出多少批"实现的可能性,而只能是实现为交替义。

例(183)中"售"是一个动词性语素,因而无法查询其动词过程结构,但是通过语义也可以知道,"售"表示的是典型的动作行为,因而可以与"做"产生交替;"一期"的同指会凸显周遍义,但是语境中"用上期款,供下期施工"也阻断了实现"做多少期,售多少期"的周遍义的可能性。

例(184)中,"气"的动词过程结构也是例外,但是用郭锐(1993)的6条标准去衡量其动词过程结构可以发现,"气"与"哭"(双限结构4)的唯一的不同是"气"不能加"着",这说明"气"本身没有续段,但是它可以与"正在/在"搭配,这说明"气"的动词过程结构有续段,因而从动词过程结构上看,"气"与"哭"的差别并不大,因而可以产生交替义。而且更重要的是“一阵”这个时量结构对于交替义有很强的提示性,我们甚至可以用“是一阵,不是一阵”来表示一个人的答案老是不断地变换。

例(185)～(188)都是因为语境中有明显的提示标记阻断了实现结构实现为周遍义的可能性,而只能实现为交替义,不再一一展开说明。

5.1.7 周遍义凸显机制

5.1.7.1 动词过程结构对周遍义的凸显

表 5-3 是笔者从动词过程结构的角度统计的周遍义“A+一+X,B+一+Y”中 A 与 B 的搭配类型数量。

表 5-3　周遍义“A+一+X,B+一+Y”A、B 动词过程结构类型搭配统计

组合类型	数量	组合类型	数量	组合类型	数量
Vc5+Va	6	Vc4+Ve	13	Ve+Vc4	6
Vc5+Vc4	2	Vc4+a	9	Ve+Vc3	3
Vc5+Vc1	1	Vc4+Ex.	2	Ve+Vd	10
Vc5+Ve	14	Vc1+Va	1	Ve+Ve	7
Vc5+a	10	Vc1+Vc5	9	Ve+a	1
Vc4+Va	8	Vc1+Vc4	7	Ve+Ex.	3
Vc4+V5	3	Vc1+Vd	2	Ex.+Vc5	8
Vc4+Vc4	3	Vc1+Ve	2	Ex.+Vc4	2
Vc4+Vc3	3	Vc1+Ex.	4	Ex.+Vc3	1
Vc4+Vc2	1	Vd+a	1	Ex.+Vc1	1

续表

组合类型	数量	组合类型	数量	组合类型	数量
Vc4+Vc1	3	Ve+Vc5	9	Ex.+Ve	2
合计157					

注:“Ex.”代表“例外”,“a”代表形容词,表中的值为Token值。

经过观察,如果用Z表示任意动词结构类型,可以发现表5-3中的动词结构类型组合可以归纳为以下七种。

1.Vc1+Z

该类的特点是前组块中的动词是双限结构1中的“有”,如:

(189)中央政治局委员、省委书记姜春云强调,只要还有走私活动,就要穷追猛打,有一起查一起,有一个抓一个。

(190)江苏省泰兴市委、市政府重视群众来信来访,有一件办一件,办一件成一件,最近一举甩掉全省信访大户帽子……

(191)她接着又说:“这种人的脾气是这样的,要嘛不肯,要肯了,说的话,一定有一句、算一句。”

郭锐(1993)指出“Vc1、Vc2和Vc3虽然三个要素(起点、终点、续段)齐全,但续段和终点仍很弱”,也就是这三类的状态性仍然比较强,对于Vc1来说更是如此。动作行为交替义强调的是A和B之间的交替,笔者在上文提到,要想实现A和B之间的交替,两者的语义类和动词过程结构要相同或相似。对于“有”来说,仅仅表示一种“存在”状态,能够与其进行交替的只有“没”或“没有”。笔者搜集的例子中确实有这种情况的存在,即“有一搭没一搭”这种形式,但是不将其放在组块交替义构式中进行讨论,因为“有+一+X,没+一+X”的凝固程度很高,类型频率很低,可以直接将之放入词典。除此之外,其他词与“有”搭配不太可能出现

A与B之间的交替义。

另外,Vc1虽然是双限动词,但是也基本不需要“动力”,尤其对于“有”来说,从某种程度上说其实就是变相表示极其容易实现,这就极大凸显了“有”和后面动作之间的充分条件关系。对于“有一个抓一个”来说,只要“有”(不需要做多大努力),就“抓”,通过充分条件关系凸显了其周遍义。

2.Z＋Va

该类的特点是后组块中动词的过程结构是无限结构。具体例子如下:

(192)我们作出的每一个决策,定了的每一项工作,都要落实到人,限期完成,切实做到抓一项是一项,抓一项成一项。

(193)他语重心长地对办案人员讲:“我们办理的每一起案件都要证据确凿,理由充分,对党对人民对法律负责,经得起时间的检验。办一起是一起。只要在我们社会主义制度下,叫他永远翻不了案!”

(194)正如一位外地人评价的那样:“张家港人做事做一件成一件,抓一样像一样。”

例(192)中的“抓一项是一项”的意思是“抓一项,就要有一项的效果”,其形成机制事实上经过了同形删略,即原形是“(只要)抓一项,(就要)一项是一项”,对中间重合部分进行删略,成为“抓一项,是一项”。

这类周遍义的凸显过程与上一类非常相似,因为Va与Vc1都是状态性非常强的动词。而对于Va来说,其“需动力”的特征更弱,仅仅表示一种关系,因此,也更能凸显出前后动词之间的充分条件关系。如“抓一样,像一样”,“抓”,就“像”(不需要经过多大努力才“像”),从而通过充分条件关系凸显了周遍义。

3.Ve+Z

这类的特点是前组块中动词的过程结构类型是点结构,如:

(195)对于那些制售淫秽物品的人和事,要发现一件处理一件,让他们在市场上无立足之地。

(196)李麻子和桂长林带着人,狂风似的摸进了那草棚,不问情由,见一个,捉一个。草棚区域立刻起了一个恐怖的旋涡。

(197)压铸厂负债300多万元,不能如期偿还,莫说不再借给你买“米”的钱,就是你弄来了钱,也会来一笔宰一笔。

点结构动词都是瞬时性的,只表示变化或结果。例(195)~(197)中的“发现”“见”“来”,不管表示的是已然性的结果,还是未然性的结果,都是一种结果,根本不需要“动力”,因而能够凸显出前后动词之间的充分条件关系。在这点上,“Ve+Z”类与“Vc1+Z”“Z+Va”都有很多相似的地方。

4.Z+Ve

这类的特点是后组块中动词的过程结构是点结构。具体例子如:

(198)他们千方百计克服困难,做一单成一单,取得客户信任,结果单子越做越大,业务发展到30万美元。

(199)国家新闻出版署期刊司审读处40多岁的女处长张泽青坦言:“云南能办什么刊物? 办一个垮一个,除了《奥秘》画刊。

在这类组合中,点结构动词位于后组块,“做”就“成”,“办”就“垮”,这种“不需动力”的特征体现得更加明显,因而对充分条件关系的凸显也就更加明显。另外,瞬时动词的“瞬时性”也能强调从“做”到“成”,以及从“办”到“垮”的快速,从而也强调了充分条件关系,凸显就凸显了构式的周遍义。

5.Z＋a

这类的情况比较复杂，主要原因是无法确定形容词的过程结构类型，但还是可以对其进行解释。其内部可以分为两种情况，每种情况给出一个例子：

(200)可是这以后，他的行程就更其困苦了，那砂子磨他的脚，使他走一步，痛一步，你想，假如鞋子里没有一粒砂，那该是多么愉快呢。

(201)对新开发的土地，实行集体开发，连片治理，规模经营，大户或联户承包，力求开发一片，成功一片。

例(200)中“走一步，痛一步”是指“走几步，痛几步”，两个“一步”之间是同指关系，如果将其中的数量结构换成是不同指的，如“走一步，痛一会儿”，则周遍义就无法凸显了。另外，“痛”本身是形容词，表示一种“状态”，因而对 Va 和 Vc1 的分析也都适用于形容词“痛”，“痛”根本就是“走”的一种伴随状况，更加不需要什么“动力”，因而“走”就“痛”（根本不需要什么条件才能实现“痛”），凸显了充分条件关系，进而凸显了周遍义。

例(201)中“成功”表示一种变化或结果，这与点结构动词是一样的，即“开发”就“成功”（不是需要其他努力才能获得“成功”），凸显了两者之间的条件关系，进而凸显了其周遍义。

6.Vc4＋Vc(1～3)

这类结构的特点是前组块中动词的过程结构是 Vc4，后组块中动词的过程结构是 Vc1、Vc2 或 Vc3，具体例子如：

(202)父亲虽然不教我画，但生活在这个圈子里，耳濡目染；父亲反对我画画，干一行怨一行嘛！

(203)假设任你选择一种职业，你打算干什么？美国人的回答充分显示了干一行厌一行。

(204)此后不久,他和杰出的短打武生张劫溪合作组成云华社,一生一丑珠联璧合,走一处红一处,足迹遍及全国各大城市。

以上例子中后组块中动词的过程结构分别是 Vc3、Vc2 和 Vc1。事实上这类与前面的"Z+Va"类很相似,过去无限结构以及 Vc3、Vc2 和 Vc1 都可以归入状态动词。但是前文提到过,Vc3 的动作性已经有所加强,如例(202)中的"怨"。但显然"赔"只是"稍微需要那么一点动力"(郭锐,2017),所以"干一行怨一行"就是"只要干,就怨(不需要什么别的努力)"。

以上 6 类,其周遍义的凸显严格说来都不是直接凸显,而是通过先凸显 A 和 B 之间的充分条件关系,然后再凸显出周遍义。

7.Vc(4～5)+Vc(4～5)

这一类的特点是前后组块中动词的过程结构都属于 Vc4 或 Vc5,即典型的动作动词。这一类与动作行为交替类存在交叉,所以需要重点解释。该类例子一共有 9 个,笔者在后文 5.1.7.3 中对其进行讨论。

5.1.7.2 数量结构同指性对周遍义的凸显

表示任指的"一 X"和"一 Y"同指能够产生周遍义,实际上这里的同指是将 A 和 B 联系起来,凸显了两者之间的条件关系,如:

(205)对检查中发现的问题和群众举报的问题要追查到底,要注意抓大案要案。对查出的制假售假黑窝点、伪劣商品集散地,要做到发现一个端掉一个,决不手软。

(206)公安都是神仙?什么疑难复杂案子见一个破一个那是电影里演的!亏你这么大人了,还不明白这点儿道理。

(207)此后不久,他和杰出的短打武生张劫溪合作组成云华社,一生一丑珠联璧合,走一处红一处,足迹遍及全国各大城市。

例(205)中“发现”和“端掉”的“一个”是同指关系,例(206)和(207)也是如此。

5.1.7.3 对例外情况的解释

本部分主要用动词过程结构和同指关系来解释上文提到的9个例子,可以将之分为三组:

第一组:走一亭,吃一亭　走一地,问一地　走一处,说一处　走一处,洗一处　走一段,问一段

第二组:介绍一个,订一个　干一处,响一处

第三组:看一回,笑一回　看一遍,哭一遍

第一组的特点是数量结构充当的都是动词的处所论元,类似于“吃食堂”,所以实际上第一类的意思是“走一亭,在一亭吃”“走一地,在一地问”“走一处,在一处说”“走一处,在一处洗(脚)”等。这些例子凸显的语义是周遍义,不是动作行为交替义,即“走一亭,吃一亭”的意思不是强调“走”“吃”两个动作的交替,而是强调“走多少亭,吃多少亭”,即“走到哪儿,吃到哪儿”的意思。周遍义是由前后同指的数量结构凸显的,但同指只会带来周遍义实现的可能性,并不能保证一定实现周遍义。因为周遍义和动作行为交替义的凸显要考虑多个因素,即动词的过程结构、数量结构是否有同指关系,以及语境因素等。这些例子A、B的动词过程结构都是Vc4或Vc5,都表示“动作”,应该有实现动作行为交替义的可能,语境也没有特别的标记,所以问题就在于其特殊的论元结构上。这些例子的后组块的底层实际上都是“在一YB”,这更像是一个表示状态性的结构,而不是动作性结构,因此从其底层上看,其动词过程结构类型组合实际上是“动作+状态”,而这一类组合由于能够凸显前后组块之间的充分条件关系,再加上“一X”和

“一Y”同指,到最后就凸显出周遍义。由于句子较多,笔者只给出第一组例子中“走一处,说一处”和“走一处,洗一处”的例句,因为这两例不联系语境无法理解:

(208)这位省委书记走一处说一处,一时,“呼家堡绳床”就成了上层一些领导眼里的神奇之物!那些上了年纪的高层领导人,有过腰疼病的,纷纷派人前来讨要;连北京都知道了“呼家堡绳床”的传说……

(209)“九爷走一处‘洗’一处,已践美女三千零九名,可有?”(“洗”是指“洗脚”——笔者注)

下面是第二组例子的上下文:

(210)不管是单位、公司,还是个人订户,来一个,讲一个,介绍一个,订一个。理工大学原订人民日报63份,经过她做工作,又增加了份数。

(211)在他的身后,一道道穷山沟变成了花果山、米粮川,一户户吃粮靠返销、花钱靠救济的农民过上了富裕的好日子,真是“干一处响一处……”。

“来一个,讲一个”中因为含有点结构动词“来”,再加上“一个”同指,能够凸显周遍义不奇怪。但是“介绍一个,订一个”中的动词,一个是Vc4,一个是Vc5,脱离上下文时却也是周遍义。其特点在于其组块的论元结构上,因为根据上下文,“介绍一个,订一个”是指“给一个人介绍,一个人订”,前后的结构差异很大,很难理解为两个动作的交替,只能依靠同指关系凸显周遍义。“干一处,响一处”的意思是“在一处干,一处响”,情况与“介绍一个,订一个”相似,不再重复介绍。

下面是第三组例子的上下文:

(212)“我没能挺住,一进去没打就全招了,也就没当成‘四五’英雄。我现在还存着平反时送回来的那些声泪俱下的交代书,看一回笑一回。”

(213)高晓声的《陈奂生》,我看一遍哭一遍,我觉得那写的就是我,实实在在的就是我……1982年大学毕业至今,从农村到城市,一步一步走得也同样不容易。

“看一回,笑一回”和“看一遍,哭一遍”中的数量结构既不是真宾语,也没有同指关系,但是即便脱离上下文也只能将之理解为周遍义。笔者认为这有两方面的因素。一方面是“看”和“笑”之间的致使关系,如果A、B之间很难让人联想到致使关系,就没有周遍义,如“跑一回,跳一回”(自拟),不光没有周遍义,连交替义也不存在了。而如果两者之间存在一定的致使关系,则可以产生周遍义,如“走一回,歇一回”。另一方面是量词“回”。与量词“回”相似的还有“次”“遍”,笔者找了不少词进行替换试验,发现只有这几个量词出现的数量结构能够凸显A、B之间的致使关系,而这种凸显使得周遍义实现的可能性大大增加。只要A、B之间的致使关系不是很牵强,这几个量词所在的“一X”和“一Y”数量结构就能够将之凸显出来。前文提到的“走—歇”之间的致使关系比较明显,不适合拿来做替换试验,可以用“买—撕”“吃—吐”等,几乎两个动作之间只要存在时间先后关系,“回”就可以将之凸显为致使关系。

5.1.8 倚变义凸显机制

1.A、B的致使关系对倚变义的凸显

倚变义“A+一+X,B+一+Y”中的A和B之间都存在较强的致使关系,如:

(214)发展改革委工业司调研员刘群解释说,石油作为矿物质能源,不可再生,用一吨少一吨。

(215)这样看上去虽然进展缓慢,却很有效果,敌人消灭一个少一个,所以到七月下旬,我军阵地已经稳步推进到离主峰子高地不到五百公尺的阴登山、大垭口和黄家水井一带。

(216)鬼子对中国人,还不是杀一个少一个。

(217)从没有辛酸苦辣,老是清茶的风味,现在更象(像)泡一次,淡一次。日子一天天无事过去,跟自己毫无关系,似乎光阴不是自己真正度过的。

例(214)～(217)中的“用—少”“消灭—少”“杀—少”“泡—淡”之间都是较强的致使关系,但是有的时候这种致使关系并不是词义赋予的,而是由语境赋予的,如:

(218)由于传统老红木家具的“印度红木”已基本绝种,大陆货源买一件少一件,求大于供,价格一路上扬。

(219)人类的基因数目是有限的,发现一个少一个。

(220)但是,高手最重高手,奥尼尔这样的对手哪里去找?姚明有他的遗憾:“但是,我会珍惜每次跟他对抗的机会,这样的比赛打一次少一次。”

如果不联系语境,“买—少”“发现—少”“打—少”之间根本不可能是致使关系,也很难理解其倚变义,但是例(218)～(220)语境中的“绝种”“有限”等词语,提示了“买—少”“发现—少”“打—少”之间的致使关系。

致使关系可以凸显“A＋一＋X”和“B＋一＋Y”之间的正比关系,周遍义“A＋一＋X,B＋一＋Y”的前后组块之间最多只是充分条件关系,因此很难凸显出这种正比关系。

2.数量结构之间的“同属一个整体”关系对倚变义的凸显

倚变义“A＋一＋X,B＋一＋Y”中“一 X”和“一 Y”之间很难

说是同指还是不同指,如:

(221)发展改革委工业司调研员刘群解释说,石油作为矿物质能源,不可再生,用一吨少一吨。

例(221)中用掉的“一吨”与少了的“一吨”到底是不是同指关系,很难说清,因为构式根本不强调这一点。但可以肯定的是,用掉的“一吨”和少了的“一吨”肯定是“同属于一个整体”,这个整体是指“总X数”,即“总吨数”。可以说倚变义“A+一+X,B+一+Y”总是预设了“总X数”的存在,也正是这个预设使得A和B之间的正比关系得以凸显。

3.对倚变义和周遍义“A+一+X,B+一+Y”歧义例子的解释

在本书的语料库中,倚变义“A+一+X,B+一+Y”的变项B只有4个,即“少”“好”“强”“淡”,只有“少”是动词,属于Vc1,其他几个是形容词,因而其动词过程结构搭配类型可以归纳为“X+状态/性质”型,这与周遍义“A+一+X,B+一+Y”的“Z+Va”以及“Z+a”是相同的,共有24个,数量较多,这里只列举出一部分:

(222)学一行,懂一行　干一行,爱一行　办一个,火一个　走一处,红一处

(223)走一步,疼一步　走一步,痛一步

例(222)的X和Y都是名量词,例(223)的X和Y都是动量词。这些例子都可以转换为“越X+越Y”,这与倚变义“A+一+X,B+一+Y”是相同的,但是转换后意义就变了,如“学一行,懂一行”的意思是“学多少行,懂多少行”或“学什么,懂什么”,但是“越学越懂”的意义是“学”和“懂”之间的正比关系。两者之间的区别其实主要就在于“一X”和“一Y”同指关系与A和B之间的致使关系强弱上。下面分两种情况进行说明。

第一种,如例(222)所示,“学—懂”“干—爱”“办—火”“走—

红”等都不是致使关系,最多是条件关系;但是倚变义“A+一+X,B+一+Y”中的“用—少”“泡—淡”“死—少”“卖—少”都是明显的致使关系。前文提到的“看一回,笑一回”中“看—笑”之间存在一定的致使关系,因此,我们可以将之转换为“越看越笑”,但是由于“回”本身的影响,其凸显出的意义是周遍义。此外,“学一行,懂一行”等中的“一行”都是同指的,但是“用一吨,少一吨”“消灭一个,少一个”“坏一支,少一支”中的“一 X”和“一 Y”都不是同指关系。

第二种,如例(223)所示,“走一步,痛一步”中的“一步”是“同一步”;而“泡一次,淡一次”中的“一次”不是同一次。尽管“走—痛”之间存在比较强的致使关系,但是由于“一步”同指,所以“A+一+X,B+一+Y”凸显出的是周遍义;而“泡一次,淡一次”中的“一次”不同指,而是“同类关系”,即都属于“总次数”中的一员,所以“泡—淡”之间的致使关系可以凸显出倚变义。

5.1.9 小结

通过前文的描述,我们可以明确交替交错义“A+一+X,B+一+Y”的各个下位类之间的区别,如表 5-4 所示。

表 5-4 交替交错义“A+一+X,B+一+Y”各下位类之间的差别

构式义	A 和 B 之间的关系		“一 X”和“一 Y”之间的关系
	A 和 B 的类别关系	A 和 B 的逻辑关系	
事物交错义	性状+性状	对立关系	不同指
状态交替义	状态+状态	对立关系	不同指
动作行为交替义	动作+动作	大部分对立关系	大多数不同指

续表

构式义	A和B之间的关系		"一X"和"一Y"之间的关系
	A和B的类别关系	A和B的逻辑关系	
周遍义	状态/变化+X； X+状态/变化	大部分条件关系	大多数同指
倚变义	X+状态/变化	致使关系	同属"总X数"

5.2 主观量义形成机制

本书认为主观量义"A+一+X,B+一+Y"的形成机制主要是同形删略,是从同语式经过删略得到了现在的表层形式,因此需要先介绍同语式和同形删略。同时,主观量义构式与周遍义构式中含有"是"和"算"的形成机制相同,但是为何两者出现了不同的意义,也需要解释,所以这一部分同样会涉及周遍义构式中的这些例子的形成机制。为了称呼的方便,本书将周遍义构式中含有"是""算"的称为"是|算"类周遍义构式。

5.2.1 同语式和同形删略

同语式是指"主语和表语同形的判断句"(邵敬敏,1986)。吕叔湘(1982)指出,"判断句有两个用处,一是解释事物的涵义,二是申辩事物的是非"。邵敬敏(1986)认为,"肯定性判断句的解释作用是显性的,而申辩作用是隐性的……但由于主语和表语同形,这种解释作用就变成隐性的了"。讨论同语式的文章很多,如刘德周(2001)、徐烈炯和刘丹青(2007)等,不管对于同语式的称呼是什么,大部分学者都认为,同语式中的主语只是提出一个对象,表语则表示的是对象的属性,“是”的作用就是让我们关注表语所指称的事物的属性,而不是对象本身,如:

(224)女人毕竟是女人。[引自刘德周(2001)]

例(224)中前一个“女人”就是“主目提出的一种对象,着重表示其外延”,而后一个“女人”则着重“提示听话人注重该对象的某种属性,着重揭示其内涵”(徐烈炯、刘丹青,2007)。

同形删略是郭锐(2017)在探讨离合词和不完整词形成机制时提出的,所谓“同形删略”是指“同一句子中前后出现形式相同的片段时,其中部分片段被删除的现象”。如郭锐(2017)指出“看得清楚”的形成机制是:

(225)【看得清楚】是看得清楚

以上简单介绍了同语式和同形删略。本书认为“A+一+X,{是|算}+一+Y”的底层结构就是同语式,随后,该结构在同语式的基础上经过同形删略得来。这里的“A+一+X,{是|算}+一+Y”包含了“是|算”类周遍义构式和主观量义构式。两者的底层都是同语式,不同之处在于:前者中后组块的底层是同语式,而后者中整个构式的底层就是同语式。

5.2.2　形成机制解释

1.周遍义“A+一+X,{是|算}+一+Y”形成机制

周遍义“A+一+X,{是|算}+一+Y”的后组块底层是同语式,证据主要有以下几点:

第一,周遍义“A+一+X,{是|算}+一+Y”后组块中的“是”强调的是“一X”的属性或效果,这与同语式相同,如:

(226)楼文龙的声音在他耳边萦绕:“你老大说一句是一句,

从来没有二话。"

(227)他知道严志发是纱厂工人,对纱厂内行,讲话一句是一句,一点儿不含糊,也不讲情面。

第二,其与同语式存在平行对应关系,如:

(228)a.画老虎是老虎,画大象是大象,画什么是什么。

b.说一句是一句,说两句是两句,说多少句是多少句。

例(228)有以下的对照规律:

(229)a.只要画老虎就是老虎,只要画大象就是大象。

b.只要说一句就是一句,只要说两句就是两句。

那么"说一句,是一句"的底层结构可以用下面的句子来表示:

(230)只要说一句,就一句是一句。

去掉关联词就成了:

(231)说一句,一句是一句。

由于"一句"的完全同形,所以必须要删掉三个"一句"中的一个,但是"是"后面的"一句"肯定不能删除,删除之后整个句子就不合格了,因此只能删前两个"一句"中的一个。其实由于前两个"一句"紧邻,而"是"后的"一句"与前面的"一句"不紧邻,那么删除的肯定是前两者中的一个。这两个无论删除哪个,形成的表层结构都是一样的,笔者用下面的例子来表示其删略过程:

(232)a.只要说一句,就一句是一句。

b.说一句,一句是一句。

c.说一句,是一句。

当然也可以删除前面的"一句":

(233)a.只要说一句,就一句是一句。

b.说一句,一句是一句。

c.说,一句是一句。

d.说一句是一句。

郭锐(2017)指出,同形删略可以跨层,所以尽管例(233)的删略产生了跨层结构,但也是可以删略的。从经济性角度来看,例(232)的删略过程更具可能性。

2.主观量义“A+一+X,{是|算}+一+Y”形成机制

似乎我们可以用前文的例子来解释主观量构式的形成机制,因为主观量义构式与周遍义构式存在下面的对照关系:

(234)a.画老虎是老虎,画大象是大象。

b.说一句是一句,说两句是两句。

c.省一块是一块,省两块是两块。

但是下面的转换就不可以了:

(235)a.只要画老虎,就是老虎,只要画大象,就是大象。

b.只要说一句,就是一句,只要说两句,就是两句。

c.*只要省一块,就是一块,只要省两块,就是两块。

其实例(234)和(235)在字面上的意义差别就很大,对比下面的句子:

(236)有些领导和专家主张,要么不建,要建就建一流的,建一个是一个,使厕所真正达到文明卫生、节水无臭、方便群众。

(237)企业则每到年底便拼命跑劳动局要指标、要计划,多争一个是一个,不论争来的是什么。

例(236)中“建一个是一个”是指“只要建一个,就要有一个的效果”,但是例(237)中“多争一个是一个”是指“虽然是一个,但总好过没有,所以能多争几个就多争几个”。如果两者形成机制相同,那么如何解释其意义的完全不同呢?笔者认为“省一点是一点”和“多争一个是一个”这类主观量义构式本身就预设了一种让

步转折义,即"虽然'一 X'不多,但是总好过没有"。同语式中能够与其相对应的只有下面这一种:

(238)一两饭到底是一两饭,他寻思着。对于一个饿得两眼冒金星的人来说,这就是美味佳肴。

例(238)的意思是"一两饭虽然少,但是对于一个快要饿死的人来说,总好过什么都没有"。这个意思跟"省一点,是一点"非常相似,而且两者也都含同形词语。事实上,主观量义构式的底层结构就是这种让步义同语式,即"省一点,是一点"实际是经过"省一点是省一点"同形删略而来的。可以用下面的句子来表示这种对应关系:

(239)a.一个苹果毕竟是一个苹果,总好过一个也没有。(自拟)

b.省一点毕竟是省了一点,总好过一点也没省。

"省一点是一点"的形成过程如下:

(240)a.省一点毕竟是省了一点。

b.省一点是省一点。

c.省一点是一点。

这里还存在一个问题,就是为什么删掉的不是"一点",而是"省"?这是因为"一点"充当的是信息焦点,是需要我们关注的内容,因此,不可能把能够提供新信息的信息焦点给删掉,而只能删除不提供新信息的"省"。

5.3 本章小结

本章分别介绍了交替交错义和主观量义的形成机制。对于前者来说,从认知心理上看,完形心理使得交替交错有了产生的可能性,而逐指匹配则使交替交错义成为无标记意义。对于后者来说,其形成机制是经过了对同语式的同形删略得出。

本章还阐述了事物交错义、状态交替义、动作行为交替义、周遍义以及倚变义的凸显机制,指出A和B之间的关系、“一X”和“一Y”之间的关系才是将不同的意义凸显出来的最重要的影响因素。

第6章　构式知识库

本章主要展示本书研究的成果之一，即周遍义“A＋一＋X，B＋一＋Y”构式知识库。该知识库可以直接用于语言教学和计算机处理（见表6-1）。

表6-1　周遍义“A＋一＋X，B＋一＋Y”构式知识库

ID	vp1	q1	vp2	q2	vp2语义	q1语法	q2语法	vp1结构	vp2结构
1	发现一起	起	打击一起	起	身体活动，配价数＝2，主体＝人|抽象事物|事件，客体＝人|抽象事物	个体＝个，后名＝事件	个体＝个，后名＝事件	点结构	双限结构4

续表

ID	vp1	q1	vp2	q2	vp2 语义	q1 语法	q2 语法	vp1 结构	vp2 结构
2	发现一起	起	处罚一起	起	其他行为,配价数＝2,主体＝人,客体＝人	个体＝个,后名＝事件	个体＝个,后名＝事件	点结构	例外
3	发现一起	起	查处一起	起	身体活动,配价数＝2,主体＝人|抽象事物|事件,客体＝人|事件	个体＝个,后名＝事件	个体＝个,后名＝事件	点结构	后限结构 2
4	发现一批	批	查处一批	批	身体活动,配价数＝3,主体＝人|抽象事物|事件,客体＝人|事件	集体＝集,后名＝货,钢材	集体＝集,后名＝货,钢材	点结构	后限结构 3

续表

ID	vp1	q1	vp2	q2	vp2 语义	q1 语法	q2 语法	vp1 结构	vp2 结构
5	发现一辆	辆	扣一辆	辆	其他行为,配价数=2,主体=人,客体=人|具体事物	个体=个,后名=汽车,自行车	个体=个,后名=汽车,自行车	点结构	双限结构 3
6	发现一件	件	处理一件	件	其他行为,配价数=2,主体=人,客体=具体事物|抽象事物|事件	个体=个,后名=衣服,家具	个体=个,后名=衣服,家具	点结构	双限结构 5
7	发现一件	件	查处一件	件	身体活动,配价数=2,主体=人|抽象事物|事件,客体=人|事件	个体=个,后名=衣服,家具	个体=个,后名=衣服,家具	点结构	后限结构 2

续表

ID	vp1	q1	vp2	q2	vp2 语义	q1 语法	q2 语法	vp1 结构	vp2 结构
8	发现一件	件	查办一件	件	身体活动,配价数 = 2,主体 = 人,客体 = 事件|人	个体 = 个,后名 = 衣服,家具	个体 = 个,后名 = 衣服,家具	点结构	后限结构 2
9	发现一个	个	支持一个	个	其他行为,配价数 = 2,主体 = 人,客体 = 人|抽象事物|事件	个体 = 个,后名 = 苹果,人	个体 = 个,后名 = 苹果,人	点结构	双限结构 4
10	发现一个	个	严惩一个	个	社会活动,配价数 = 2,主体 = 人,客体 = 人	个体 = 个,后名 = 苹果,人	个体 = 个,后名 = 苹果,人	点结构	未登录词
11	发现一个	个	推平一个	个	未登录词	个体 = 个,后名 = 苹果,人	个体 = 个,后名 = 苹果,人	点结构	点结构

续表

ID	vp1	q1	vp2	q2	vp2 语义	q1 语法	q2 语法	vp1 结构	vp2 结构
12	发现一个	个	通报一个	个	信息交流,配价数=2,主体=人,客体=机构	个体=个,后名=苹果,人	个体=个,后名=苹果,人	点结构	双限结构 5
13	发现一个	个	收戒一个	个	未登录词	个体=个,后名=苹果,人	个体=个,后名=苹果,人	点结构	双限结构 3
14	发现一个	个	取缔一个	个	变化,配价数=2,主体=人,客体=抽象事物|团体	个体=个,后名=苹果,人	个体=个,后名=苹果,人	点结构	后限结构 2
15	发现一个	个	起诉一个	个	社会活动,配价数=2,主体=人,客体=人	个体=个,后名=苹果,人	个体=个,后名=苹果,人	点结构	未登录词

续表

ID	vp1	q1	vp2	q2	vp2 语义	q1 语法	q2 语法	vp1 结构	vp2 结构
16	发现一个	个	培养一个	个	社会活动,配价数＝2,主体＝人,客体＝人	个体＝个,后名＝苹果,人	个体＝个,后名＝苹果,人	点结构	双限结构 4
17	发现一个	个	控制一个	个	其他行为,配价数＝2,组合体＝人,客体＝具体事物|抽象事物|事件	个体＝个,后名＝苹果,人	个体＝个,后名＝苹果,人	点结构	双限结构 3
18	发现一个	个	解决一个	个	接触,配价数＝2,主体＝人,客体＝抽象事物	个体＝个,后名＝苹果,人	个体＝个,后名＝苹果,人	点结构	双限结构 5

续表

ID	vp1	q1	vp2	q2	vp2 语义	q1 语法	q2 语法	vp1 结构	vp2 结构
19	发现一个	个	关闭一个	个	身体活动,配价数=2,主体=人,客体=建筑物|构件	个体=个,后名=苹果,人	个体=个,后名=苹果,人	点结构	后限结构1
20	发现一个	个	端掉一个	个	未登录词	个体=个,后名=苹果,人	个体=个,后名=苹果,人	点结构	点结构
21	发现一个	个	打击一个	个	身体活动,配价数=2,主体=人|抽象事物|事件,客体=人|抽象事物	个体=个,后名=苹果,人	个体=个,后名=苹果,人	点结构	双限结构4
22	发现一个	个	打掉一个	个	未登录词	个体=个,后名=苹果,人	个体=个,后名=苹果,人	点结构	点结构

续表

ID	vp1	q1	vp2	q2	vp2 语义	q1 语法	q2 语法	vp1 结构	vp2 结构
23	发现一个	个	摧毁一个	个	其他行为,配价数 = 2,主体 = 具体事物|过程	个体 = 个,后名 = 苹果,人	个体 = 个,后名 = 苹果,人	点结构	后限结构 1
24	发现一个	个	查处一个	个	身体活动,配价数 = 2,主体 = 人|抽象事物|事件,客体 = 人|事件	个体 = 个,后名 = 苹果,人	个体 = 个,后名 = 苹果,人	点结构	后限结构 2
25	发现一处	处	清理一处	处	身体活动,配价数 = 2,主体 = 人,客体 = 具体事物	个体 = 个,后名 = 地方,风景	个体 = 个,后名 = 地方,风景	点结构	双限结构 4

续表

ID	vp1	q1	vp2	q2	vp2 语义	q1 语法	q2 语法	vp1 结构	vp2 结构
26	发现一处	处	落实一处	处	变化,配价数=2,主体=人,客体=抽象事物	个体=个,后名=地方,风景	个体=个,后名=地方,风景	点结构	后限结构 2
27	发现一本	本	没收一本	本	领属转移,配价数=2,主体=人,客体=具体事物	个体=个,后名=书,杂志	个体=个,后名=书,杂志	点结构	后限结构 2
28	见一苗	苗	挖一苗	苗	接触|身体活动,配价数=2,主体=人,客体=自然物	na	na	例外	双限结构 5

续表

ID	vp1	q1	vp2	q2	vp2 语义	q1 语法	q2 语法	vp1 结构	vp2 结构
29	见一个	个	捉一个	个	身体活动,配价数＝2,主体＝人｜动物,客体＝人｜动物	个体＝个,后名＝苹果,人	个体＝个,后名＝苹果,人	例外	双限结构 5
30	见一个	个	抓一个	个	身体活动,配价数＝2,主体＝人,客体＝人｜动物	个体＝个,后名＝苹果,人	个体＝个,后名＝苹果,人	例外	双限结构 5
31	见一个	个	杀一个	个	身体活动,配价数＝2,主体＝人,客体＝人｜动物	个体＝个,后名＝苹果,人	个体＝个,后名＝苹果,人	例外	双限结构 5

续表

ID	vp1	q1	vp2	q2	vp2 语义	q1 语法	q2 语法	vp1 结构	vp2 结构
32	见一个	个	破一个	个	变化,配价数=2,主体=人,客体=抽象事物	个体=个,后名=苹果,人	个体=个,后名=苹果,人	例外	双限结构 5
33	见一个	个	夸一个	个	信息交流,配价数=2,主体=人,客体=抽象事物|人|创作物	个体=个,后名=苹果,人	个体=个,后名=苹果,人	例外	双限结构 4
34	见一个	个	关一个	个	身体活动,配价数=2,主体=人,客体=人|动物|建筑物|构件	个体=个,后名=苹果,人	个体=个,后名=苹果,人	例外	点结构

续表

ID	vp1	q1	vp2	q2	vp2 语义	q1 语法	q2 语法	vp1 结构	vp2 结构
35	见一个	个	给一个	个	领属转移,配价数=3,主体=人,客体=具体事物|抽象事物,与事=人	个体=个,后名=苹果,人	个体=个,后名=苹果,人	例外	点结构
36	见一个	个	打一个	个	身体活动,配价数=2,主体=人,客体=人|动物	个体=个,后名=苹果,人	个体=个,后名=苹果,人	例外	双限结构 4
37	见一个	个	吃一个	个	身体活动,配价数=2,组合体=人,客体=食物|药物	个体=个,后名=苹果,人	个体=个,后名=苹果,人	例外	双限结构 5

续表

ID	vp1	q1	vp2	q2	vp2 语义	q1 语法	q2 语法	vp1 结构	vp2 结构
38	见一个	个	搀一个	个	身体活动,配价数=2,主体=人,客体=人	个体=个,后名=苹果,人	个体=个,后名=苹果,人	例外	双限结构 3
39	见一个	个	爱一个	个	心理活动,配价数=2,主体=人,客体=具体事物	个体=个,后名=苹果,人	个体=个,后名=苹果,人	例外	双限结构 1
40	见一朵	朵	采一朵	朵	领属转移,配价数=3,主体=人,客体=材料|食物	个体=个,后名=花	个体=个,后名=花	例外	双限结构 5

续表

ID	vp1	q1	vp2	q2	vp2 语义	q1 语法	q2 语法	vp1 结构	vp2 结构
41	见一笔	笔	收一笔	笔	领属转移，配价数＝3，主体＝人，客体＝具体事物，与事＝人	集体＝集，后名＝钱|债|款子	集体＝集，后名＝钱|债|款子	例外	双限结构 5
42	来一件	件	毁一件	件	变化，配价数＝2，主体＝人|事件，客体＝具体事物|抽象事物	个体＝个，后名＝衣服，家具	个体＝个，后名＝衣服，家具	点结构	点结构
43	来一个	个	杀一个	个	身体活动，配价数＝2，主体＝人，客体＝人|动物	个体＝个，后名＝苹果，人	个体＝个，后名＝苹果，人	点结构	双限结构 5

续表

ID	vp1	q1	vp2	q2	vp2 语义	q1 语法	q2 语法	vp1 结构	vp2 结构
44	来一个	个	窃取一个	个	领属转移,配价数=2,主体=人,客体=抽象事物|人为事物	个体=个,后名=苹果,人	个体=个,后名=苹果,人	点结构	点结构
45	来一个	个	接一个	个	位移|接触,配价数=2,主体=人,客体=人	个体=个,后名=苹果,人	个体=个,后名=苹果,人	点结构	点结构
46	来一车	车	运一车	车	位移,配价数=2,主体=人|交通工具,客体=具体事物	容量=容,后名=煤,土,粮食	容量=容,后名=煤,土,粮食	点结构	双限结构4

续表

ID	vp1	q1	vp2	q2	vp2 语义	q1 语法	q2 语法	vp1 结构	vp2 结构
47	来一拨	拨	火一拨	拨	颜色|事件值，配价数＝1，主体＝具体事物|事件|人	集体＝集，后名＝人，钱	集体＝集，后名＝人，钱	点结构	a
48	来一笔	笔	宰一笔	笔	其他行为，配价数＝2，主体＝人，客体＝人	集体＝集，后名＝钱|债|款子	集体＝集，后名＝钱|债|款子	点结构	双限结构 5
49	来一个	个	讲一个	个	创造	个体＝个，后名＝苹果，人	个体＝个，后名＝苹果，人	点结构	双限结构 5
50	介绍一个	个	订一个	个	领属转移	个体＝个，后名＝苹果，人	个体＝个，后名＝苹果，人	双限结构－4	双限结构 5
51	来一船	船	验一船	船	接触	na	na	点结构	双限结构 5
52	走一船	船	验一船	船	接触	na	na	点结构	双限结构 5

续表

ID	vp1	q1	vp2	q2	vp2 语义	q1 语法	q2 语法	vp1 结构	vp2 结构
53	有一样	样	装一样	样	身体活动,配价数=2,主体=人,客体=建筑物(按照“装修”条目填写)	种类=种,后名=纸|产品	种类=种,后名=纸|产品	双限结构 1	双限结构 5
54	有一万	万	用一万	万	其他行为,配价数=2,主体=人,客体=具体事物	m	m	双限结构 1	双限结构 4
55	有一起	起	查一起	起	身体活动,配价数=2,主体=人,客体=具体事物|抽象事物|过程	个体=个,后名=事件	个体=个,后名=事件	双限结构 1	双限结构 4

续表

ID	vp1	q1	vp2	q2	vp2 语义	q1 语法	q2 语法	vp1 结构	vp2 结构
56	有一个	个	抓一个	个	身体活动,配价数=2,主体=人,客体=人|动物	个体=个,后名=苹果,人	个体=个,后名=苹果,人	双限结构 1	双限结构 5
57	有一句	句	说一句	句	信息交流,配价数=2,主体=人,客体=具体事物|抽象事物|过程	个体=个,后名=话	个体=个,后名=话	双限结构 1	双限结构 4
58	有一件	件	打一件	件	身体活动,配价数=2,主体=人,客体=人|动物	个体=个,后名=衣服,家具	个体=个,后名=衣服,家具	双限结构 1	双限结构 5

续表

ID	vp1	q1	vp2	q2	vp2 语义	q1 语法	q2 语法	vp1 结构	vp2 结构
59	有一件	件	处理一件	件	其他行为,配价数=2,主体=人,客体=具体事物|抽象事物|事件	个体=个,后名=衣服,家具	个体=个,后名=衣服,家具	双限结构 1	点结构
60	有一件	件	查一件	件	身体活动,配价数=2,主体=人,客体=具体事物|抽象事物|过程	个体=个,后名=衣服,家具	个体=个,后名=衣服,家具	双限结构 1	双限结构 4
61	有一件	件	查处一件	件	身体活动,配价数=2,主体=人,客体=人|事件	个体=个,后名=衣服,家具	个体=个,后名=衣服,家具	双限结构 1	后限结构 2

续表

ID	vp1	q1	vp2	q2	vp2 语义	q1 语法	q2 语法	vp1 结构	vp2 结构
62	有一件	件	办一件	件	创造，配价数 = 2，主体 = 人，客体 = 事件	个体 = 个，后名 = 衣服，家具	个体 = 个，后名 = 衣服，家具	双限结构 1	双限结构 4
63	有一家	家	查一家	家	身体活动，配价数 = 2，主体 = 人，客体 = 具体事物|抽象事物|过程	个体 = 个，后名 = 商店|书店	个体 = 个，后名 = 商店|书店	双限结构 4	点结构
64	有一根	根	拔一根	根	身体活动，配价数 = 2，主体 = 人，客体 = 植物|用具|外形|构件	个体 = 个，后名 = 黄瓜|棍子	个体 = 个，后名 = 黄瓜|棍子	双限结构 1	双限结构 4

续表

ID	vp1	q1	vp2	q2	vp2 语义	q1 语法	q2 语法	vp1 结构	vp2 结构
65	有一个	个	调开一个	个	未登录词	个体=个,后名=苹果,人	个体=个,后名=苹果,人	双限结构1	双限结构5
66	有一个	个	死一个	个	变化,配价数=1,主体=人|动物|植物	个体=个,后名=苹果,人	个体=个,后名=苹果,人	双限结构1	点结构
67	有一个	个	杀一个	个	身体活动,配价数=2,主体=人,客体=人|动物	个体=个,后名=苹果,人	个体=个,后名=苹果,人	双限结构1	点结构
68	有一个	个	打击一个	个	身体活动,配价数=2,主体=人|抽象事物|事件,客体=人|抽象事物	个体=个,后名=苹果,人	个体=个,后名=苹果,人	双限结构1	双限结构5

续表

ID	vp1	q1	vp2	q2	vp2 语义	q1 语法	q2 语法	vp1 结构	vp2 结构
69	有一个	个	查处一个	个	身体活动,配价数=2,主体=人,客体=人|事件	个体=个,后名=苹果,人	个体=个,后名=苹果,人	双限结构 1	双限结构 4
70	有一分	分	添一分	分	变化,配价数=2,主体=具体事物|空间,客体=具体事物	度量=度,最近高位=角	度量=度,最近高位=角	双限结构 1	后限结构 2
71	有一点	点	讲一点	点	创造,配价数=2,主体=人,客体=信息|作品	不定=不,任一=一,后名=东西|水	不定=不,任一=一,后名=东西|水	双限结构 1	双限结构 5

续表

ID	vp1	q1	vp2	q2	vp2 语义	q1 语法	q2 语法	vp1 结构	vp2 结构
72	有一餐	餐	吃一餐	餐	身体活动,配价数=2,主体=人,客体=食物|药物	后名=饭,动量=动	后名=饭,动量=动	双限结构1	双限结构5
73	有一桌	桌	算一桌	桌	心理活动	度量=容,后名=饭|酒席	度量=容,后名=饭|酒席	双限结构1	例外
74	有一只	只	算一只	只	心理活动	个体=个,后名=手|老虎|鸡	个体=个,后名=手|老虎|鸡	双限结构1	例外
75	有一句	句	算一句	句	心理活动	个体=个,后名=话	个体=个,后名=话	双限结构1	无限结构
76	有一件	件	算一件	件	心理活动	个体=个,后名=衣服|家具	个体=个,后名=衣服|家具	双限结构1	例外

续表

ID	vp1	q1	vp2	q2	vp2 语义	q1 语法	q2 语法	vp1 结构	vp2 结构
77	有一个	个	算一个	个	心理活动	个体＝个,后名＝苹果|人	个体＝个,后名＝苹果|人	双限结构1	例外
78	做一单	单	成一单	单	静态关系,配价数＝2,主体＝具体事物|抽象事物,客体＝具体事物|抽象事物	未登录词	未登录词	双限结构4	点结构
79	建一座	座	成一座	座	静态关系,配价数＝3,主体＝具体事物|抽象事物,客体＝具体事物|抽象事物	q,个体＝个,后名＝桥|山|城市	q,个体＝个,后名＝桥|山|城市	双限结构5	点结构

续表

ID	vp1	q1	vp2	q2	vp2 语义	q1 语法	q2 语法	vp1 结构	vp2 结构
80	建一项	项	成一项	项	静态关系,配价数=4,主体=具体事物|抽象事物,客体=具体事物|抽象事物	q,个体=个,后名=任务	q,个体=个,后名=任务	双限结构5	点结构
81	建一片	片	成一片	片	静态关系,配价数=5,主体=具体事物|抽象事物,客体=具体事物|抽象事物	q,成形=形,后名=云彩|竹子	q,成形=形,后名=云彩|竹子	双限结构5	点结构

续表

ID	vp1	q1	vp2	q2	vp2 语义	q1 语法	q2 语法	vp1 结构	vp2 结构
82	建一块	块	成一块	块	静态关系,配价数＝6,主体＝具体事物|抽象事物,客体＝具体事物|抽象事物	q,成形＝形,后名＝泥巴|土	q,成形＝形,后名＝泥巴|土	双限结构 5	点结构
83	建一个	个	成一个	个	静态关系,配价数＝7,主体＝具体事物|抽象事物,客体＝具体事物|抽象事物	q,个体＝个,后名＝苹果|人	q,个体＝个,后名＝苹果|人	双限结构 5	点结构

续表

ID	vp1	q1	vp2	q2	vp2 语义	q1 语法	q2 语法	vp1 结构	vp2 结构
84	搞一项	项	成一项	项	静态关系,配价数=8,主体=具体事物|抽象事物,客体=具体事物|抽象事物	q,个体=个,后名=任务	q,个体=个,后名=任务	双限结构5	点结构
85	搞一件	件	成一件	件	静态关系,配价数=9,主体=具体事物|抽象事物,客体=具体事物|抽象事物	q,个体=个,后名=衣服|家具	q,个体=个,后名=衣服|家具	双限结构5	点结构

续表

ID	vp1	q1	vp2	q2	vp2 语义	q1 语法	q2 语法	vp1 结构	vp2 结构
86	搞一个	个	成一个	个	静态关系，配价数＝10，主体＝具体事物|抽象事物，客体＝具体事物|抽象事物	q，个体＝个，后名＝苹果|人	q，个体＝个，后名＝苹果|人	双限结构 5	点结构
87	干一项	项	成一项	项	静态关系，配价数＝11，主体＝具体事物|抽象事物，客体＝具体事物|抽象事物	q，个体＝个，后名＝任务	q，个体＝个，后名＝任务	双限结构 4	点结构

续表

ID	vp1	q1	vp2	q2	vp2 语义	q1 语法	q2 语法	vp1 结构	vp2 结构
88	干一片	片	成一片	片	静态关系,配价数=12,主体=具体事物|抽象事物,客体=具体事物|抽象事物	q,成形=形,后名=云彩|竹子	q,成形=形,后名=云彩|竹子	双限结构 4	点结构
89	干一件	件	成一件	件	静态关系,配价数=14,主体=具体事物|抽象事物,客体=具体事物|抽象事物	q,个体=个,后名=衣服|家具	q,个体=个,后名=衣服|家具	双限结构 4	点结构

续表

ID	vp1	q1	vp2	q2	vp2 语义	q1 语法	q2 语法	vp1 结构	vp2 结构
90	干一个	个	成一个	个	静态关系,配价数＝15,主体＝具体事物|抽象事物,客体＝具体事物|抽象事物	q,个体＝个,后名＝苹果|人	q,个体＝个,后名＝苹果|人	双限结构 4	点结构
91	办一事	事	成一事	事	静态关系,配价数＝16,主体＝具体事物|抽象事物,客体＝具体事物|抽象事物	na,个体量词＝件|桩,种类量词＝种,成形量词＝堆|摊,不定量词＝些,前名＝否,后名＝否	na,个体量词＝件|桩,种类量词＝种,成形量词＝堆|摊,不定量词＝些,前名＝否,后名＝否	双限结构 4	点结构

续表

ID	vp1	q1	vp2	q2	vp2 语义	q1 语法	q2 语法	vp1 结构	vp2 结构
92	办一件	件	成一件	件	静态关系,配价数=18,主体=具体事物|抽象事物,客体=具体事物|抽象事物	q,个体=个,后名=衣服|家具	q,个体=个,后名=衣服|家具	双限结构 4	点结构
93	办一家	家	成一家	家	静态关系,配价数=19,主体=具体事物|抽象事物,客体=具体事物|抽象事物	q,个体=个,后名=书店|商店	q,个体=个,后名=书店|商店	双限结构 4	点结构

续表

ID	vp1	q1	vp2	q2	vp2 语义	q1 语法	q2 语法	vp1 结构	vp2 结构
94	办一个	个	成一个	个	静态关系，配价数＝20，主体＝具体事物|抽象事物，客体＝具体事物|抽象事物	q，个体＝个，后名＝苹果|人	q，个体＝个，后名＝苹果|人	双限结构 4	点结构
95	做一件事	件	是一件事	件	静态关系	个体＝个，后名＝衣服|家具	个体＝个，后名＝衣服|家具	双限结构 4	无限结构
96	抓一项	项	是一项	项	静态关系	个体＝个，后名＝任务	个体＝个，后名＝任务	双限结构 4	无限结构
97	抓一件	件	是一件	件	静态关系	个体＝个，后名＝衣服|家具	个体＝个，后名＝衣服|家具	双限结构 4	无限结构

续表

ID	vp1	q1	vp2	q2	vp2 语义	q1 语法	q2 语法	vp1 结构	vp2 结构
98	写一篇	篇	是一篇	篇	静态关系	个体=个,后名=文章|日记	个体=个,后名=文章|日记	双限结构5	无限结构
99	说一句	句	是一句	句	静态关系	个体=个,后名=话	个体=个,后名=话	双限结构4	无限结构
100	卖一部	部	是一部	部	静态关系	个体=个,后名=汽车|电话	个体=个,后名=汽车|电话	双限结构5	无限结构
101	建一个	个	是一个	个	静态关系	个体=个,后名=苹果|人	个体=个,后名=苹果|人	双限结构5	无限结构
102	干一件事	件	算一件事	件	心理活动	个体=个,后名=衣服|家具	个体=个,后名=衣服|家具	双限结构4	无限结构
103	打一个	个	算一个	个	心理活动	个体=个,后名=苹果|人	个体=个,后名=苹果|人	双限结构5	无限结构

续表

ID	vp1	q1	vp2	q2	vp2 语义	q1 语法	q2 语法	vp1 结构	vp2 结构
104	办一起	起	是一起	起	静态关系	个体=个,后名=事件	个体=个,后名=事件	双限结构 4	无限结构
105	作一篇	篇	是一篇	篇	静态关系	个体=个,后名=文章|日记	个体=个,后名=文章|日记	双限结构 5	无限结构
106	撑一篙	篙	是一篙	篙	静态关系	ng	ng	双限结构 5	无限结构
107	走一亭	亭	吃一亭	亭	身体活动,配价数=2,主体=人,客体=食物|约物	ng	ng	双限结构 4	双限结构 5
108	走一段	段	问一段	段	其他行为,配价数=2,主体=人,客体=事件	q,成形=成形,后名=时间|路	q,成形=成形,后名=时间|路	双限结构 4	双限结构 4

续表

ID	vp1	q1	vp2	q2	vp2 语义	q1 语法	q2 语法	vp1 结构	vp2 结构
109	走一地	地	问一地	地	其他行为	nb,度量词=亩|顷|分,成形量词=块|片,不定量词=些|点,临量=一	nb,度量词=亩|顷|分,成形量词=块|片,不定量词=些|点,临量=一	双限结构 4	双限结构 4
110	走一处	处	说一处	处	信息交流,配价数=2,主体=人,客体=具体事物|抽象事物|过程	q,个体=个,后名=地方|风暴	q,个体=个,后名=地方|风暴	双限结构 4	双限结构 5
111	走一处	处	红一处	处	颜色,配价数=1,主体=具体事物	q,个体=个,后名=地方|风暴	q,个体=个,后名=地方|风暴	双限结构 4	双限结构 1

续表

ID	vp1	q1	vp2	q2	vp2 语义	q1 语法	q2 语法	vp1 结构	vp2 结构
112	走一处	处	“洗”一处（洗脚）	处	身体活动，配价数=2，主体=人，客体=具体事物	q，个体=个，后名=地方|风暴	q，个体=个，后名=地方|风暴	双限结构4	双限结构5
113	干一处	处	响一处	处	音质，配价数=1，主体=可听现象|具体事物	q，个体=个，后名=地方|风景	q，个体=个，后名=地方|风景	双限结构4	双限结构4
114	走一步	步	痛一步	步	境况，配价数=1，主体=人|构件|空间	q，后名=路，动量=动	q，后名=路，动量=动	双限结构4	a
115	走一步	步	疼一步	步	境况，配价数=1，主体=人|动物	q，后名=路，动量=动	q，后名=路，动量=动	双限结构4	a

续表

ID	vp1	q1	vp2	q2	vp2 语义	q1 语法	q2 语法	vp1 结构	vp2 结构
116	走一着	着	错一着	着	变化,配价数=1,主体=具体事物	nh,数名=数,数量名=否,前名=否,后名=否	nh,数名=数,数量名=否,前名=否,后名=否	双限结构 4	a
117	走一招	招	昏一招	招	变化,配价数=1,主体=人|动物	na,数名=数,个体量词=个,前名=否,后名=否	na,数名=数,个体量词=个,前名=否,后名=否	双限结构 4	a
118	上来一个	个	拉一个	个	位移,配价数=2,主体=人	q,个体=个,后名=苹果|人	q,个体=个,后名=苹果|人	点结构	双限结构 5
119	做一行	行	厌一行	行	心理活动,配价数=2,主体=人,客体=具体事物	n(现汉)	n(现汉)	双限结构 4	未登录词

续表

ID	vp1	q1	vp2	q2	vp2 语义	q1 语法	q2 语法	vp1 结构	vp2 结构
120	演一场	场	赔一场	场	变化,配价数=1,主体=人	q,后名=战争|戏|雨,动量=动[郭锐(2017)将之作为"过程量词",属于名量词]	q,后名=战争|戏|雨,动量=动	双限结构4	双限结构3
121	看一篇	篇	感动一篇	篇	心理活动,配价数=1,主体=人	q,个体=个,后名=文章|日记	q,个体=个,后名=文章|日记	双限结构5	a
122	看一回	回	笑一回	回	身体活动,配价数一1,主体=人|动物	q,动量=动	q,动量=动	双限结构5	双限结构4

续表

ID	vp1	q1	vp2	q2	vp2 语义	q1 语法	q2 语法	vp1 结构	vp2 结构
123	看一个	个	准一个	个	性质，配价数＝1，主体＝具体事物|抽象事物	q，个体＝个，后名＝苹果|人	q，个体＝个，后名＝苹果|人	双限结构 5	a
124	看一遍	遍	哭一遍	遍	身体活动，配价数＝1，主体＝人	q，动量＝动	q，动量＝动	双限结构 5	双限结构 4
125	干一辆	辆	赔一辆	辆	变化，配价数＝1，主体＝人	q，个体＝个，后名＝汽车|自行车		双限结构 4	双限结构 4
126	学一行	行	懂一行	行	心理活动，配价数＝2，主体＝人，客体＝人为事物|抽象事物	n(现汉)	n(现汉)	双限结构 5	双限结构 1

续表

ID	vp1	q1	vp2	q2	vp2 语义	q1 语法	q2 语法	vp1 结构	vp2 结构
127	干一行	行	专一行	行	关系，配价数＝2，组合体＝人，客体＝领域	n(现汉)	n(现汉)	双限结构 4	a
128	干一行	行	怨一行	行	心理活动，配价数＝2，主体＝人，客体＝人|事件	n(现汉)	n(现汉)	双限结构 4	双限结构 3
129	干一行	行	厌一行	行	心理活动，配价数＝2，主体＝人，客体一具体事物	n(现汉)	n(现汉)	双限结构 4	未登录词

续表

ID	vp1	q1	vp2	q2	vp2 语义	q1 语法	q2 语法	vp1 结构	vp2 结构
130	干一行	行	爱一行	行	心理活动,配价数=2,主体=人,客体=具体事物	n(现汉)	n(现汉)	双限结构 4	双限结构 1
131	学一行	行	专一行	行	关系,配价数=2,组合体=人,客体=领域	n(现汉)	n(现汉)	双限结构 5	a
132	出来一个	个	毙一个	个	接触,配价数=2,主体=人,客体=个人	q,个体=个,后名=苹果|人	q,个体=个,后名=苹果|人	点结构	点结构
133	开发一片	片	建成一片(收益一片)	片	创造,配价数=2,主体=人,客体=建筑物|集体	q,成形=形,后名=云彩|竹子	q,成形=形,后名=云彩|竹子	双限结构 5	点结构

续表

ID	vp1	q1	vp2	q2	vp2 语义	q1 语法	q2 语法	vp1 结构	vp2 结构
134	开发一片	片	见效一片	片	性质，配价数＝1，主体＝食物|药物|信息	q，成形＝形，后名＝云彩|竹子	q，成形＝形，后名＝云彩|竹子	双限结构 5	a
135	修建一条	条	成功一条	条	境况，配价数＝1，主体＝个人|抽象事物	q，个体＝个，后名＝围巾|意见	q，个体＝个，后名＝围巾|意见	双限结构 4	a
136	管养一条	条	畅通一条	条	性质，配价数＝1，主体＝人工物	q，个体＝个，后名＝围巾|意见	q，个体＝个，后名＝围巾|意见	双限结构 4	a

续表

ID	vp1	q1	vp2	q2	vp2 语义	q1 语法	q2 语法	vp1 结构	vp2 结构
137	建一个	个	成一个(见效一个)	个	静态关系,配价数=2,主体=具体事物|抽象事物,客体=具体事物|抽象事物	q,个体=个,后名=苹果|人	q,个体=个,后名=苹果|人	双限结构5	点结构
138	建一段	段	成一段	段	静态关系,配价数=2,主体=具体事物|抽象事物,客体=具体事物|抽象事物	q,成形=形,后名=时间|路	q,成形=形,后名=时间|路	双限结构5	点结构

续表

ID	vp1	q1	vp2	q2	vp2 语义	q1 语法	q2 语法	vp1 结构	vp2 结构
139	建一处	处	成一处（收效一处）	处	静态关系，配价数＝2，主体＝具体事物|抽象事物，客体＝具体事物|抽象事物	q，个体＝个，后名＝地方|风暴	q，个体＝个，后名＝地方|风暴	双限结构5	点结构
140	搞一条	条	成一条	条	静态关系，配价数＝2，主体＝具体事物|抽象事物，客体＝具体事物|抽象事物	q，个体＝个，后名＝围巾|意见	q，个体＝个，后名＝围巾|意见	双限结构5	点结构

续表

ID	vp1	q1	vp2	q2	vp2 语义	q1 语法	q2 语法	vp1 结构	vp2 结构
141	做一件	件	成一件	件	静态关系,配价数=2,主体=具体事物|抽象事物,客体=具体事物|抽象事物	q,个体=个,后名=衣服	q,个体=个,后名=衣服	双限结构4	点结构
142	抓一样	样	像一样	样	静态关系,配价数=2,主体=具体事物|抽象事物,客体=具体事物|抽象事物	q,种类=种,后名=纸|产品	q,种类=种,后名=纸|产品	双限结构4	无限结构

续表

ID	vp1	q1	vp2	q2	vp2 语义	q1 语法	q2 语法	vp1 结构	vp2 结构
143	治理一段	段	成功一段(放心一段)	段	境况,配价数=1,主体=个人|抽象事物	q,成形=形,后名=时间|路	q,成形=形,后名=时间|路	双限结构 5	a
144	开发一片	片	成功一片	片	境况,配价数=1,主体=个人|抽象事物	q,成形=形,后名=云彩|竹子	q,成形=形,后名=云彩|竹子	双限结构 5	a
145	开发一亩	亩	成功一亩	亩	境况,配价数=1,主体=个人|抽象事物	q,度量=度	q,度量=度	双限结构 5	a
146	开发一个	个	成功一个	个	境况,配价数=1,主体=个人|抽象事物	q,个体=个,后名=苹果|人	q,个体=个,后名=苹果|人	双限结构 5	a

续表

ID	vp1	q1	vp2	q2	vp2 语义	q1 语法	q2 语法	vp1 结构	vp2 结构
147	做一件	件	成功一件	件	境况，配价数＝1，主体＝个人|抽象事物	q，个体＝个，后名＝衣服	q，个体＝个，后名＝衣服	双限结构 4	a
148	打一仗	仗	进一步	步	位移，配价数＝2，配价数＝人，客体＝建筑物	q，数名＝数，数量名＝否	q，后名＝路，动量＝动	双限结构 5	点结构
149	办一个	个	垮一个	个	变化，配价数＝1，主体＝人|建筑物	q，个体＝个，后名＝苹果|人	q，个体＝个，后名＝苹果|人	双限结构 4	点结构
150	办一个	个	火一个	个	颜色|时间值|境况，配价数＝1，主体＝具体事物|事件|人	q，个体＝个，后名＝苹果|人	q，个体＝个，后名＝苹果|人	双限结构 4	双限结构 1

续表

ID	vp1	q1	vp2	q2	vp2 语义	q1 语法	q2 语法	vp1 结构	vp2 结构
151	办一个	个	活一个	个	静态关系,配价数＝1,主体＝人|动物|植物	q,个体＝个,后名＝苹果|人	q,个体＝个,后名＝苹果|人	双限结构4	双限结构2
152	办一个	个	成功一个(盈利一个)	个	境况,配价数＝1,主体＝个人|抽象事物	q,个体＝个,后名＝苹果|人	q,个体＝个,后名＝苹果|人	双限结构4	a
153	办一个	个	成一个(见效一个)	个	静态关系,配价数＝2,主体＝具体事物|抽象事物,客体＝具体事物|抽象事物	q,个体＝个,后名＝苹果|人	q,个体＝个,后名＝苹果|人	双限结构4	点结构

续表

ID	vp1	q1	vp2	q2	vp2 语义	q1 语法	q2 语法	vp1 结构	vp2 结构
154	建一处	处	成功一处	处	境况，配价数＝1，主体＝个人|抽象事物	q，个体＝个，后名＝地方|风暴	q，个体＝个，后名＝地方|风暴	双限结构 5	a
155	说一句	句	算一句	句	静态关系，配价数＝1，主体＝具体事物|抽象事物	q，个体＝个，后名＝话	q，个体＝个，后名＝话	双限结构 4	无限结构
156	巩固一片	片	见效一片	片	性质，配价数＝1，主体＝食物|药物|信息	q，成形＝形，后名＝云彩|竹子	q，成形＝形，后名＝云彩|竹子	后限结构 1	a
157	开发一片	片	受益一片	片	变化，配价数＝1，主体＝具体事物|空间	q，成形＝形	q，成形＝形	双限结构 5	a

注：n(现汉)代表名词；nb 代表不可数物质名词；nh 代表无量名词；na 代表可数个体名词；nb 代表不可数物质名词；ng 代表过程名词；m 代表数词；q 代表量词；a 代表形容词。

第7章　结语

本书详细描写了“A＋一＋X，B＋一＋Y”各个构式义的判别条件，同时探讨了这些意义的共时形成机制，并且从应用角度出发构建了“A＋一＋X，B＋一＋Y”相关的构式知识库。本章对前文进行总结。

7.1　本书的结论

1.“A＋一＋X，B＋一＋Y”格式意义的层级分类体系(见图7-1)

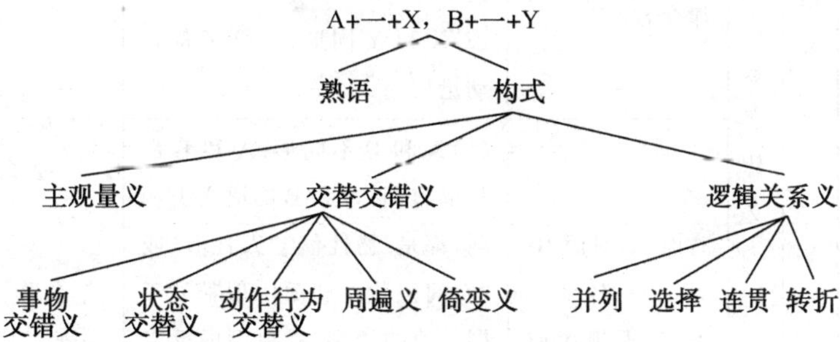

图7-1　“A＋一＋X，B＋一＋Y”格式意义的层级分类体系

2.各个构式义所对应的释义模板、约束条件及例子(见表7-1)

表7-1 “A+一+X,B+一+Y”各构式义释义模板及约束条件

构式义		释义模板	约束条件	例子
交替交错义	事物交错义	一XA,一XB, 一XA,一XB, …… 多指两者交错散乱分布	(1)A和B不同形;A和B的句法功能类都是形容词;A和B的语义类相同,都是“物性值”或“空间值”,A和B一般都处于同一值的两端,是典型的反义词 (2)X和Y都是名量词	青一块,紫一块 浓一道,淡一道
	状态交替义	一XA,一YB, 一XA,一YB, …… 表示两者无规律交替	(1)A和B不同形;A和B都是形容词;A和B的语义类相同,都是“物性值”“人性值”或“空间值”,A和B一般都处于同一值的两端,是典型的反义词 (2)X和Y同形;X和Y都是动量词	轻一下,重一下
		时而A,时而B;表示A、B变幻不定,无规律或混乱	(1)A和B不同形;A和B都是形容词;A和B的语义类相同,都是“物性值”“人性值”或“空间值”,A和B一般都处于同一值的两端,是典型的反义词 (2)X和Y同形;X和Y都是时量词	热一阵,冷一阵

续表

构式义		释义模板	约束条件	例子
交替交错义	动作行为交替义	A一X,B一Y,A一X,B一Y,…… 表示A和B不断交替进行	(1)A和B不同形;A和B都是动词或动词性结构;A和B都不能为"是"或"算";A和B的动词过程结构类型都是双限结构3、4或5 (2)"一X"和"一Y"一般不同指	走一阵,歇一阵 走一步,歇一下
	周遍义	A+多少+X,B+多少+Y; 强调全都,无例外	(1)A和B不同形;A都是动词或动词性结构,B是动词或形容词性结构;A和B中一定有一个的动词过程结构不属于双限结构3、4、5 (2)X和Y相同;"一X"和"一Y"一般同指	有一个,杀一个 见一个,杀一个
	倚变义	越A越B	(1)A和B不同形;A和B语义类不同;B往往表示"状态",即动词过程结构为双限结构1或干脆就是表述状态的形容词;A和B之间是致使关系 (2)X和Y相同;"一X"和"一Y"不一定同指,但是预设了同属"总X数"	用一吨,少一吨 泡一次,淡一次

续表

构式义	释义模板	约束条件	例子
主观量义	虽然"一 X"不多,但总好过没有,所以,"能 A 一 X,就 A 一 X"	(1)A 和 B 不同形;A 都是动词或动词性结构,也可以是形容词;B 只能是"是|算" (2)前组块"A+一+X"前部都可以加"能"或"多" (3)X 和 Y 同形	赚一票,是一票

注:本表不包括逻辑关系义的相关内容。

3.各个构式义的形成机制及其关系

交替交错义与主观量义之间是完全不同的形成机制,前者是真正的多组块式,其交替交错是在同型结构重复出现的基础上形成的;而后者是伪多组块式,其底层是同语式,是在同语式的基础上经过同形删略得到的。

交替交错义的各个下位意义之间是一种互相竞争的关系,由于受 A 和 B 之间的关系以及"一 X"和"一 Y"之间关系的影响,结构会在几个下位意义之中选择一个凸显出来,但是当影响因素处于平衡状态时,往往表现出歧义。表 7-2 是影响交替交错义各个下位义凸显与否的因素。

表 7-2 影响交替交错义下位义凸显与否的因素

构式义	A 和 B 的关系		"一 X"和"一 Y"之间的关系
	A 和 B 的类别关系	A 和 B 的逻辑关系	
事物交错义	性状+性状	对立关系	不同指
状态交替义	状态+状态	对立关系	不同指

续表

构式义	A 和 B 的关系		“一 X”和“一 Y”之间的关系
	A 和 B 的类别关系	A 和 B 的逻辑关系	
动作行为交替义	动作＋动作	对立关系	不同指
周遍义	状态/变化＋X；X＋状态/变化	条件关系	同指
倚变义	X＋状态/变化	致使关系	同属“总 X 数”

7.2　本书的贡献

第一，本书对“A＋一＋X，B＋一＋Y”进行了详细的描写，找到了用于判定和释义的相关句法语义特征；探索了“A＋一＋X，B＋一＋Y”各个意义的形成机制或相互之间的关系。

第二，本书建立了一个适用于构式研究的简单描写体系，并制定了相应的描写规范。本书从项、组块和构式整体三个层面分别对一个构式的内外部句法语义信息进行描写，每个层级都有自己所对应的字段值，这些字段值构成了一个层次分明的构式知识库填写系统。①

第三，本书兼顾了信息处理和语言学研究两个方面的要求。从信息处理的角度看，本书建立了知识库，用俞士汶等(2002)和王惠等(2006)中的字段值对每个例子的组成部分进行了详细的描写，尤其是变项位置成分的句法语义信息。对 A 和 B 的动词过

① 具体情况可以登录 http://ccl.pku.edu.cn/ccgd/index.asp 进行查询。

程结构,严格按照郭锐(1993)的6条标准进行一一查询和考察,并填入知识库。本书的所有数据都是基于对466个例子进行句法语义特征描述所建知识库而得出的,并不是内省和举例所得。从语言学研究的角度看,本书基于对“A+一+X,B+一+Y”的详细考察,探索了其各个意义的形成机制,由于对例子进行了详细的描写,因此本书可以从细节处探索构式义与其组成部分之间的互动关系。

第四,本书的相关研究成果可以直接用于“A+一+X,B+一+Y”构式的判定和释义,同时也可以为其他面向判定和释义的构式研究提供思路和指导。

7.3 本书不足和研究心得

本研究还有很多不足的地方,主要有以下几点:

第一,本书只是研究了一个构式,对促进汉语构式的信息处理进展帮助有限。笔者在研究中搜集了大量的构式(1000个左右),许多句法语义特征比较简单,不需要做如本书一般的详细研究,但是仍然有很多构式的意义多样,判定条件复杂,必须广泛收集例子,并对每个例子进行详细的句法语义标注,才能找到用于计算机识别的约束条件。这样一个宏大的任务远远不是一篇论文或一本书可以解决的,需要设立项目组,长期投入,才可以完成。笔者期望本书可以开启一扇窗,引起对汉语构式信息处理的重视。

对构式信息处理的重视并不是一个简单的研究角度转变的问题,笔者阅读了不少关于具体构式研究的文献,但是这些研究成果很多都没有关注到具体构式的形式和意义之间的对应问题，带来的后果是构式描写的不准确性和意义分析的随意性，不少文献花了上百页去阐述一个构式，但是真正的有用信息少之又少，这其实是一种“图省事”思想所驱动的必然结果。在进行构式研究时，应该仔细收集例子，然后按照一定的规范对每个例子进行详细的句法语义特征描写，只有这样得出的结论才是坚实有效的，否则就容易走上偏路。

第二，本书所给出的判定条件，有的还不适用于信息处理。这些信息主要包括 A 与 B 之间对照关系、致使关系的判定，“一X”和“一 Y”同指关系的判定，这些判定条件对于部分周遍义、倚变义和主观量义“A＋一＋X，B＋一＋Y”的区分有一定的影响。另外语境和背景知识对交替交错义的下位意义的凸显有很大的影响，很多时候语境明确指派了某个意义给“A＋一＋X，B＋一＋Y”，这个时候笔者找到的判定条件马上就变得没用了。比如“破一只，换一只”，脱离上下文可以理解为“交替”，也可以理解为“周遍”，而且理解为周遍的可能性更大一些，但是语境是“破一只，换一只；禁止破一只，换一双”，这种对比使得例子的意义马上发生了变化。这些意义的变化，都有待于学者对构式出现的语境做更加深入的研究。

第三，对构式义形成机制的解释还是偏于简单，论据仍有待补充。仅仅用逐指匹配来解释交替交错的“多次出现”，说服力并不是很强。同时本书仅仅是考虑一个构式的意义形成机制，而没有考虑与其相类似的其他构式的意义形成机制，如具有同型结构重复出现这个特征的其他构式。从横向上对比这些具有相似特征的构式，很有可能会发现其构式义形成机制的更好解释。

第四，构式语法将每个构式看作独一无二的，因而用句式变换为其制作释义模板反而是对这种思想的违背，因此，本书用“句式变换＋文字说明”的方式来制作释义模板，以求最大程度保留其意义。但是释义模板做成跨语言的句式变换对信息处理和对外汉语教学来说可能更有价值，比如为每个意义设立英文释义模板，这样还可以对比不同语言之间的构式。

·语料篇·

语料汇编[①]

“A+一+X,B+一+Y”的意义复杂,相互之间的差别非常细微,只有通过对原始语料进行研究,才能更好地分析和理解它们之间的差异。因此,本书将写作过程中涉及的所有例子都一一列出,方便对本书的分析进行深入理解,也方便其他学者在本书基础上对该构式进行更深入的探讨。

1.我是从今年九号文件开始抓工作的。从那以后是什么路线,全国的形势是好一点,还是坏一点,实践可以证明。

2.你们一定在报纸上看到各种报导,一个星期好,一个星期坏,一个星期好一些,一个星期坏一些。

3.流苏道:“我待你好一点,坏一点,你又何尝放在心上?”

4.他们遇到林场工人见一个打一个,致使二人重伤,多人受伤。

5.主要的开户银行不仅早就关闸,而且客户汇回来的货款,见一笔收一笔抵债,实行釜底抽薪。

6.开始,部分干部对市场有偏见,见一个关一个。可“野火烧

① 本书涉及的例子全都抽取自北京大学CCL语料库,为保持数据的原始性,本书并未对例子进行过多修改,尽量保持了数据的原貌。对于有问题、有争议的例子,本书不再展示。

不尽,春风吹又生”,从来也没被关死。

7.先念握着我的手,与我道别说:“年纪大了,见一次就少一次,多保重吧。”

8.它不是一般意义上的“恋恋不舍”,而是“见一次少一次”,因而也就愈发难以割舍,含有特别的悲凉的成分在内。

9.阿姨每撞见一次,就一顿训斥,都几回了,也不大见效。教师王彦玲就想,是不是变个法子教育才管用。

10.傻瓜相机里的胶卷好像不是用钱买的,换了一卷又一卷。沿途的小吃摊见一个吃一个。物质的反差很快引起心理的逆反。好强争胜的蓝雪内心颇不平衡。

11.不管拜谁,心里只有他“老孙”自己。爱情也不一样。如贾宝玉,几乎见一个爱一个,又不是全都要。

12.我也想不到你居然真的是个多情种子,见一个就爱一个。

13.说你滑头;说你没有常性,见一个爱一个!

14.又说我是见一个爱一个。

15.七姑奶奶在她面前一再说他“滑头”,“没常性,见一个爱一个”;听来是骂胡雪岩而其实是帮他。

16.河套大娘挎着竹篮子领着一群妇女走近魏强他们,见一个,给一个,不管你怎么拒绝,总是劝你“装上!装上!装上留着路上吃!”

17.见一次面拔一次,弄得她怕见孙毛旦。

18.“见一次少一次了……”

19.你不要觉得我是一个轻浮的人,见一个爱一个。

20.道静露着两排洁白的牙齿也笑了:“谁像你这个样儿:见一个爱一个,见两个爱一双——恋爱专家。”

21.老奶奶又哭出来,说:“咳!见一会少一会了!”

22.有什么灾祸就要来到，可是她自己又没法抵抗，只好忍耐着，见一步，走一步。

23."饶了我吧。"主持人央求老娘们儿，"我从来都没欺负过妇女，总是见一个爱一个。"

24."对对！"道士见一个夸一个，"还是二妹妹知根知底儿。菜园子变了花坛，我可不敢把公家的月季花儿挖几棵送过来。"

25."我不知道，说不上来，见一步走一步罢了。"

26.那你太不相信明珠，其实，明珠并不是感情不专的女孩子，她不会见一个爱一个的，更何况她根本不认识史先生，别说是她，连我也没见过他呢！

27."那也不好，他对女朋友不公平；而且，见一个，喜欢一个，花心！我才不喜欢！"

28.跟你说东北，这女孩儿对你可是够意思，你不能再见一个爱一个朝三暮四水性杨花毫无责任感……

29.陆大可没奈何，疼爱地拍拍女儿的头道："玉儿，爹的好东西，你也不能见一件就要一件呀。好吧，往下说，你怎么知道它只有一只，说对了，就送给你！"

30.我都告诉你多少遍了，没问题！公安都是神仙？什么疑难复杂案子见一个破一个那是电影里演的！亏你这么大人了，还不明白这点儿道理。

31.将他开的小饭店占了不说，还警告他"见一次，打你一次"。施恩左思右想用尽办法都没能将蒋门神扳倒，只好天天到处躲。

32.一个小伙子是不肯占有了一个女人就满足的，总是见一个爱一个，还自以为有这样的权利。

33.那蛋黄花白瓣黄心，酷肖削了壳的鸡子，以此得名——霓喜见一朵采一朵，聚了一大把，顺手便向草窠里一抛。

34.“追呀,捉呀！见一个,捉一个!”桂长林狂吼着。

35.李麻子和桂长林带着人,狂风似的摸进了那草棚,不问情由,见一个,捉一个。草棚区域立刻起了一个恐怖的旋涡。

36.大致是说她见一个,爱一个,愈多愈好,还有些不堪的详细的描写。

37.第二天把亲戚们接了来,给他们碗茶喝,又给送走。两个女看护是见一个搀一个,出来进去,一天没住脚。

38.要是敷衍,得敷衍一切,生命那才难堪。要打算不敷衍,得见一个打一个,办不到。慢慢的,我成了个无家无小没有一个朋友的人。

39.谁给迷叶吃给谁当兵;现在连当兵也不准我们了,我们非杀不可了,见一个杀一个!

40.各地工程基本实现了建一处、成一处,开发一片、配套一片、效益一片。

41.江苏的乡镇纺织企业建一个成功一个,特别是苏南的乡镇纺织企业,几乎无一中途“夭折”。

42.在短短的5年时间建成了水泥、石材、酒精、冶炼、选矿、变电站等7个厂(站),做到建一个成一个,出效益一个。

43.深入扎实地在全省开展小康村建设活动,抓一批,建一批,再抓一批,坚持不懈地抓下去。

44.集中力量确保重点水利工程的建设,大中型骨干工程做到在建一个、准备一个、收尾一个,不断改善农业生产基本条件。

45.垦区发展乡镇企业的原则是:新建项目要建一个成一个,见效一个,杜绝失误。

46.保证了建一处,成一处,受益一处。

47.要求这些开发区量力而行,把有效的资金集中在主要项目上，建一个，成一个，缩短建设周期，早投产，早收益。

48.临沂市的市场建一处，成功一处，其根本就在于他们遵循了“五先五后”的原则。

49.并且建一处成一处。

50.要抓住重点，集中财力，建一个成一个。

51.在文化长廊建设中，我们一定要做到集中财力物力，建一个成一个，不要一下子全线铺开，更不要只见投入、不见效益。

52.要制定好总体规划，狠抓落实，分期实施，抓住重点，集中财力，建一个成一个，一定要注重实效。

53.做到修建一条，成功一条，管养一条，畅通一条。

54.每年水利岁修期间，各地严格把好设计和施工质量关，确保工程建一座，成一座，发挥一座效益。

55.为使工程建一项、成一项，提前发挥投资效益，曾春芮提出了滚动开发的原则。

56.创业，少花钱多办事，合理使用投入资金，合理使用土地资源，确保建一征，成一片，见效益一片。

57.遇到银行紧缩，为了加快资金流转，只能采取建一幢楼、卖一幢楼的滚动开发办法，根本没有资金来搞小区配套建设。

58.在建设中，我们采取滚动式前进、集中建设、建一片成一片、紧凑发展的做法。

59.领导带头，追求实效，建一块，成一块。

60.基本上是一年创办一个企业；尤其难能可贵的是，他们建一个成一个，没有一家企业效益不好。

61.常熟市在建办三资企业过程中，重视质的提高，力争做到建一个，成一个。

62.外资项目65项，投资总额达3.1亿美元，形成了“签约一批,在建一批,投产一批”的波浪式发展势头。

63.记者吁请各方,能否多组织一些运销业务,适当建一点、借一点冷库储存,把产前、产中、产后服务真正搞好。

64.建一条,成一条,养护好一条,畅通一条。

65.根据国力条件,集中有限的资金和技术力量,搞一条,成一条,建一段,用一段,使科学技术及早转化为现实的生产力。

66.政府决定,新上大型水利工程量力而行,不搞多个齐头并进,争取在建一个,收尾一个,前期准备一个。

67.可以说,信息,是米泉县5570个乡镇企业建一个、成一个的重要原因,也是米泉县73个行政村村村有企业的关键。

68.要千方百计把水毁工程修复好,切实注重实效,保证建一处,成一处,收效一处。

69.山西省政府本着“爱惜民力、确保质量、注重效益”的原则,做到“建一段、成一段、用一段、养一段”。

70.基础设施建设中,千方百计提高资金使用效益,集中有限资金,做到建一项成一项,迅速改善了全市的投资环境,促进了经济发展。

71.提高资源效益。一方面大力开发治理宜农荒山、盐碱地、沼泽地,建一块成一块;一方面对有利于发展牧业的地区实行严格的草牧场保护。

72.公路管理的有效性。参照国际标准实施工程监理,做到修建一条,管养一条,成功一条。

73.今上言易而行难。今日一诏,明日一旨,只申禁戒,不事督察。

74.春天,女人鹿氏提着小锄去锄草,麦子不等黄透就被女人今日一坨明日一坨旋割完了,一捆一捆背回家去。

75.热衷标新立异，贪大求奢，好高骛远，今天一个大规划，明天一个大思路，朝令夕改，使人无所适从。

76.要拿事实给人民看，这样人民的心里才会平静下来。不然就会今天一个上街，明天一个上街。

77.分摊到县、乡的资金，今天一点明天一点，只够搞些修修补补、敲敲打打的小项目。

78.粮食提价能够保护农民种粮的积极性，这我们理解。我们有意见的是今天一个价，明天一个价，搭车涨价，摊贩漫天要价，没有人来管。

79.小区里的孩子只要一见到他，便会围上去让他讲“好爷爷的故事”，今天一个故事，明天一个故事。

80.许多“小巴”的价格也没谱，今天一个价，明天一个价；晴天一个价，雨天一个价；没上车之前一个价，上车之后又是一个价。

81.自己不要谬托师承，妄加解释，或者为了稿费对名著经典胡乱编辑，今天一本薄的，明天一本厚的。

82.今天一捆，明天一包，活像耗子搬家，叫望婆婆从心里烦他。

83.积极引进名特优新品种，实现开发一片、养殖一片、收益一片，向“两高一优”发展。

84.有效地避免了炒地皮和浪费土地现象，保证了出让一片，开发一片，建成一片，收效一片。

85.土地利用分步实施，分期出让，统一开发，提高土地利用率，做到开发一片，使用一片，成效一片。

86.产品品种从 1988 年的 1 个发展到现在的 8 个，并做到开发一个，稳定一个，推出一个，产品质量始终稳居全国同行之首，深受用户的好评。

87.他们支持开发一批、引进一批、扩种一批和压缩一批的原则。

88.第四,加强宏观调控和管理,科学规划,分步实施,滚动发展,开发一片,收效一片。

89.两大平原几百个开发区收到了立项一批、开发一片、见效一片的效果。

90.兰州市连海经济开发实验小区在工业项目开发上,坚持“开发一个、建成一个、收效一个”的原则,促使工业开发效益呈现喜人势头。

91.办经济开发区,应从实际开发,控制在适度规模上,做到开发一片,建成一片,收效一片,滚动发展。

92.把“统一规划,成片开发,开发一片,收效一片,滚动发展”,作为开发思路。

93.所有企业的产品,都要做到生产一代、开发一代、预研一代,为在市场竞争中取胜积累后劲。

94.超前构想,超前列支,超前立项,超前研制,做到生产一代、开发一代、研制一代、储备一代。

95.滚动发展,最后即向闭合的形式进行开发,一次规划,分步实施,开发一片,建设一片。现在区内已进入19个项目,投资总额达8.65亿美元。

96.为了尽快把科技成果转化为生产力,大连造船厂注重开发一项应用一项。

97.我省开发区大都依托老城建设,实行开发一片、建设一片、收益一片。

98.一个企业不能总依赖已有的产品,应该更多更快地开发一代接一代的新产品。

99.采用这种新的经营机制,调动了企业内外部的科技力量,做到新产品开发一个,成功一个,并很快占领市场,产生效益。

100.在新品开发中,他们做到开发一个成功一个,成功率达90%以上。

101.他特别强调,开发区建设要量力而行,坚持"开发一片,建成一片,收效一片,滚动发展"的原则。

102.必须注重效益,力求使开发土地的价值率达到较高水平,真正做到开发一片,建成一片,收效一片,滚动发展。

103.开发项目都由一名党政府领导作为项目主要负责人,明确责任,确保开发一项,建成一项,收益一项。

104.东风汽车公司坚持生产一代,开发一代,预研一代,使"东风家族"在自我开发中不断壮大。

105.矿业开发的地质勘探和加工业项目的建设前期工作,做到建设一批,开发一批,储备一批,保证开发建设的连续性,为全区经济的持续、稳定发展奠定基础

106.锦州经济技术开发区的起步区面积为5平方公里,采取"开发一片,投产一片,获益一片"的方针,3年来已投入2亿多元。

107.根据深航的现有条件,他提出实现一个、开发一个、准备一个的设想。

108.经上级批准,他们确定了"开发一片、建成一片、收益一片、滚动发展"的建区方针。

109.近年来阜阳卷烟厂遵循"巩固一代,开发一代,研制一代"的原则,大力开发适销对路的产品。

110.突出农林牧水的综合开发,集中资金成片建设开发一片见效一片。

111.坚持科学论证、择优立项、集中投入、连片开发、开发一

片、见效一片的方法，使农业综合开发取得令人振奋的成就。

112.他把土地看作资本来引进资金，实行“开发一块，经营一块，滚动发展”的战略。

113.陈守全把开发新产品当作占领市场的法宝，他制定出了“生产一代、开发一代、研制一代”的开发战略并花费巨资建了一栋气派非凡的科技大楼。

114.实现开发一业、带动一片、致富一方。

115.按照推广一批、投产一批、开发一批和掌握一批的顺序层层推进。

116.我们要实行综合治理、综合开发，做到治理一片、开发一片、巩固一片、见效一片。

117.提高基础设施保障能力，他们把这两部分资金捆起来使用，采用开发一片、建成一片、回收一片的滚动开发模式，逐步实现了边投入、边回收、边开发。

118.综合评价城镇发展潜力，制订近期、中期和远期规划目标，做到开发一片，使用一片，避免造成不必要的浪费。

119.群众开发水田的积极性引导到创“两高一优”农业的轨道上来，做到开发一块，验收一块，成功一块，受益一块。

120.开发区以基础设施建设为重点，以产业区为重点，做到开发一片，建成一片，收益一片。

121.黑龙江农垦项目坚持一水二路三开荒的科学建设程序，取得了开发一亩、成功一亩的显著效益。

122.在兴办建设中，福州市努力做到开发一片，收益一片，避免出现“过热”现象。

123.要坚持量力而行，开发一片，建成一片，收益一片。

124.但是我开发一个，成功一个，把梦都变为现实，不是能让中国人生活得更好些吗?

125.为适应产品结构调整,南棉同时还抓住新产品开发不放,坚持做到开发一代、储备一代、预研一代,每年开发新产品5至7个。

126.厦门高新技术产业开发区采用"规划一片,开发一片;建成一片,收效一片;边基建,边生产;滚动发展,讲究效益"的办法。

127.我们重视提高产品的科技含量,"研制一代,开发一代,投资一代,储备一代",是"奔月"永恒的追求目标。

128.坚持不做投机生意,凭经营水平、按国家产业政策办事,力求开发一个成功一个。

129.为了使企业保持一种产品生机勃发的状态,必须生产一代,开发一代,研制一代,储备一代。

130.星火计划着力启动贫困地区的内在活力,增强其自我发展能力,开发一项,带动一片,致富一方,这是一种有效的扶贫方式。

131.边建设边招商,做到改一块,配套一块,开发一块,收效一块,不搞大而洋,走自己的路。

132.该公司始终坚持综合开发,注重经济效益和社会效益,做到开发一片,受益一片。

133.为此就要不断创新,做到生产一代,开发一代,研制一代。这也许就是他的经营之道,成功之道。

134.把有限的扶贫资金集中使用,成熟一片,开发一片,致富一方。

135.经验之二是集中力量,注重配套,开发一片,建成一片,收效一片。

136.这样的好处是使开发的项目做到了"开发一片、见效一片”,形成了规模,看得见、摸得着,实实在在。

137.但房地产市场晴雨不定,再说城市用地是开发一块就少一块,如果还有其他项目也要以地换钱怎么办?

138.有的项目通过银行资信调查,具有建设能力方可平地,做到开发一片,建成一片,受益一片。

139.开发区本应开发一片,建成一片,收获一片,可现在到处“开发”,遍地是“区”。

140.推出建筑、安装、园林、商贸等18个子公司,多方筹集资金。他们坚持开发一片、收效一片的原则,加快了建设速度。

141.在科技开发上,扬州水箱厂首先坚持三个一,即研制一代、开发一代、生产一代。

142.表示人、事物或动作的单位的词,叫做量词。“去一趟、看一遍、做一次、哭一场”中的“趟、遍、次、场”,叫做动量词。

143.陈光毅一行走一路,看一路,问一路,十分关切农副产品收购问题。

144.总书记看一路,问一路,听一路,想一路。

145.看手测鞋号的功夫越来越深,现在能达到看一个、准一个。

146.在井下,他走一路看一路,问一路记一路。早班出井后,陈相山跟着矿工走进了职工食堂。

147.玻璃橱窗内散摆着许多“样品”,庄浪人看一眼吃一惊,敢情小小的庄浪城里也是藏龙卧虎、人才济济哩。

148.看一个,录一个。

149.因为薄一波也和中共中央其他领导人一样,把文章送去请胡乔木看一下,改一下,已成了“惯例”了。

150.这本《潘虹电影表演艺术》里面汇集了近二十位影评人的

论述，看一篇感动一篇。那天研讨会听他们发言也是的，听一位感动一位。

151.那个老头子看一间点一次头，却不置可否，自己还以为是不满意，看样子这次生意要泡汤。

152.她低低地说："她没有死。我刚才还打过电话，她没有死，她只是看一段书，哭一阵，再看一段书，再哭一阵。"

153.左宗棠有些不大相信，"就这么看一眼、放一枪，就能听得出来？"

154.看着我娘拉着凤霞看一步走一步，那小心的样子让我眼泪都快掉出来了。

155.正弯腰拾掇一架旧犁的曹冷元，听见问声转回头看一眼，咳嗽一声，没回答，又继续整理农具。

156.因为抄来的好家具海了去啦。后来，他就仔细地到古玩堆去掏腾，看一件撇一件，撇一件再看一件……

157.闯王又回头向李强看一眼，挥一下手。

158.就是这样，也是看一眼少一眼，拉一会儿少一会儿了。

159.顾远山这才在门口停下来，朝儿子媳妇看一眼，又哼一声。

160.到靶位前，左右手各拿一把枪，很快打完了十发子弹，报靶员凑着靶看一会，大喊一声："八十一环，脱靶一发。"

161.你书桌上肯定搁着本人家的中文段子集锦，看一行写一行。

162.她看一看表，吐一口痰；吐一口痰，又看一看表。

163.圣人能看一丈远的世事；咱们凡人只能看一步远，看一步走一步吧，像黑娃这号混饨弟子，一步远也看不透。

164.学广东话，开始吃海鲜，但是要看香港拍的《上海滩》，老上海人每看一集骂一集,说这哪是上海滩,说这是他们广州,这是一个乡下的地方。

165.看电影时,为什么每次看的都是不连贯的电影?答案:每次都是看一会儿睡一会儿。

166.莫说不再借给你买"米"的钱,就是你弄来了钱,也会来一笔宰一笔。

167.这种现象可谓"久违了",取而代之的是港台歌星走马灯似的,来一拨火一拨,来多少火多少。

168.朋友们对丁聪的这些作品赞叹不已,出来一个被抢走一个,他好不容易给自己留下仅有的几个了。

169.藏族同胞称医疗队员是"小灶老师",来一个,教一片。

170.一边从窗口向外射击,一边下着死命令,"没枪的拿棍子,进来一个就敲死一个!"

171.20多名军人子弟不论成绩高低全部被接收进两所重点学校,且来一个,接一个,先上课,再报名,后交费。

172.在近处施工,十天半月家里见不着个影儿,回来一次瘦一圈。

173.分头把住货源调查和车辆调配两大关,确保了农用物资来一车,运一车。

174.不管是单位、公司,还是个人订户,来一个,讲一个,介绍一个,订一个。

175.拜寿的人群先在屋外候着,进来一批,退出一批,再进来一批,其场面煞是热闹。

176.老乡一家又哭又叫,我说:"使一使还给你们,不干,出来一个毙一个。"老乡也就吓老实了。

177.那还是我来吧。你出来一次就要扣一次奖金吧?

178.拿到街边一些大哥大维修部去维修时,某些维修部便来一个窃取一个。

179.爬上岸去的人,来不及庆幸自己的好运,就被筹在那里的日本剑士,来一个杀一个。

180.谁也不能抬头。在昏黑的礼堂里面,手拿凶器的打手早已布置好。进来一批打一批,鲜血流满礼堂的地面。

181.孙定邦和李金魁在屋门内两边一把,打算进来一个就撂倒一个。

182.头一个在洞口里边堵着,他打算进来一个就砍一个。

183.上来一个人控诉一段,赵刺猬就让吹鼓手吹打一番。

184.小李第一个爬到破墙后边,然后上来一个拉一个,心里默默地数着,最后拉住一只干枯的手,知道是老孟。

185.我也舍不得像以前那样一买一大摞了,只好跑图书馆去看了。能省一分就是一分,我绝不乱花,我要把每一分钱都用在刀刃上。

186.可以傍个导演,不管这导演是大导演还是小导演,能利用就利用一把,只要能帮上自己的忙就行,如果什么时候找到更高的高枝,也许马上就飞走了。

187.2008北京奥运会我肯定参加,至于以后,就看情况了,能参加几届就几届。

188."安全法令"事出有因。肯尼亚人开车和他们干活儿正相反,一般是车能跑多快就开多快。

189.四星级的瓦桑洲际饭店的大堂经理说,禁烟要有个过程,那能说禁就禁,得让大家慢慢习惯。

190.四人一致认为"能不报就不报,事故这么大报上去煤矿就保不住了"。

191.斯里查潘还给正在起步的亚洲少年选手三个建议:"首先,一定要训练刻苦,能练三个小时就不练两个小时;其次,要多看比赛的电视转播……"

192.他说:"我也没有非常明确的目标,我的打算是能赢多少就赢多少。"

193.可见太子的脑子还是清楚的。俗话说:癞痢头儿子自己的好,能将就也就将就过去了。

194.全国也还有个别的农村人民公社实行公社所有制,群众不愿意拆散,能够保持的就让它保持好啦。

195.现在不行了,主办厂效益不好,能不给就不给了,原来漏的也不漏了,只靠给主办厂干点零活赚钱糊口。

196.尤其是每日三餐,能简就简,在她家的餐桌上,几乎很少看到七碟八碗,举家围桌细细品。

197."多轮驱动,多轨运行,分类指导,放手发展"的方针,只要有效益,能发展什么就发展什么,能搞多快就搞多快。

198.有什么招就使什么招,能行风行风,能行雨行雨,只要能解决自己的问题就是好样的。

199.食堂、招待所、医院、学校、幼儿园等企业办社会的部门能剥离多少就剥离多少,能剥离到什么程度就剥离到什么程度。

200.比如拖布什么的,谁也不象(像)过去那样随便扔了,能省就省,都是自己的。

201.乡镇企业要进一步加快发展,能发展多快就发展多快。

202.我在福利院工作十几年,这些孩子我都熟悉了,也有感情了,能多带几个就多带几个吧。

203.不想干出租了,他开的是"面的",没有别人干的(得)那么苦,心里想着能挣就挣点吧。

204.钱的欲望几近成了“的哥”的第一愿望,“挣”几乎演化为“捞”,能“捞”一把就捞一把,捞着了就捞着了,没捞上活该。

205.我们也不想让他为“海马”牵扯太多的精力,所以“海马”的事能少参加的就尽量让他少参加。

206.“已经是人家国家的人了,怎么能说走就走?”

207.在执行计划批准和发布前,中国绝不持等待的态度,而是积极行动,能做一件工作就做一件。

208.晚上我带上嘉嘉去康妈妈家玩,她拿出月饼给嘉嘉吃,并告诉嘉嘉,能吃多少就吃多少,吃了再拿回点去。

209.对这两个市的政策要放得很开,能发展多快就发展多快。

210.对送来的钱物,能当即退回的就退回,退不回去的就交公。

211.说句真话,老帅们的为人,大多数人心里有数,能放一码(马)就放一码(马),但有些人并非善良,总是居心叵测,大家不得不小心翼翼行事。

212.在工地上吃的能省就省能俭就俭的是林县工匠。

213.总的精神是能放宽的就放宽,能融通的就融通,能支持的就支持。

214.我们的企业,都要有这种奋发向上的精神,只要产品对路,效益好,能搞多快就搞多快。

215.只要效益好,符合政策,能搞多快搞多快,不然就会继续落在后面。

216.长春强调,对于亏损、停产半停产企业的态度,还是要拯救、帮助,能救活一个就救一个。

217.离婚方便,调动却不是小王自己能想怎么办就怎么办的。

218.我从来没怕过死。我只是提醒你,我这个病就是老了,没法治。能安乐死就安乐死,不要抢救,抢救还要浪费人力物力。

219.建立健全各项规章制度,帮助干部克服“政协工作弹性大,压力小,能干多少就多少”的思想,树立为委员服务的观念。

220.但一些单位和个人却并不这样认为,对于应该上交的税能拖就拖,能磨就磨,能偷就偷,能逃就逃。

221.现在,少数咖啡屋、茶室等“宰”客已到了不择手段的地步,能“宰”就“宰”,能敲就敲,顾客到了无法容忍的地步!

222.能发展什么就发展什么,速度能多快就多快,在全方位铺开乡镇企业“主战场”。

223.但凡有新闻发布会之类的活动他都是能躲就躲,实在碍于朋友的面子躲不了的,他勉强应酬后,还是个“躲”。

224.你出来工作,是小平同志建议,毛泽东批准的。你呀,能做多少工作,就做多少,身体不好了就不要像过去那样,不要勉强。

225.沿海地区根据自己的实际条件和实际基础,能够发展得快一点,就搞快一点。

226.省委、省政府对乡镇企业的既定方针政策和总体部署长期不变,还是要能搞什么就搞什么,能快则快。

227.等人劝急了,她也急了:“我能来就来,不能来的时候想来也来不了了。”

228.肖省长坚决地说:能靠就靠,上去仔细看看。

229.刘雅钦从不回避矛盾,听到哪里工人有意见,就主动上门去,能帮助解决问题就马上解决。

230.有些是尽量在参展费上还价,能少出一点就少出一点;有些是干脆不参展,天王老子又怎么样?

231.同时,能做就做,做不了的决不揽“瓷器活”。

232.地方和油田在经济上能联合的就联合，在精神文明建设上要搞好共建。

233.其合法的经营活动（包括传销）谁能说取缔就取缔呢？

234.民营企业的发展不限制比例，不限制速度，不限制门类，不限制规模，能发展多快就发展多快。

235.我们要鼓励农民办公厂、私厂，能办什么就办什么，这是解决中国农村问题包括其他问题的一个突破口。

236.坚持以经济建设为中心，能发展多快就发展多快。

237.在保证效益的前提下，能发展多快就发展多快，努力培植新的经济增长点。

238.要在翻两番问题上为省里挑重担，在效益增加的基础上，能发展多快就发展多快。

239.他说："仙桃的工作，能抢一步就不要只抢半拍，要不断有所发展……"

240.一定要既积极又慎重，既大胆创新又实事求是，能改的就改，不能改的不硬改，该坚持的还要坚持……

241.能少花的就少花。

242.兰拖厂始终注意精打细算、勤俭节约，能不花的，坚持一分不花；能少花的就尽量少花。

243.因此，我们在现有条件下能做到哪一步就做到哪一步，决不含糊。

244.在发展多种经济成分上，只要有利于生产力发展，能发展多快就发展多快，能占多大比重就占多大比重。

245.对咸宁、恩施两地，他的意见是：能种多少就种多少，不必强求面积。

246.市委、市政府重新调整"八五"后三年的主要经济发展指标,提出:有效益的速度,能搞多快就搞多快。

247.放手吸引发达地区的资金、技术、人才,坚持多轮驱动,多轨运行,能搞多快就搞多快。

248.自己是堂堂正正的国家“主人”,一个外来的“资本家”怎么能说开除就开除?

249.在狠抓经济效益的前提下,能多快就多快。

250.于是,融嘉被休市自查,清退客户的投资,能退多少就先退多少,不得再接纳新户。

251.能发展什么就发展什么。

252.坚持因地制宜、能发展什么就发展什么的原则。

253.能发展什么就发展什么,关键要在“能”上下功夫。

254.一定要注意,在与人合作的时候,不要轻易许诺,也不要高许诺,能做什么就说能做什么,要好还要留一点余地。

255.沿海地区能够发展快一点就搞快一点,同时要提倡顾全大局。

256.这些纯正的外国货成了中国消费者想看就看得着、能买就买得到的东西。

257.因为一旦有问题被查出,凭“关系”可以大事化小,小事化了,罚金能少交就少交,今年许多地方加征的罚金征不上来就很说明问题。

258.只要有利于经济发展,能灵活的就灵活、能突破的就突破。

259.把退休职工的事当作“湿面粉”,生怕沾上自己的手,能抛就抛,能推就推,这怎么可能希望他们为退休职工排忧解难呢!

260.于明祥处处替企业打算,能省就省。

261.能活一块就一活一块。

262.她找上了人家的门，脑子里却还是没有“钱”的概念：“你们能给多少就给多少吧！”

263.他们说：“我们拟在明年节目在内容和形式上都有所更新，旧的模式能取消就取消，能更新就更新，否则没有新鲜感和刺激感，中学生不爱看！”

264.那就是在成交之前寸步不让，甚至得寸进尺，能多得就尽量多得。

265.各地可以根据自己的实际情况做出各自的安排，只要具备条件，能发展多快就发展多快。

266.这是一份“国家出台政策同化工行业实际相结合的产物；也是一部能完善到什么程度就完善到什么程度的实施规则，它只是对现代企业制度的初步探索”。

267.我们对根据地周围的民团作了分析，能团结就团结，能使其中立就使其中立，只打击顽固的。

268.在保证效益的前提下，发展速度能多快就多快，不受限制。

269.陈连太说：“我们只有跑，能挖的就挖，挖不来的就借，借不来的就请人业余时间搞咨询、出主意……”

270.在生命的最后时刻，王老也是能节省一点就节省一点。

271.社会的风气转向实干，少说多做，能干到什么程度就干到什么程度。

272.增长8%～9%，有的地区只要有市场，有效益，速度可更快一些，能到多少就到多少。

273.省委、省政府强调，在此基础上，乡镇企业发展速度能有多快就发展多快。

274.对于基层反映的实际问题和迫切需要解决的矛盾，往往是能避开的就避开,不求有功,但求相安无事。

275.飞龙公司的杨立群女士说:“能发展的就发展,不行的就倒闭,物竞天择,适者生存……”

276.业务部门表面上代表政府行使权力,实际上却从部门利益出发,对企业能卡就卡,能宰就宰。

277.现在的顺德市各个机关都有办事制度,但每项制度能简化则简化,能公开的就公开。

278.经济发展一定要从客观实际出发,有条件的能搞多快就搞多快,暂时没有条件加快发展的不要勉强。

279.能干什么,就发展什么;不能干什么,不盲目追求什么。

280.在当前,要紧紧抓住有利时机,加快发展,有条件能搞快一些的就快一些。

281.对主要农副产品实行产业化、规模经营,在稳定粮油面积的前提下,能发展多少就发展多少。

282.无论是在驻区还是在外地,利团长坐小车见到本团官兵,总要停下来,能捎就捎能让就让。

283.只要有个初步的计划,能做多少就先做多少。

284.不管是公费报销,还是私人掏腰包,都应该本着节约的原则,能吃多少就点多少,不要动辄就是七个盘子八个碗。

285.同时金矿原有的设备、厂房、场地以至办公楼、俱乐部,能利用的就充分利用,实在用不上的变卖出售。

286.同志们劝他休息,他却说:“我们都是共产党员,肩负着革命的重任,能坚持走一百步,就不该走九十九步!”

287.本部门或单位出现的问题,不管是自己掌握的还是群众反映出来的,能遮就遮,能推则推,能拖就拖。

288.与此相反的另一种心态是:胸无大志,无所追求,随波逐流，抱着能挣钱就挣，实在不行还回农村过日子的态度，并不敢奢求最终能脱离农村到城市生活。

289.“能压多少就压多少。”

290.路远了些不算什么，苦一苦自己，能省一分就省一分吧！

291.能“下海”的就“下海”，能“上山”的就“上山”。

292.他们在工程建设中精打细算，能省就省，使工程造价降低了 1/10 多。

293.他却劝妻子：“咱们不能给团里添麻烦，能多用一天就多用一天吧！”

294.囊中羞涩，生活的需求能省的就省了，然而对影片的艺术追求，他们却不愿有些许省略。

295.他往家挂了个电话，告诉妻子：“你保重吧，能走就走，我顾不上你们了！”妻子说：“往哪走，四面都是水……”

296.比赛中，古巴队和巴西队都打得很认真，能赢的球一定赢下来，甚至能大胜的就大胜，始终保持着亢奋状态。

297.我们扛不动人家，人家也不会背我们，关键是要顺势而行，能坐轿子就坐轿子，能帮腔就帮腔，能拿来就拿来，只要能发展自己，就八仙过海，各显神通。

298.在确保工程质量的前提下，进一步加快建设进度，能修多快就修多快，力争早日建成通车。

299.对此，高泽有他的看法：“有人说，市场经济只向钱看，能赚就赚……”

300.两角钱也是钱呀，办企业，做生意是靠一分钱一分钱积累起来的呀，能省就得省。

301.原则就是不求表面豪华，只求经济实用，在保证安全运行的情况下，能节省的地方就节省。

302.如今企业破产,职工短期内难于重新就业。因此,地方政府总是希望能不破产就不破产,“别捅这个马蜂窝!”

303.再者说,就是真的没治了,也不能整天呆在家里等死啊。能干点事儿就干点事。

304.“轻骑”是全体轻骑将士用几十年汗水浇铸而成,怎能说变就变!为了适应这一新的形势,他们给轻骑系列产品取了一些别名……

305.收养孤儿后,经济上更加拮据。过去他一个人,生活上能凑合就凑合,可他不能让孩子们受委屈。

306.不看产业看市场,农、工、商、运、建、服多种产业一齐上,能发展什么就发展什么,什么有市场就上什么;在发展速度上,不看产值看效益,只要效益好,有市场,能发展多快就发展多快。

307.问题是,一些企业要贷款时争先恐后,到还贷款时却是能拖就拖,有的不仅不还本金,连利息都不肯支付。

308.上面有人劝说对该人要慎重,“能不捕就不捕”,该人也到处找熟人,寻关系。

309.但由于受灾荒影响,公司原料储备不足,产量下降,可公司决定能生产多少就生产多少,不搞替代原料,弄虚作假。

310.站里8个人,全是国家包了工资,为农民服务,有些钱能不赚就不赚了。这不,我们去年有几千元的积累,就都用到农技推广上了。

311.缴纳个人所得税的心态比较复杂,其中相当多的人从个人利益出发,能偷就偷,能漏则漏。在这种情况下,自觉纳税的人反而怕不纳税的人议论。

312.因为一些流出地政府部门借机高收费,农民不堪重负,大都能躲就躲,能拖则拖。

313.能使的劲都使了,该想的辙都想了,可结果还是有不少农民打定主意,能不种棉花就不种棉花。

314.特别是平民百姓,很珍惜自己辛苦挣来的血汗钱,即使有进美发厅的经济实力也不进,能省就省点儿,以应付一些紧急情况或搞点儿投资啥的。

315.有的搞种植,有的搞养殖,有的搞加工,想干啥就干啥,能干啥就干啥,政府不搞行政命令,干部只当参谋……

316.反正市场经济了,商品多得叫你眼花缭乱。得赚就赚,能唬就唬,一脑子拜金主义,"假冒伪劣"精光溜滑地摆上柜台……

317.当然,这次来比赛不是纯粹为了练兵。要了解对手,结合自己,能赢就赢,打比赛总要争取胜利。

318.拉粮途中赶上吃饭,给司机炒两个好菜,工会干部都不陪着吃,能省就省。

319.企业组织形式和制度不拘一格,根据生产力发展需要能兼并就兼并,能股份制就股份制……

320.抓住影响企业发展的紧迫问题,能改什么就改什么,能干什么就干什么,用多种形式来搞活企业……

321.班组能自己动手制做(作)的工具材料,他就不从厂里领;能修补的,他就修补。

322."可以说是我生命的重要部分。我能写就写一点,我希望能握着笔咽气。"

323.在这些人看来,滞后一天,多一分"保险",按期赔付"吃亏"。因此,能拖就拖,能躲就躲。人们不禁产生疑问,保险公司到底为谁保险?

324.帐(账)户上有节余,归自己使用,还可以继承。大家能节省就节省点,个人帐(账)户上的用不完,至少不用动用自己的工资看病。

325.所到之处,我们时时能感觉到这种紧迫感。节约每一寸耕地,能少占就少占,能不占就不占……

326.有的职能部门的工作人员缺乏责任心和敬业精神,逢事能推就推,能拖就拖。

327.但这应该是在尊重客观规律的基础上,能搞多快就搞多快。

328.我也没想当什么,能干就干,不能干我回家种地。

329.被动到什么程度呢?相同水平的飞机苏联以美国四分之一价格出售,能卖掉就卖掉。这是斯大林畸型(形)发展重工业的结果。

330.他反而批评说:“工作不是由个人来安排的,还是回家去好好劳动,能干什么就干什么!”

331.会上,万里动了感情:“要全力抗旱,能多收一斤,就多收一斤,能多收一两就多收一两。”

332.有的钱是省不得的,但有的钱能省就得省。

333.清华一把扯住她,冷笑说:“这桌饭是为你请,怎么能说走就走不给人面子?”

334.世界是可爱的,能多看就多看几年,“身后名”这个魔鬼嘛,拜拜!

335.她不希望女儿在眼泪中生活。她每天都要求小陈昕站着练琴,能站多久就站多久。

336.女儿穿得“退了役”的运动服,她再捡起来穿,嘴里还念叨:“衣服能穿就穿,让它发挥作用嘛。扔了怪可惜的。”

337.袁姨诚恳地对他说:“燕子已经上了中学,你要是能给她办回去就办回去吧!”

338.中间他还抽空到养殖场去了两次，要洪塔山挖挖潜力，能多缴多少就一定要缴多少，要打埋伏也得等到熬过这几个月再考虑。

339.你我都知道她是一个好妻子好母亲，我的两个女儿，你能照顾就帮我照顾照顾。

340."三弟，我也不知道事情该不该管，你能管就管一下，人家心里硬是有怨气呵！"

341."你愿意吃冷馒头就吃吧，不关我的事，"白厨子说，"能吃多少就吃多少，厨子吃饭不看主人脸色，这也是规矩。"

342."别这么性急，你坐下来慢慢吃，不是告诉过你吗，能吃多少就吃多少，这是规矩。"

343.我一把扯住他："没关系没关系！再坐会儿，怎么能说走就走呢！"他看了一眼我铺排在桌上的稿纸，执意要走。

344."要写多大的字呀？"他笑咪咪（眯眯）地逗她。"你能写多大就写多大。"她不知天高地厚地说。"好！拿纸来。"

345.不过，他觉得没有比这更划算的了，能减少一次事故的发生就减少一次吧！人老了，就这能耐了。

346.她说，他很需要饲管，过去用的日本出产的那一种很好用，你能买到就买一些。一个月后，我带回来一大包。

347.请他自己也多保重，健康比钱还重要，能休息就别工作了……

348."要说送人，我看这钱包质量也不错，能凑合，就凑合着用吧，别自找麻烦了。"

349.所长看了我的身份证，又看了发票，还看了我从青岛到北京的车票。尔后建议我能凑合就凑合，不行再来找他们，他们可以帮忙退货。

350.但过惯了简朴日子的国人,却十分安分守己,让吃干就吃干,能吃稀就吃稀,似乎谁也不会有啥怨言。

351.如每个生产环节都注意节约,注重消化涨价因素,能不涨的不涨价,能少涨的少涨点,就有利于稳定物价,使群众在增加收入的同时,生活水平有较大的提高。

352.当一些单位靠能蒙就蒙能骗就骗来赚钱的时候,他们却对用户实行全方位服务。

353.所以就不好意思再去顺子家了,就是平时碰到小玉了,也是能躲就躲得远远的。

354.我是个鲁迅先生作品的崇拜者,凡是他的著作,能买到的我就买,买不到的我就借。

355.唯恐给他们个人权力带来威胁,因此“他们,能拖就拖,能不干就不干,新事物一概摈弃……”。

356.野草和野人是自由的,这自由意志的最高表现是“能忍受多少就忍受多少,能死就死”。

357.他们只能不断从社会中逃跑和失踪,否则他们将无法保持能生就生、能死就死的意志自由,否则他们将欲生不能,欲死不得,他们将半死不活。

358.出个刊物不易,对于刊物的缺失,许多读者能谅解就谅解了。现在可不大一样,往往可收到一些学理上的不同意见。

359.就像商人常说的,一件东西能卖到多少就值多少,因此任何心智追求的价值与实在性都是由其追求者的热情度决定的。

360.就只有这么一间了,能多疼它一点就多疼它一点吧,溺爱也不再算是过分了。

361.尽管明天又得向“鬼子”俯首帖耳说一百遍“哈伊”(是),今天能放肆就放肆个够。

362.说真的,这种处罚真开心。就只有我和她俩人在一起。我能写多慢就写多慢。

363.当面临一项既十分艰苦又必须完成的任务时,很多人都趋于能拖一天就拖一天。

364.标定一个绝对长度,纳一双蹬倒山大头鞋,走它只要活着就走、能走多久就走多久的旅程。

365.我们的领导说——这还用请求?也批准你提前探家。我想,这一路上,能节省几元钱,就节省几元钱吧!

366.把它们盖住,然后按顺序把它们写出来。你能记起多少就写多少。

367.把它们盖住,然后根据你的记忆把它们写出来。你能记下多少就写多少。

368.两分钟阅读下列词汇,然后把它们盖住,再按顺序把它们写出来。你能记起多少就写多少。

369.把它们盖住,然后根据你的记忆,按各组的顺序把它们写出来。你能记下多少就写多少。

370.来,这九千五百两拿去,我要最好的酒,能买多少就买多少。

371."我第二种副业就是偷,有机会就偷。见钱就偷,六亲不认,能偷多少就偷多少,偷光为止。"

372."你也别太累了,"灵珊说,"在那边沙发上靠一靠,能睡,就睡一会儿吧!"

373.能过就过,不能过也要过,冰清玉洁的女子,就该有一颗冰清玉洁的心。

374.一面沙哑的吼著(着):"给我去找!发动所有的工人,家丁,店员……能发动多少人,就发动多少人,发动不了,就去给我雇人,多少钱我都不在乎!"

375.但是,你怎能控制自己的情绪,你怎能说爱就爱,说不爱就不爱?

376.成天叫她表叔表婶使唤来使唤去,挨打挨骂的。平常我看不过去,能帮著(着)就帮著(着)点儿,现在我一走,谁还来帮她?

377."你发发善心,救救我们家太太吧!请你暂时不要提走字,能住多久,就住多久……能安慰她一天,就安慰她一天吧……我求求你,求求你……"

378.他这两年的境况不比从前,能省就省了。

379.养蚕做丝的人家,都只凭胡某人一句许,他们的丝,说能卖就卖;说不能卖,谁也不敢卖。

380.既然你一时半会儿走不了,还不如就在云南各处走走,能干些事情就干些事情,这比你回北京闲着和发牢骚更舒心。

381.爱社笑笑,笑得十分自信,爱社说,能是他想来就来,他不想来就不来,能由他的意?

382.有了食堂确实省事,饿了只要排个队就有吃有喝了。那饭菜敞开吃,能吃多少就吃多少,天天都有肉吃。

383."凤霞死了也有些日子了,能忘就忘掉她吧。"

384.还是那么跷着两条腿,不紧不慢地笑着说:"可不是吗!当学生穷,能省就得省。'千金散去还复来',是说那有千金的人的哲学……"

385."宋政委,放心吧!春梅哭是要哭的,可是流出的泪我能擦干,很快就擦干!"

386."能逮就逮,不能逮就敲!"

387.管他什么事呢!能办就办,不能办再商量。

388.不论是鬼子还是警备队，只要提出个事来，他能抗就抗，能赖就赖。

389.“咱不光不给鬼子干事，能作(做)点抗日工作就得作(做)点抗日工作。”

390.咱是一遭生，两遭熟，认识了就是朋友，只要用到我，尽管说话，我能办就尽量办；在抗日工作上我哪点作(做)得不好，也请多指教。

391.你们都拿着家伙，能打就打，不能打拔腿就走，什么也不怕；轮到我就是个不得了的大事。

392.所以，能不这样干，就不这样干。

393.每次随夜袭队出去，他常嘱咐自己：“能过去就过去，苦害了别人，自己的下场也不会甜。”

394.再说，咱们都是中国人，能给抗日工作搭把手，就搭上把手。

395.脸不好看，人也瘦了，明摆是给折腾的。还有几个打过我的，见我面能躲就躲，心虚啊，好家伙！

396.我一来胆小，怕事；二来，我说了，出身不给劲，先渗着，能不干就别干。一动不如一静。

397.大伯啊，咱可是一家人哪！用不着说别的，咱们应该聪明点——能逃就逃，能走就走，你甭管我，我有办法对付他们。

398.除此以外，他们还有特殊条件，他们是骑兵和车子队，发现情况，能打就打，不能打就走，手一使劲儿腿上一加油儿，“哗啦……”

399.老西家娘儿们不是东西，以为应付土匪像应付他家妯娌呢，能占些便宜就占些便宜……

400.丁元善赶紧接着说：“我们派人把他抬得来！跟一个医生

去！能不死就不让他死掉！"

401."能走就让他走了吧！"

402.能多睡一分钟,就让他多睡一分钟吧！天大亮,太阳出来再走不好吗?

403."你打吧！能打几架就打几架！"

404.罗光的话:"能打几架就打几架！"

405.政治部两个警卫连也拿过去！打敌人的屁股！牵制敌人的正面攻击,能多拖几个钟头就行了！

406.我并不计较委员和执行委员,倒是从我们棉纺公会着想,能多一些人工作,就多一分力量啊。

407.我们能停伙多久就停伙多久！

408.我看,能开几部车就开几部车,身体好的工人可以放长木棍……

409.不开玩笑,数目倒不一定多,看你叔叔的面上,能帮助多少就帮助多少。

410.你看着办吧,能抽多少就抽多少。

411.咱们宁为玉碎,不为瓦全。能突围就突围,万一出不去,跟他们拼到底吧。纵然战死,浩气长存……

412.高夫人匆匆地吩咐说:"你回去告诉你们贺将爷,要他能守多久就守多久,尽力多守一阵！"

413.可是不管怎么说,这是一着险棋,能不走就不走。

414.虽说剿匪必得杀人,可是能少杀就少杀,赶他们滚开就行。

415.若今晚官军不来,明早必然大股来犯,说不定郑崇俭会亲自督战。你能守就守,不能守就赶快退到第二个关口。

416.我看,你回老营后同大家商量商量,能够不杀就不杀。

417.今都学能了，抱着一个宗旨：多一事不如少一事，当天和尚撞天钟，能够保一天禄位就保一天。

418.“上面没有吩咐好，所以大家能够躲懒就躲懒了，”苏福抱歉地含笑答道。

419.傅贵大骂不已，金老板轻声劝道：“傅老板，我们做生意的，能忍就忍啦。”

420.几乎天天熬夜巡夜查案办案，能多睡会儿就让他多睡会儿。

421.苏厅长，我以前给你说过的，我老了，无所谓了，能做点就多做点，能多负担点就多负担点。

422.我们就必须火速行动，越快越好，越快越有力，能多快就多快，一分钟也不能耽搁。

423.姚戬利你能拉一把就拉一把吧，即使是判了死缓，也别让他死。

424.舅妈笑道：“老房子住惯了，再说大姐，你也知道方源，他是能省事就省事，这边我叫他好好装修一下他都不肯，你们也只好将就了。”

425.他们的指导原则是：“能拿的就拿！”

426.干部战士以班为单位，互相拉扯扶架着。冰块能躲就躲，躲不开就用刺刀挑，用枪托砸。炮弹不时在江中爆炸，溅起水柱，落下殷红。

427.一天家务处理完，两个眼皮早在打架，于是这一切过程都省略了。能早睡就早睡，第二天清早还要起床排队买豆腐。

428.老婆马上又改变了最初的决定，决定马上去买“爱国菜”，而且单位能报销多少，就买多少。

429.玩什么？我问自己，当然是能玩什么就玩什么。

430.最后他含泪摆了摆手:"能逃就逃吧！我对不起兄弟……"

431.想想你们自己在干什么事吧！为了阻挡历史的车轮,你们的手能伸多长就伸多长。

432.能赚人就赚人,能赚钱就赚钱,有赚就好！

433.田平说:"这年月能捞就捞。大官大捞小民小捞,谁也不用讲客气。"

434.大钱的手瘦骨嶙峋,柔弱无力。肖济东在大钱耳边说了一句:"能坚持多久就坚持多久。"然后便向小吴告辞而去。

435.打游击就是打游击,能打就打嘛！

436."能打就打,不能打就回来,可不要逞强。"

437.能拖就拖,或者多要少给。

438.我们只有走,走,走！要是碰到敌人,能消灭就消灭他;要消灭不了他,拔起腿就走。

439.能躲在省城的就躲在省城,省城没地方藏身的就往四乡避一避。

440.真的,我不相信这个死讯。一个可以发那么大脾气的人,怎么能说死就死了呢?

441.我听说厂里的领导们已经决定一有适当的机会就把我送出去,能送我劳改就劳改,能送我劳教就劳教,总之要叫我再也回不来。

442.必定会拍拍我的脑袋说:好啦,你能做到什么样就做到什么样罢,不要勉强了。

443.哥哥劝你一句.千万别随便离婚,能糊弄就糊弄。当着人面你没见我哭过吧?背地里,被窝里都哭潮了。

444."耐不得寂寞,凡事能省便就省便,你是个快餐式的老粗,练气功也只能是多活几年。"

445.“怎么会呢？他才来半年，院里可是给他付了两万四千快钱，怎么能说走就走？除非他把钱还清。”

446.他的五官很正，眼珠与脑门都发着光，可是严严地闭着嘴，决定能不开口就不开口。母亲不知如何是好，连天气专题也忘了。

447.他一向是走路不愿踩死个蚂蚁，说话不得罪一条野狗的人。对于兄长，他总是能原谅就原谅，不敢招他生气。

448.三个虎能躲就躲，躲不了就嬉皮笑脸装糊涂耍无赖。

449.他高明楼挡不住社会的潮流。但他想，能拖就拖吧，实在不行了再说，最起码今年是分不成了！

450.今年能出嫁就出嫁，最迟不能拖过明年。

451.人的欲望无法由他人去给予满足，只能靠他自己去上刀山，下火海，能满足多少就满足多少，失败与成功全靠他自己，别人无法包办代替……

452.桦林霸说：“我知道你是个好人，你的事，我能办的就办，这阵我大媳妇，明铺暗盖都由你。”

453.周末没事就去，去了坐坐就走，能不吃饭就不吃饭，能不住就不住，能过一天算一天。……直至有一天，顾家发生了一个意外。

454.我这一辈子守寡，得了贞节牌坊，将来你们老的时候也难免会守寡。如果守寡的时候，能守就守，不能守的时候改嫁也可以。大家一听，都愣住了。

455.控制我们的人，有的是很容易跟他们讲通的，有的是不容易讲通的。能讲通的就讲通，不能讲通的我们要磨合，最后要讲通为止。

456.所以不能给柏女士她们压力太大，压力是另外一回事，就是说它能收回多少,就收回多少,这是国际上通行的要求。

457.第四个法宝就是它的再生能力,如果章鱼碰到劲敌,当然它能逃它就逃跑,如果逃跑不了,没有退路了,怎么办?

458.同时和皇族夺权牵连的官员,我一律予以赦免,能赦免就赦免。

459.接受礼品恐怕有以下三个点需要注意,第一个点就是要落落大方,能接受你就接受了,别装洋蒜……

460.说实话,皇上用您,今儿您能来就来,明儿您请假,您也不用请假,您就不来就得了……

461.刺探军情,讲究的是胆大心细,能探点什么就探点什么,什么也探不到也不能算是失职。

462.不管到底真的听说过没有,只要对方一报姓名,赶紧上去套近乎,能多肉麻就多肉麻,能多恶心就多恶心……

463.因为乘法就是把相等的东西加在一起,而除法则是将一个东西能减多少回就减多少回。

464.这种罚和苦由于罪人连续不断而持续下去,这种人通过生育能延续多久就有多久,那便是永远不断。

465.由于管理人员能买到什么解决方案就用什么,最终结果是各种各样不兼容系统的泛滥。

466.这是令人满意的,在我们能购买的时候,我们一定要从美国能买多少就买多少。

467.但是,如果他积蓄了资本,并从资本中获得货币收入,他却能需要什么就购买什么。

468.“那你一定得把它们抛售出去,能得多少就得多少。”

469.那该怎么办呢?我便拿干草来搓绳,能控多长就搓多长。我把它系在弦月的弯角上,自己则缘着绳索往下坠去。

470.他们掉脸离开村子走了，而且在粗糙不平的路上尽量能跑多快就跑多快。

471.像附近一带别的农人一样，他们说，“马儿把自己吃光了”——它们能生产多少，就吃掉多少。

472.“大人，您真要救救我才好，”他说，“我根本没有马儿赶集了，您能借多少，就借多少吧。”

473.能做什么就做什么。

474.(冲口而出)为什么不呢！我一个人闯出来，不靠亲戚，不靠朋友，能活就活，不能活就算。到了现在，我不是好好活着……

475.“能干的就干！”

476.可是，他还是不敢去动它们。他必须能多剩一个就去多剩一个，非这样不能早早买上自己的车。

477.祥子遇见过的主人也不算少了，十个倒有九个是能晚给一天工钱，就晚给一天，表示出顶好是白用人……

478.这不是拉车，是混；头上见了汗，他还不肯脱长衣裳，能凑合就凑合。

479.他的例子是：“学生们快把书店挤满了。你买一本字典，他买一本小说……”

480.班费、点心费、高温费，副厂长不批找厂长，厂长不批找书记，结果你批一点他批一点，每年光这些花销就不下20万元。

481.市委书记吕文涛说：“企业家是市委、市政府的掌上明珠，不能今天你告他一状，明天你整他一顿……”

482.到学校里组织学生搞突击式的拼凑翻译，让教师带着学生，你译一段他译一节，拼凑成册。

483.贪热闹的工人们自动汇拢来，你唱一段他说一段，大家一乐，齐了。快吃晚饭了，回家，下个星期天，再来。

484.无非是腰间系一根宽皮带,穿一套绿军装,手握拳头,把脚一蹬,你吼一句我吼一句而已。

485.婚姻就如同你与兄弟或姐妹和睦相处一样。你献出一份爱,他献出一份爱,我就总是把爱奉献给你们的母亲。

486.那声音一段一段的,飘来飘去,听上去像是在说话,你问一句,他答一声,声音凄凉得都不像是活人发出来的。

487.不具体也没啥关系,材料组他们可以根据大家的检举材料综合整理,你提一点,他提一点,汇拢起来,就多了,也具体了,可以发现问题看出问题……

488.接着你叫一声,他喊一声,只听见轰轰的巨响,大家的声音混在一块……

489.家里又增添了红灯牌立体声收录机。刚买来时很高兴,你讲一段话,他唱一段戏,你学个猫叫,她念一段报纸,录下来然后放出音来……

490.你知道他几时回来?你不去等他,他还会等你吗?他东一天,西一天,错过了机会你就寻不着。

491.根据你的基因特性,来决定你用什么药,他用什么药,你一天用三片,他一天用两片,这样就可以针对人的个性来给予治疗。

492.还得他们一起商量这书咱们怎么写,然后还得分工,比如说你写第一稿,我写第二稿,或者你写这一部分,你写那一部分,或者咱们说得难听点,有一个人身体不好,或者岁数比较大了,他很快就要死了,他嘱咐另一个人,说我没有弄完的,你接着弄,你应该怎么怎么弄,俩人商量。

493.我讲过一次,蔡振华有些东西是跟你学的,拿了奖金往桌子上一摊,你一份他一份我一份,大家平均分……威信自然就树立起来了。

494.那我们的国有企业就没有一个统一的章程可循,你一套,他一套地为职工办好事,企业就可能乱成一锅粥。

495.10 个男子汉就这样,你一铲,他一锹,5 车煤他们整整装了 7 个多小时。

496.鞍山市劳动教养院 700 多名劳教人员你一元,他一元,自发从生活费中捐出 1630 元献给白雪洁……

497.晚饭后,大伙陆续来到贾大状的房间里,你一言他一语地说起这次入藏后的一系列故障来了。

498.战士们你一言他一语,苦口婆心相劝,讲法律知识,讲处事的常识……

499.围绕着"'老新闻'遇上了新问题"这个话题,大家你一言,他一语,至少摆出了自身的三个"准备不足"……

500.我们一同来了 10 多位同志,如果都能参加主席接见,大家都谈,你一句,他一句,这样谈就全面些……

501.我和妻子忙用棉被将他们围着,让他们坐在床上,端着碗喂他们。你一口,他一口。儿子吃得很欢,晃着圆圆的大脑袋;

502.这句话像晴天霹雳,人们你一言,他一语地骂起来:"场站真混蛋,怎么让他们上我们的飞机!"

503."杜立特尔小姐"尚未光临,众人在息金斯老太太家中闲扯。你一言他一语,却触怒了息金斯。他唏哩哗啦地"撕"了一番。

504.孩子们你一言,他一语,大妈、大婶、大嫂、奶奶……地叫成一团。

505.人们围绕破坏敌人的征麦计划,你一言他一语地讨论起来。

506.许多人预感到一番妙言妙语要从他的肚子里翻倒出来,都在出神地等候着,你一句他一句地吵嚷着:"唱一段西皮还是二黄?"

507.他们喜欢若狂地滑着,唱着,说着,笑着,你一句,他一句,凑出几句美丽的小调……

508.把他弄到群众大会上,一上会就好办了,到时候你一句他一句,光唾沫星子就能把他淹了!

509.同志们那个乐呀,你一句他一句,说到战斗中各种有意思的事情,最后还说到倒楣(霉)的敌人。

510.你一言,他一语,纷纷议论。

511.随后,你一言,他一语,这个还没说完,另一个又接上去,有的高嚷,有的附和……

512.大家你一言他一语地乱吵,吵来吵去,最后决定了白天儿童们放哨……

513.马上你一言,他一语,又问又说,那种亲爱样子,真是同胞兄弟一般。

514.拨上民夫给他们自己锄地;浮收粮,私派款,强迫民兵捆人……你一宗他一宗,从晌午说到太阳落,一共说了五六十款。

515."难道我们坐着等死不成!"就这样你一句我一句,吵到最后我伏在床上大哭,他却沉沉地睡去了。

516.即兴的歌有对新屋的赞扬,对主人的祝贺。二人在堂屋里,你一节,我一段,慢慢地行走,悠扬地唱歌。然后从梁上抛糯米粑粑。

517.不一会,大伙就从村干部扯到了乡干部,你一句我一句,话音儿不落地似炸开了锅。

518.这时,台上的歌手换成了一男一女,他们你一言我一语地唱着，音调时而婉转、时而激越。

519.村民你一言我一语，气氛十分活跃。

520.一尊尊形态各异、憨态可掬的布老虎受到游客青睐，你一言，我一语，评论过后纷纷购买。

521.窗外，暮色渐浓。温家宝和史林珍一家拉着家常，你一言我一语，房间里情意浓浓。

522.望着不远处正在劳作的回族和汉族村民，蒙仲玉说："你看他们你一锹我一铲的默契合作，不正是回汉两个民族和睦相处的写照吗？"

523.大家你一言我一语地讲述着生活中的新变化，农家小院里欢声笑语不断。

524.大家你一言，我一语，根本不把隋兵进攻当作一回事……

525.朝王仙芝劈头盖脑地打了过去，打得王仙芝满脸是血。旁边起义将士也你一言，我一语骂王仙芝。

526.尤其是在西方议会制国家的议会的听(证)会上，各位议员你一言我一语，多种声音在议会大厦上空回响。

527.大海与我们，我们与黑松，在这无垠世界的海边相聚着，你一瓶，我一瓶，舒畅了我们的四肢，在快乐的日子享受新时代的欢乐。

528.高岗也找陈云同志谈判，他说：搞几个副主席，你一个，我一个。

529.他们俩你一句我一句地吵起来。

530.但是要办的事太多了，你认识应该办的事他认为应该办的事很多，你一点，我一点，加起来就不得了。

531.大家你一言我一语，话题渐渐转到如何做一些公益事业上……

532.饭后,大家午睡了,我们扒在板铺上,你一句,我一句,开始了创作。

533.两位老板你一言我一句地给3个女人上着培训课。

534.洞庭湖畔的湖南安乡县高中毕业的他,当初是挑着行李,怀揣乡亲们你一角、我一角凑足的路费,沿着乡间的土路走进复旦大学的。

535.大家于是你一言我一语地议论起来,仍然感觉似懂非懂。

536.学生们开始你一言我一语的(地)问起由他们捐助的孩子们的生活状况来。

537.到会者你一言我一语,18个人中有17个主张采取进攻战术……

538.如同蚂蚁搬食,你一叠、我一捧,人们纷纷往自己家里搬。

539.在灰黑的天幕下,我们脸朝着波光粼粼的珠江,相拥而坐,女孩子你一言、我一语地讲述她们的故事。

540.共和国的大厦不是自己长起来的,它需要众人你一砖、我一瓦地建设,需要亿万人的爱心的努力……

541.她想在后面尾随,兴许还能跟得上,但俄荷两将岂能容你喘息,你一把、我一把,推着郭杏红的后背也得让你到前边去挡挡风。

542.每次由叶江川教练先讲,然后你一言我一语补充。

543.康泠、黄梦玲、资华筠等女委员正你一言我一语地谈论机构改革。

544.说到这,他们你一言我一语地给我讲了今年3月初发生的一件事。

545.妙在你一言我一语,弄得浮想联翩,思路大开。

546.蒙古语电视节目结束了,牧民们都围过来你一言我一语地说：蒙古语电视节目如何给了他们科学知识与致富门路……

547.日本孩子你一口，我一口，让来让去，这最后的一口该给谁呢？

548.同学们围着英雄，你一言，我一语……

549.你一言，我一语；掌声一阵接着一阵。

550.乡亲们你一言，我一语，向陈学平讲述了这几年村里的种种“怪事”。

551.会上，你一言我一语，开得很活跃。

552.到了中午，他们哥俩合买一碗3角钱的汤就着饼子吃，还你一口我一口的（地）谦让着。

553.支部大会上，丁晓光还想辩解什么，可党员们你一言我一语地开火了：“我们连投弹平均是55米，你这个成绩过不了……”

554.于是，孩子们你一块我一块，开心地吃着笑着说着，已无刚来时的拘束。

555.饭桌上大家的兴致很高，你一言我一语地讲起比扎饼的“家史”。

556.之后，双方都有上佳表现，你一局我一局战成5∶5。

557.围绕星级宾馆饭店如何依法履行国防义务、做好征兵工作的话题，你一言，我一语，议论热烈。

558.周围聚精会神观看的工人们顿时你一言、我一语地询问起技术难点来。

559.主席又问：“延安现在怎么样？”我说延安有不小变化。大家你一言我一语地介绍着延安的情况。

560.“这回不仅要听大伙儿的意见，还要找专家论证论证。”社员代表们你一言我一语，既肯定成绩，又提出意见、建议，好不热闹。

561.老艺术家们闻听“打假”,顿生话题,你一言我一语地聊了起来。

562.人们你一言,我一语,已是下午三时。

563.面容憔悴的常委们正倾听书记、市长的意见。大家你一言,我一语,常委们经过调查后的想法像竹筒倒豆子一样倾泻出来。

564.日前在河北医学院第二医院疼痛诊室,医务人员和病人及其家属你一言,我一语,热烈议论着孔繁森的事迹。

565.他们在记者面前你一言我一语地发表自己的看法:“当年,帝国主义在中国的土地上飞扬跋扈……”

566.我们便把这位“不孝之子”围在中间,你一言,我一语,晓之以理,动之以情,劝他要敢于为艺术而献身。

567.被炸药炸得血肉模糊的手掌,还为五个难产孕妇接生……热心的群众你一言我一语地补充说,这里每日病人不断,邻近三县都有人来。

568.在港务局大港公司的一次座谈会上,工人们争先恐后,你一言我一语地讲述了一个感人的故事……

569.他找陈云同志谈判,说要搞副主席就多搞几个,你一个,我一个。遭到陈云同志的严辞(词)拒绝。

570.好家伙,两个小伙子将老张一拉我一扯,竟把他扣好的上衣扣子给弄掉了两颗。

571.散场之后,还久久地聚在一起,你一言,我一语,复述着电影里的情节,模仿着英雄的动作。

572.从马克思主义哲学、社会主义制度优越性,到“菜篮子”建设、物价改革,你一言,我一语,把一些似懂非懂的问题,讨论明白。

573.学生从“特特乐科幻探险宫”里出来，脸上洋溢着意犹未尽的神情，你一言我一语地感叹道：“太惊险了！”“真够刺激的！”

574.穿过那片水杉林，我们你一言我一语地说着江西的历史……

575.会散了，人们仍围在戏台上，你一言我一语，热烈地议论着。

576.时间长了，我也学会了这一招，经常是两人你一口我一口地合吃一个苹果、一个鸡蛋，甚至一个水饺。

577.来自17个省、市、自治区的数百种四时花卉吸引着如潮的人流。人们你一盆、我一束，争相把这冬日里的春色带回家。

578.那天下午下工后，大家聚在一起，你一句我一句地讲着自己听到的内容，十分热闹。

579.刘志祥要大家为帮助胡忠友一家脱贫致富理思路、想办法。在场的人你一言我一语，提出很多脱贫方法。

580.辞旧迎新之际，也是展望未来之时。大家你一言我一语议论着……

581.我们俩你一句、我一句争了起来，我很生气。

582.剧本拿到全团会议上讨论，并请艺术室主任陶雄参加。大家你一言我一语肯定了这个本子，当场便派定了角色……

583.大家你一言我一语地哄起来。

584.没有凳子，大家站在桌子周围，用一个大碗盛着酒，你一口我一口地轮流喝着。

585.又请公木执笔，有我、王大化、高阳、田方、雷加、严文井等人，你一句，我一句，续写了三段新词。

586.接着，常永昌就邀请了另外六七个长工，你一言我一语，改改唱唱，最后由常永昌配曲……

587.你一言我一语,时常为我的稿子吵吵嚷嚷。

588.这天早上,叶洪海起床不久,还没有整理洗漱完毕,大家正你一言我一语地议论着今天会有什么活动。

589.老庞当仁不让,听大伙你一言我一语,足足记了半本子。

590.大家都是演过戏的人,对此很有兴趣,于是就你一句我一句地凑起一个独幕剧的轮廓。

591.黄宗英说完后,大家你一言我一语地向周恩来反映会上的情况和艺术家们的呼声。

592.时间已过许久,你一言,我一语,大家七嘴八舌越谈越投机,越谈越火热……

593.再加上我们这些啦啦队的,你一言我一语,场上也十分热闹。

594.只见餐桌上坐着二男一女,赵南云一一介绍后,几人就你一杯我一杯地吃喝起来。

595.你猜怎么着,我的话音刚落,代表们你一言,我一语,称得上群情激昂……

596.大家你一言我一语,说得余捷青春勃动,她“霍”地一下站起来对团长说……

597.我不要这盘菜了,你给我换一盘。服务员说都下班了,换不了。你一句我一句地就吵起来了。

598.肯定是狡诈的武铁冶不放心,特意让“狐狸精”监视的。于是她二人你一言,我一语,将韩×捧得飘飘然,说到得意之处,便端起杯子,将咖啡一饮而尽。

599.大家一边咀嚼,一边赞赏它的甜脆清香,于是你一把,我一把,很快吃了个精光。

600.排队的工夫,众人你一言我一语吐露闲情:“往常那(哪)

有这份闲心，星期天像打仗一样忙。”

601.很快，你一篮，我一袋，不到45分钟，商贩足足收了约200公斤。

602.一种巧克力的广告：年轻的男女欢聚一起，你一手我一手抓巧克力吃：“只溶你口，不溶你手。”

603.但这些鱼摊鸡摊前总不断有问津者，时不时就聚起一堆人来，你一段我一段地把一条鱼给瓜分光了。

604.谁家吃的啥饭都能嗅出，饭罢，人们门前一坐说天道地，拉东扯西，你一言，我一语，欢声笑语不时溅满院落。

605.人们你一言我一语地围着他关切地问询。

606.中国小说的形式至今仍旧受“小说”这两个字的限制，跳不出一种“你一句，我一句”的圈套。

607.我举笔半天，想不出一句合适的话；后来还是同屋你一句，我一句拼凑了一封信。那位解放军连姑娘的照片都没见过。

608.我们各据桌子的一边，眼睛盯住父亲手里的笔尖儿，你一句，我一句，互相指摘，争辩。

609.就这样，你一言、我一语谈得相当热烈，咖啡搁冷了，心里却是暖呼呼的。

610.在蓠川江里，或厕身商州山镇，或居于楚地山寨，或云游边陲之隅，你一篇，我一篇，竟将充满粗鲁、鄙陋、俚俗、木拙、野性的语言的小说接连贯了。

611.没有一个人再拿起报纸。车厢里一片谈话声，你一言，我一语，热闹得很。

612.晚上，大家围在火堆旁，你一言，我一语地议论起来，情绪低沉而混乱。

613.她们紧簇了媒婆，恰似一群黑乌鸦争食一块酸肉，你一嘴,我一嘴,直弄得半老媒婆要躲回娘的肚皮。

614.你一言,我一语,说得我心中闹得慌,似乎只有结婚才能心静,别无办法。

615.这时在周围的二三位西德朋友争先回答,你一言,我一语,几乎展开了一场热烈的讨论。

616.有的问达式常最近在拍什么电影,有的问他每月工资多少,你一言,我一语,弄得达式常窘极了。

617.老伯要我打开箱子,拿出那些贴有猴子标识的瓶子。一拿出来,大家你一瓶我一瓶地抢购着。

618.重庆的文学界戏作人名诗成风,诗一般都是五言句,几个人闲聊常常你一句我一句地凑成,也有时一个人连作几首。

619.走近了,原来他们的棋已入残局,双方相持不下。两老依然故我,你一招我一式地厮杀,看似凶狠,实则谦和,明知破绽,只不进攻……

620.到老迈年高、行动不便时,孩子们你一脚我一脚,唯恐踢不出去,此时是足球。

621.“为什么它会变红?”泰勒问道。学生们你一言我一语,答案五花八门,无奇不有。

622.韩七好说,于是我们就着一个大瓶子你一口茶我一口水地从玄宗侃到京都火烧刘……

623.后来我们就找了个僻静的地方,蹲下,互相望着,都不停地吸着烟,你一言我一语地聊起来……

624.选举期间,大家更是你一句我一句地批评总统、市长,几个毫不相识的人可以谈得口沫横飞。

625.年轻的农夫们看见冰桶上“锦瑞香”的字号,便你一言我一语地起哄,闹着要“头家”请客。

626.刘炽、王大化、高阳、田方、雷加、严文井，我只是执笔记录。大家你一句，我一句，凑合成了四段。

627.这个话题，引起了许多人的共鸣，大伙你一言我一语地讲着自己的经历、自己的见解……

628.他们却还在喝，你一杯，我一碗，一句话都不说，不停地喝。

629.这几人你一句，我一句，也完全没有把这对夫妻看在眼里。

630.两人你一杯，我一杯地喝个不停……

631.六个人正在你一句，我一句，你捧我，我捧你。

632.笑得很开心，正捧着四杯酒，笑嘻嘻的(地)走过来，给了陈静静一杯："你一杯，我一杯，他一杯，新娘子也有一杯。"

633.两个人就这么样面对面的(地)坐在地上，你一碗，我一碗。

634.东尼先是满怀歉疚，闷声不响，到后来愈听愈是耐不住，两个人又你一句我一句，开始争吵起来。

635.顿时间，你一言，我一语，热烈的(地)讨论起在警察厅的种种。

636.这些走在时代尖端的、前卫的"醉马画会"的成员，人人都有意见，你一言我一语的(地)说得好热闹，有的攻击中国的婚姻制度，有的说女性被压抑了太久……

637.就这样，大家你一言我一语，又热烈的(地)讨论起"前世、今生"来。

638.三怪就在那儿你一句我一句的(地)对骂起来。

639.大家你一言我一语，把子默骂得体无完肤。

640.一时间，个个人都激动起来了，大家围绕着若鸿，你一言，我一语，纷纷提起往日旧事，想要唤醒他。

641.众人你一言我一语，从天地玄黄、宇宙洪荒谈起……

642.大家你一言，我一语的，叫著(着)喊著(着)，兴奋得不得了。

643.大家你一言，我一语的，各喊各的，就是要梦寒选择第二条路。

644.大家你一言我一语，都争著(着)要陪小草。

645.大家你一言，我一语，喊得热烈极了。

646.能把同代的文人比得有点狼狈，引起一部分人酸溜溜的嫉恨，然后你一拳我一脚地糟践，几乎是不可避免的。

647.说是把县上拉化肥的卡车截住，爬上去自己下手拿，你一袋我一袋硬给扛下来了。问：这不叫抢叫什么？答：就是不叫抢。

648.这次你回家，咱俩分下工，你站他左面，我站他右面，你一言，我一语，左右开弓，保险能叫他脑袋改改样。儒春，信吧？

649.我们七八个人都挤在他们家，连水缸边都坐上人了，你一句我一句直到深夜，这母女俩就是不说话，我实在熬不住，不知不觉睡着了……

650.他怎么才知道！都撤了一两年了！大家争先恐后、你一嘴我一嘴地问他……

651.几位市民围住列奥纳多，你一嘴我一嘴地陈述他们之间的争论并向他讨教……

652.脸上虽有不少皱纹，但气色红润，坦然地对我们微笑着。我和妻子你一句我一句地问他，他简捷明了地作出回答。

653.王夫人等围坐于她榻侧，呈半月状。娘儿们兴致都比往日为高，大家你一句我一句，互相凑趣。一时又像有多少好日子在前头等着。

654.齐英越听越觉得有理,孙定邦的精神也提起来了,李金魁恍然大悟,你一言我一语地,这个哑巴会立时活跃起来了。

655.来到大门口了,他们四个还在你一言我一语地小声说着。

656.你一句我一句地都说起来了。

657.听吧:你一言我一语的(地)说什么话的都有,软的硬的什么样态度的都有……

658.于是你一言我一语,乱嚷嚷着要找区委。

659.你一言,我一语的,乱乱哄哄了一阵,可是都挺有道理。

660.怎么办呢?你一言我一语地想出来了个办法,把灯点起来,找到了一条破绳,又解下……

661.他们走进一个居民家里,把桌上的一小盆山芋茶,你一碗我一瓢,一股劲喝得精光。

662.他们在炮声和枪声的交响里,你一言我一语地谈论着,殷红的盆火,映照着他们兴奋的脸。

663.大概是因为杨军要走,再不逗弄几句,便没有机会了,便你一言、我一语地说笑起来。

664.讲话的声音越来越高,语调也有些激昂,你一言我一语,针锋相对。

665.大家你一言我一语地说,党支部书记余静当选了主席……

666.吴二嫂她们,立刻被她们包围起,大家诉说着最近生活难做的情形,你一言我一语,并且把棉条指给余静看。

667.马慕韩见冯永祥和柳惠光两个人你一言我一语的,有点剑拔弩张的形势,他旋即把话题拉过来……

668.大家你一句我一句争着发言。

669.会场上的工人,你一句我一句连声说:“真奇怪!”

670.会场上的人很激动,你一言我一语,同时质问徐义德。

671.走到营业部那里一看,栏杆外边挤满了人,要找福佑的负责人,你一言我一语,吵吵嚷嚷,像是煮开了锅。

672.谈到后来,他们两人你一言我一语,各不相让,使他听的(得)头都发胀了。

673.人声嘈杂,你一句我一句,谁也听不清楚他们在说啥。

674.大家你一言,我一语,继续议论。

675.大家正在你一言我一语地谈论着,忽然李双喜走了进来。

676.总之,他们,你一句,我一句,说了不少的话,其实不过是不要你走。

677.两人你一杯我一杯喝至半酣,散去。

678.铺子里很暖和,小炉子又“噜噜”地叫了。这使两个老人兴奋起来,你一盅我一盅地对饮。

679.上了台插牌,还是插了牌再上。双方振振有词。我们趁机自我滋润:你一口,我一口,互谅互让。

680.他变得非常冷静,伸手按住了我掏钱的手。这下你就听吧,两个人你一句我一句地论战开了,直到我们的周围站满了看热闹的人。

681.婆媳俩你一句我一句便争吵起来。

682.大家你一言,我一语,欢笑成一片。

683.他紧走几步推开了门,战士们尚没发现是他进来,还是你一拳我一脚地在打那个凶手。

684.一条鱼,就这样被我和李钠你一口我一口地吃完了。那时一条鱼比现在一桌席要金贵得多。

685.二人你一言我一语,声音越说越高,马英的脸涨得通红,马宝堂的胡子直抖。

686.接着二人你一言我一语补充个不休，象（像）生怕漏掉似的。

687.周大勇还了礼，战士们便围在他身边，你一言我一语地给他报告蟠龙镇战斗中，本连的战功、战绩。

688.周大勇讲罢，大伙你一言我一语嘟嘟哝哝地在议论。

689.战士们你一言我一语，说着陇东的高原，陕北的大山……

690.一个浑身风尘的老太太，也插嘴说："离乡背井，还不够受的？还你一拳我一脚的！"

691.你一言我一语，谁也不愿交割头税。

692.严萍仄起耳朵，听着两个老人你一言我一语，拌起嘴来。

693.在黑暗中跑上战场，你一枪我一刀，和敌人扭绞在操场上。

694.大家围着裁缝师傅的工夫案板，把酒倒进两只茶杯里，你一口、我一口地喝起来。

695.周炳叫大家你一句、我一句，说得耳朵根都红了，只好拿些不相干的话搪塞……

696.大家你一言、我一语，争执得不可开交。

697.于是两个人你一句、我一句顶将起来："不，我不是个小孩子！"

698.酒一到肚子里，话头就上来了，挨着那三件事，跟他二姐夫周铁你一句、我一句，骂得十分起劲，将那大姐陈杨氏等着他把脉的事儿……

699.在座的大臣们你一言，我一语。七个小时后，会议通过了《帝国国策执行要纲》。

700.我和贾玲你一句我一句地穷逗了会儿。她们起身告辞要走。

701.无论是多么小的一块食物,譬如半个苹果,也要你一口我一口像鸟一样地互相喂。

702.饭间我们还喝了酒喝得十分兴奋,话特别多,坐在饭桌上你一言我一语也聊到很晚。夜里,我们行房事,一切得心应手,恰到好处。

703.他喝了很多啤酒,后来在他怂恿下儿子也喝了起来。两个人你一杯我一杯地干杯,说了很多从未互相说过的亲热话……

704.娘们儿其实都是一副好酒量,席间你一杯我一杯地灌马林生,催着他再讲笑话儿,三双媚眼飞来飞去……

705.“行了,”丁小鲁说我们,“你们俩你一句我一句的都把人家吓坏了。你音响真坏了吗?”

706.非来夺我们饭碗,本来我们好好的,你一口我一口。

707.两人交起手来,你一拳我一拳,打得花园锦簇,边打边唠着。

708.电视里,杜宪和薛飞正你一言我一语地和全国人民聊着。

709.两个孩子都哭了,都坚持,一个说:拿了。一个说:没拿。你一句,我一句,没完没了,显得词汇都很贫乏。

710.热血沸腾着,把坚贞的爱,把欢乐的激情,全寄托在针线上,你一针,我一线,一针一线织绣出闪亮的金星。

711.人们你一句我一句地催他。

712.两个人一起到西厢房,把这事告诉金秀和全义。四个人你一句我一句议论了一会儿,也没理清楚……

713.全义、金秀、金枝、周仁已经等候在外面了。见老爷子出来,孩子们你一言我一语向他问安。杨妈也赶忙过来,照料他在中央的沙发上落了座。

714.黛二在脑子里你一句我一句激烈争论了半天，可到了学院大门口，定了定神……

715.一群队员围拢起来，你一言我一语地议论起来，许凤让大家尽情地吵了个痛快……

716.大家你一言我一语劝解李铁，不叫他生气。

717.天伦也认为妻子说话过分，他怕你一言，我一语，两个女人，会大吵起来……

718.安娜和冯家善，你一言，我一语地吵了起来，别人也许怕冯家善，但是安娜一点也不怕……

719.豪门夜宴的其中一个特色无疑就尽在这你一言我一语的评价之内。

720.这么你一言，我一语，都不外是得体而轻松地互相吹捧……

721.他们三人，你一言，我一语，都合情合理。

722.她们七嘴八舌，你一言我一语，高帽子横飞，戴得我应接不暇。

723.他说了这几句话后，群雄纷纷起立，你一言我一语，都是赞同之意。

724.二人身旁围集了数百人，你一言我一语的(地)议论。有的说杨过打败霍都，乃是以其人之道、还治其人之身。

725.表姊妹俩你一言，我一语，互推对方陪伴杨过逃走。

726.杨过和陆无双却你一句“傻蛋”、我一句“媳妇儿”的(地)有说有笑。

727.众邻居慌了，赶忙上前扶住她，你一言我一语安慰着，把她搀回屋里。

728.在座的朱疆等几个中队长和小队长们顿时起开了哄，你一碗我一碗地向梁大牙灌酒。

729.捕头王一听那声音忽然有所触动,步子就缓了下来听着那男女在他身后你一言我一句地说着。

730.毫无疑问,太空人今后必须改变谈话的习惯,说起话来不能再是你一句我一句那样,而必须使用长长的独白,自言自语。

731.拉杰特拉身边的人们在一阵惊慌之后,开始你一言我一语地向年轻的主君进言。

732.他们俩你一言我一语地争论着,就好像帝国的命运处于千钧一发之际似的。

733.菲利普并没有说出他想说的话,他们俩你一言我一语地交谈着,仿佛事情本来就该如此似的……

734.结好了婚,新郎新娘从教堂门口直接动身往肯特郡去,大家总是照例你一句我一句的(地)要说上多少话。

735.这几位小姐正在这里你一言我一语谈论的时候,恰巧有三个年青(轻)的男人从外边走进了教堂——说是年青(轻),最小的一个也有二十五岁了。

736.他们这样你一句我一句,在她身边唠叨了半天,认为已把她劝过来了……

737.一天晚上,他们一块儿吃晚饭,吃得十分欢乐,大家就你一句我一句,把话谈开了,终于谈起各人留在自己家里的老婆来。

738.那班仆役听了国王所说的话,都摸不着头脑,不免你一句我一句在背地里议论起来,议论了半天也没有议论出个名堂来。

739.但是再一想,男人说话总是太鲁莽,你一句去,我一句来,说话不留转弯的余地,因之容易冲撞……

740.后来,乡里的人稍许定神了一些,看他果然是个活人,就你一句我一语,询问起他来。

741.两人竟这样你一句我一语争吵起来,契契比奥到底不敢惹恼他的情人……

742.那班绅士看到这情景,不觉呆了一下,接着你一句我一语的(地)都说这个人神经有些不正常了,所以语无伦次……

743.他们两人就这样你一言我一语地打情骂俏,他妻子暗地里把那一绺胡须小心保存着……

744.他们就这样一边散步消遣,一边讨论着未来的生活应该怎样度过,你一言我一句地谈了起来。

745.特尔先动的手,接着他们你一拳,我一拳地打了近五分钟,结果特尔被一根棍子绊倒了……

746.大家就此话题又你一言我一语地议论起来。小灰人恭恭敬敬地听着他们的军事理论……

747.我本来追得不远,一转身就看见他们在这儿你一刀、我一剑地厮杀得难解难分,正像您到来喝开他们的时候一样。

748.他们你一言我一语地说个不停,男孩子藏在一个土堆后,听到人类说话的声音……

749.巴阿雷、勃鲁维尔、博须埃、公白飞和古费拉克一伙谈得起劲,你一言,我一语,混战正酣,不料从唇枪舌剑中突然出现了一种奇怪的严肃思想……

750.格朗泰尔正在和他的一个对手你一言我一语。

751."哎呀,哎呀,哎呀,他们都干了些什么呀!"俘虏们望着火灾遗址,你一言我一语地说。

752.家母和舍妹不愿听信他的诽谤,不愿和我争吵,为此他十分恼怒,跟她们你一言我一语地顶了起来,对她们说了些不可原谅的粗暴无礼的话。

753.尤里安你一句我一句地应战,杨欲辩无力,只得面对着墙壁唉声叹气……

754.就这样,大家你一言、我一语的,骂得是很难听,但内容却有欠精彩。

755.两口子你一句,我一句,干起仗来。

756.大伙你一句、我一句地唠起来了。

757.男女老少,你一言,我一语,把屋子里闹得热烘烘,也听不出来哪一句话是谁说出来……

758.两人你一句,我一句,各不放松,两不相让。

759.大伙你一句,我一句,抠她政治,问她要枪……

760.在四五天来,当傍晚船停的时候,大家都你一句我一句的(地)计算行程,刘是经上海赴常州的,胡是经上海往南京的……

761.我没了办法。你一言,我一语,说得我心中闹得慌。

762.你一块我一块,都以和颜真卿的石碑相并立为荣幸。

763.他们继续地告诉我:"柳屯的"把夏家完全拿下去了。他们你一言我一语地争着说,我相信了这是真事,可是记不清他们说的都是什么了。

764.玉梅说:"你这不是疯话吗?那么大的事,是你一言我一语就可以决定的吗?"

765.在荒凉偏僻的戈壁滩上的一个哨所前,我也发现了三个一簇,两个一对地在艳阳下闪烁着的无花果。

766.人们成箱成盒地往自行车上装着冰棍、冷饮,也有三个一群、两个一伙地去分一盒冰棍的。

767.不是对功课有兴趣,而是我们爱学校中的自由。我们三个一群,两个一伙,挤着搂着……

768.那天,等戏的群众演员三个一群、五个一堆地蹲在那儿聊天,我记不得我们是怎么凑到一起的……

769.一个旺火堆就是一个群众聚集的场所，像阿民家一样，人们三个一群、五个一伙地聚拢在一起，互相拜年祝福。

770.这些球迷们三个一群、五个一伙地举着葡萄牙国旗从四面八方聚集而来……

771.记者在林和村的石牌坊下，目送着三个一群、五个一伙的卖花女提着装玫瑰的大塑料袋，蹒跚地向外走去。

772.还有不少人三个一群、五个一堆地一边聊天，一边注视调查组的动向。

773.村头树林里，村内树荫下，三个一堆、五个一伙的农民，正忙着剥柳条皮，编织着各式各样的工艺柳制品。

774.据了解，农民搞“小秋收”大都是自发上山，三个一群，五个一伙，想怎么采挖就怎么采挖。

775.这次还都是带短家伙，穿便衣，三个一群，五个一伙，分了多少路来的。

776.三个一群，五个一伙，敌人组织了冲锋小集团，从东、西、南三面……

777.每天三个一起、五个一股回到这里的溃散弟兄立刻都归入编制……

778.在那样刺眼地，重新出现了地界石的田野上，那三个一簇、五个一伙儿的……

779.会场出现了活跃的空气，三个一群，五个一伙，胡乱聊天。

780.周大勇趁着打闪，看见战士抱着枪三个一堆，五个一块，背靠背，坐在泥水里。

781.人们开始三个一群五个一伙的(地)交谈起来。

782.康家寨一天要过几十伙，有穿灰军装的，有穿草绿军装的，三个一群，五个一伙，歪戴着帽子，大背着枪，南腔北调，各种口音。

783.男子和女人,三个一伙,五个一群,离离拉拉地来了,站成一圈,围着"龙书案"……

784.由伤兵的口中,他们知道了我们一营人倒有一半早已渡过河去,三个一群五个一伙,布好了十面埋伏,教敌人前进一步,就要死许多人!

785.在最后,我确是看见些猫人要反抗了,可是他们还是三个一群,五个一伙的(地)干;他们至死还是不明白合作。

786.这些娱乐者,大都三一伙五一群。

787.几十名乘客下车,看见小汽车着火,便三一伙、五一群地拥向出事地点。

788.这样一来,倒是挺起作用:待了不大的功夫,就看到有三一群五一伙的人们往村外移动,但是走得不快,也有一些人哭哭啼啼……

789.尽管马拴热心地三一回五一回常往她家里跑,她总是躲着不见面……

790.高中毕业后,克南比在学校时更接近她了。他经常三一回五一回往广播站跑,给她送吃送喝。

791.不过它们实际上是无价的,因为它们的数量十分有限,被贩卖一件我们就少一件。

792.但是,我会珍惜每次跟他对抗的机会,这样的比赛打一次少一次。

793.革委工业司调研员刘群解释说,石油作为矿物质能源,不可再生,用一吨少一吨。

794.发动可能较平日为大,但发一次,小一次,短一次,少一次,不复再增长了。

795.可这工作得有人做,贼得有人去抓。抓一个就少一个,拘留或者遣送回原籍处理,起码他这一段出不来了。

796.存在其中的那个小的人文环境,却是我们加一份爱就多一份爱,节制一份恶就少一份恶的。

797.特别是土地,它不可再生,卖掉一块少一块,再也生不出第二块,所以一定要把土地一级市场管好。

798.需要保养的机械得不到保养,保粮器材有减无增,有的甚至温度计也是坏一支少一支。

799.只可以出现在那个特定的历史时期而无以为继,堪称凤毛麟角,且卖一幅少一幅,因而极具收藏价值。

800.耽误一天,就少一天。

801.树立质量观念和效益观念,争取办一个,少一个,繁荣一个。

802.人们希望这个社会少一些丑恶,少一些卑鄙,少一些不安全不道德不文明的现象。

803.然而,石油是一种不可再生的资源,藏量有限,采一年少一年。

804.困难任何时候都有,克服了一个就少一个;克服了多大的困难,就有了多大的成绩。

805.主席这次再没提党的规定,而是幽默地说:“做寿不好,做一次就少一岁,那不是越做就死得越快吗?还是不做寿多活几年好!”

806.过去人们把城市经济当成一缸水,生怕被农村舀去一瓢少一瓢,城市和农村互为包袱。

807.广州军区男篮打一场少一场……

808.土地不像黄金,卖出后还可以再买进,还可以再开采,而是卖一块少一块,我们必须十分珍惜。

809.煤炭又是天然资源,不能人工制作,不能再生,挖一点,少一点,越挖越少。

810.古生物化石不能再生,失去一件就少一件。希望全社会都来关注和参与抢救龙骨山恐龙化石的工作……

811.在自知不久于人世之际,谭彦对领导说:"我干一天就少一天了,你就让我工作吧……"

812.我忙不迭地说:"贼娃子,碰死一个少一个!"

813."我也只想跟你就个伴儿,回趟老家看看去,这辈子活到这年头了,回一次少一次呢。"老伴是大连那边的人,大连与北戴河只有一水之隔。

814.对妈妈说:"我不想过年,因为过一年就会少一年。"

815.他们希望女儿能守着这份平稳的工作干下去,少一些风雨,少一些磨难,然而他们的心还是被江曼的执著(着)和热情打动了。

816.阶级敌人死一个少一个。白天死是白死,夜晚死是黑死。

817.撞了人或者被人撞的机遇也比北京上海等地少得多,因为上班路短嘛,少一步路少一分险嘛。

818.老红木家具的"印度红木"已基本绝种,大陆货源买一件少一件,求大于供,价格一路上扬。

819.脑细胞和身体上其他细胞不同,其他细胞可以新陈代谢,脑细胞则死一个少一个……

820.和尚敲钟,过一日算一日;我呢,看书写书,过一日少一日。

821.人类的基因数目是有限的,发现一个少一个。

822.是好是坏,至少还不会要朋友上当,因为你的朋友根本就没几个，死一个就少一个。

823.牛肉汤冷冷道："他这样的人，多死一个少一个，你还不动手？"

824.死一个少一个。

825.每月房饭费共十二元，日期久了，家里汇不来款，手里的钱花一个少一个，他心里十分焦虑，每天四处打听消息，希望时局有所好转。

826.老奶奶又哭出来，说："咳！见一会少一会了！"

827.他们一边叫喊："打呀，打呀！中国人口多，打死一个少一个！""闪开点儿，闪开点儿，别溅身上血！"一边从后猛撞她。

828.人马本居优势的英军可得及时补充，而隆美尔的坦克丢一辆就少一辆。

829.这种国家的活宝死一个少一个——再也不能减少了。

830.鬼子对中国人，还不是杀一个少一个。

831.这样看上去虽然进展缓慢，却很有效果，敌人消灭一个少一个……

832.我已经人到中年，携家带口的，大半辈子已经过去，是过一天少一天的人了，如果再如年轻人一般，争强好胜，累死累活又有什么意义……

833.就顺着吧！……闺女家，就是……一朵鲜花……能红几日啊！……乐一天少一天……

834.一方面减少敌人对这里的注意，另一方面消灭一个就少一个。

835.宝珠和艾莉，都很兴奋，因为，她们都爱热闹，而且，嫁出去一个，就少一个人分家产，少一个人吃高家的饭，她们当然开心。

836.你也快去睡,再睡几天,乔家这座老宅,说不定就要顶给别人了,睡一天少一天!

837.不是说让你浪费,你想想看,一个人一辈子能吃多少顿饭?吃一顿少一顿,为什么不能对自己好一点?

838.诶,来来来,都吃点儿饭诶,吃一顿少一顿了啊。

839.目标就是让自己给湖人足够的压力,让他们犯错误,寻找机会拿下一场是一场。连布朗的哥哥、活塞队助理教练都说布朗从来没说过要夺得冠军。

840.戈夫和伯顿分别重申了新西兰政府的一个中国政策,表示新政府的这一原则立场是一贯的、明确和坚定的……

841.相信,他们中大多数会在明年十运会后选择退役。可这一等就是一年,机不可失,时不再来。

842.“n”出现一个是一项(如上述“糍”中的“液体”),出现两个是两项……

843.一厂可以搞两制、三制,能活一块是一块。

844.定了的每一项工作,都要落实到人,限期完成,切实做到抓一项是一项,抓一项成一项。

845.总厂认为,与其整体都死,不如搞活一块是一块。

846.他们却振振有词:“便宜一分是一分。”“祖祖辈辈吃土盐,不也照样到今天!”

847.对扭亏有望的企业要从政策上、资金上给予扶持,活一个是一个。

848.今天到甲医院,明天到乙医院,多卖一次是一次。

849.车主省一分钱是一分钱,旅客乘一趟车沾一身灰。

850.有什么问题就解决什么问题,该怎么解决就怎么解决,保证抓一项是一项,抓一项成一项。

851.有些领导和专家主张要么不建，要建就建一流的，建一个是一个，使厕所真正达到文明卫生、节水无臭、方便群众。

852.企业则每到年底便拼命跑劳动局要指标、要计划、多争一个是一个，不论争来的是什么。

853.缴的费用有2000多元，经营者压力大，只能追求短期效益，“赚一点是一点”。

854.我小本生意，交了税，赚个屁钱。再说，罚一次是一次，十天半月又捞回来。

855.一些小广告公司的确是无本经营，做成一笔是一笔，只要有赚头，不赔就行，他们唯一的手段就是“回扣”。

856.流失的资金务必一笔一笔地追回来，投资者损失的钱款能挽回一分是一分。

857.医生说，病人经济上都不宽裕，省一元是一元。

858.出路只能是加快改革，不拘一格，采用多种办法，活一个是一个，早活一天就早主动。

859.能改一点是一点，能增一分活力是一分。

860.特别是位于中关村的公司采取的营销策略是，等客上门，向家庭卖一台是一台，不指望它赚钱。

861.在家里虽说不上威风八面，一言九鼎，可一镇之长毕竟句是一句，可到了外边，区区一镇之长，人微言轻……

862.此类文章，父亲还写过一些，现在要找，恐怕很困难了。只能发现一篇是一篇。

863.不合算，赚不了几元钱，而出全书，出系列书，码洋大，又省事，卖一部是一部。看来，利润最大化的市场法则在起作用。

864.我们就把督查手段使了上去，做到布置一项工作就把它落到实处，抓一件是一件，办一件成一件。

865.首都北京把群众关心的热点问题作为精神文明建设的突破口,抓一件是一件。

866.副攻手吴咏梅说,我们这支队伍年轻,只能打一场是一场。

867.效益好的企业帮助困难企业,并不是要搞摊派,分任务,而是从实际出发能帮一点是一点,注意体现平等互利原则,这样才不会损伤大家扶持困难企业的积极性。

868.辽宁各级领导干部没有坐以待毙,而是带领人民与洪水搏斗,能保住一段是一段,能保住一点是一点,拉开一个个死拼硬斗的战场。

869.而个体运输是一人吃饱全家不饿,挣一块利润是一块利润,因此成本低,可以压价竞争。

870.几年来,他们坚持从领导机关做起,从自身做起,省一点是一点,集中财力办教育。

871.被逼得走投无路的鲁群生当初只是出于改一点是一点的想法……

872.从此,王镜“把钱当成命,能省一分是一分”,他发誓,到1995年向希望工程捐1万块钱……

873.要发扬“千里百担一亩苗”的精神,多浇一亩是一亩,多保一亩是一亩,千方百计做到适时春播,苗全苗旺,夏粮作物有一个好收成。

874.一分耕耘一分收获,改革一点是一点。兰溪市的做法就说明了这一点。

875.只有他们得益了,永利中心才能长存下去。宰一刀是一刀绝不是我们的做法。

876.证据确凿,理由充分,对党对人民对法律负责,经得起时间的检验。办一起是一起。只要在我们社会主义制度下，叫他永远翻不了案！

877.捞一点是一点，生怕出了国不方便。

878.也不为理论费神，只一门心思让那六十多亩地再延伸出去一点，多耕一垅是一垅，靠老天爷下点雨打更多的粮食……

879.他们以为人生有限，快活一天是一天。

880.能省一点是一点，对不对？

881.虽然他发表的小小说数量不算很多，但写一篇是一篇，几乎篇篇博得读者好评，大奖拿了一个又一个……

882.你想，其困难，其可笑，可想而知，但我仍坚持有一点写一点，写一段是一段，总得把它写完，应该写好了，请你改……

883.钱只够买到新加坡的船票，索性，先到新加坡再说吧，离祖国能近一步是一步。

884.前途究竟怎样？我自己心中也没有底，只好走一步是一步，走了再看。

885.快乐的机会抓到一次是一次，他相信自己不会乱抓，起码的分寸还是有的。

886.各行、处纷纷在旬末时点数上做文章，想尽一切办法提高旬末数，多占一旬是一旬。

887.市场是“头脑活络”人的天堂，陌路顾客来去匆匆，“宰”到一个是一个，“若要发，众人头上刮”。

888.但有一点却是相同的，那就是他们都是打一枪换一个地方，“宰”一个是一个！

889.总应当脚踏实地、好好的(地)去实练明察，必须看着现实的生活，做一件事是一件事。

890.他是在儿童教化院出身，没有受过正式教育，对于生活极不负责,过一天是一天,毫不为明天担忧。

891.有必要向有经验、有余力的学者建议,多编几部古代正史地名索引,编一部是一部,供广大学人使用,为学术研究服务。

892.心比我们的肉身要大,心容得起,肉体却是那么界限分明,一个是一个,两个是两个,那是永恒的矛盾,也是永恒的痛苦!

893.在艺术上他含而不露,一刀是一刀,下笔有余味,但也就有些不够明快。

894.股份制企业又不是个体户,户主一个人说了算,开一家是一家。股份制的推广是需要条件的。人才够吗?法规健全吗?

895.拼命把"两只"说成"一双",只要能蒙住顾客的眼睛,赚一票是一票,将来之事谁可料?

896.10万个基因,我们能抢到一个是一个。

897."快走!"她低呼著(着):"走掉一个是一个!"

898."什么走掉一个是一个,你不走,谁也走不掉!"

899.你们肯留下来,真是傅家的幸运!我们过一天是一天,希望没多久,太太就能明白过来!

900.紫烟摇着手,柔声说:"别客气!我能尽一分力是一分,只希望乐梅小姐能快快康复才好!"

901.我也知道老这么骗下去不是办法,可我只能这样,骗一天是一天,只要家珍觉得有庆还活着就好。

902.那倒不必去想了,走一步是一步吧。

903.我们共产党的军队在,就不能叫你们受难!赶快跟我们向外冲!冲出一个是一个,决不要慌……

904.我做得不对?我失算?我没听汪化堂的话,杀他一个是一个……啊!我好苦啊……

905."不能死等!"蒋殿人愤恨地咬着牙:"干一点是一点,翻不了车也叫他们走不稳路,集(积)小成大!”

906.把他连桌子猛地推倒,我的头发也被揪掉一把。我想今儿没好了,砸一个是一个,站身抓起凳子朝着跑到墙角那记录员砸去。

907.救人如救火,快一点是一点的事儿。

908.他知道严志发是纱厂工人,对纱厂内行,讲话一句是一句,一点儿不含糊,也不讲情面。

909.马慕韩针锋相对地说:“有路总得走,走一步是一步,困难也只能一个个解决。”

910.楼文龙的声音在他耳边萦绕:“你老大说一句是一句,从来没有二话。”

911.挨一天是一天。

912.人一上了年纪本就来日苦短,和至亲至爱的人多守一会儿是一会儿,谁知道以后(还有多少个以后)?

913.她总觉得为我省一分钱是一分钱,她省一分,我可不就少挣一分、少累一分吗?

914.手报废不报废都没关系,还是松开的好。“……舒服一会儿是一会儿。”

915.他们以为人生有限,快活一天是一天。

916.阿姨,麻烦你了。我们现在还困难,一切为了前方,节约一点是一点。你就辛苦些吧,谢谢你了。

917.老人太说:“居家过日子,省一个是一个。”

918.楚天舒瞪着牛眼说:“我是让你通知,办法由你自己想,撤下来一个连是一个连,这点道理也不懂吗?”

919.也许会耽误她中午下班。能推走一个是一个。

920.庞家三兄弟一个是一个。老大稳重,老二干练,老三是个文武全才。

921.他说,作文要如使船,撑一篙是一篙,作一篇是一篇。不能像驴转磨,走了三年,只在磨道里转。

922.他的蒜都是很磁棒,很鼓立的,一头是一头,上得了画,能拿到展览会上去展览。

923.“怎么想起一出是一出?”

924.“少一层是一层,”马锐也笑,“我好好的谁还非没事为难我?”

925.从大往小抻牌,扛着,不让他们垫小牌。你走不了别人还能走呢,逃一家是一家,怎么也不能让他们打十零。

926.打工挺苦,不过,一般是包吃包住,挣一个钱是一个,一年下来,也可存上一两万了。

927.睃了毓如一眼,说,打得好,打得好,反正早就看不顺眼,能打一下是一下!

928.可学校春游、看电影我都不在,给家里省一点儿是一点儿。

929.描红忍不住笑:“姐姐,我真爱听你说话,一句是一句。”

930.祝家是老式人,喜欢一是一二是二面对面凡事说清楚。

931.读了预科再说,拖得一年是一年。

932.终于忍了下来,他不知这场赌气可以拖多久,迟早要投降的,但忍得一时是一时。

933.相恋得一时是一时了。

934.一就是一,二就是二,爱仍如黑白分明,清清楚楚,绝不含糊。

935.我问,他答,一句是一句,完全没有半句多余而不得体的话。

936.心中酸楚,却盼多看得一刻是一刻,若是举手间杀了他,在这世上便再也看不到“江南陆家刀法”了……

937.她实是怕见到父母相会的这个局面,只盼挨得一刻是一刻。

938.行为方式就像个孩子,想起一出是一出,随心所欲!满足于一时之得,满足于表面的虚假繁荣。

939.刘家善摆摆手:“哪的话,一码是一码嘛!当年董存瑞还私自带兵打援呢,看目的是什么。”

940.薛非说:“一码是一码。”

941.英姑打趣他:“你说他的字好在哪里?”“这个……我可说不出反正一笔是一笔的比我写的可强多了。”众人俱笑。

942.大儿子就可以来家住,虽说不是个长久的法儿,也不求长久,能住一晚是一晚,已经立春了,一天比一天暖和了。

943.也好,去就去吧。多一把手是一把手嘛。啊,哈哈。

944.市民社会里面,大部分人是怎么生活的呢?那就是妥协、敷衍、能混一天是一天,鬼混。

945.最聪明的办法就是随机应变,走一步是一步。

946.振保又笑了起来道:“王太太说话,一句是一句,真有劲道!”

947.她约我秋天再来,到她家里多住一阵子。也好,大家都老了,多见一面是一面。

948.日本大夫们一来到,我就非挨饿不可!说老实话,我今天能多赚一个铜板,是一个铜板!

949.这一家人!我倒肯,可又没挣钱的本事!算了吧,别胡思乱想啦,过一天是一天,何必绕着弯去发愁呢!

950.她能搂一个是一个,只要有了钱,就是北平恢复了旧观也没大关系了。

951.虽然这么说呀,一家人到底是一家人,难道因为他没出息,就不要他了吗?

952.先得叫二妞出门子,落了丧事可就不好办了,逃出一个是一个。

953.我很怕闹出事来,可是妈妈说的好:“能多弄一个是一个,咱们是拿十年当作一年活着的,等七老八十还有人要咱们吗?”

954.现在,他不大管这个了,他只看见钱,多一个是一个,不管买卖的苦甜,不管是和谁抢生意。

955.假若他愿意的话,她可以帮他的忙:“告诉你,祥子,搁在兜儿里,一个子永远是一个子!放出去呢,钱就会下钱!没错儿,咱们的眼睛是干什么的?”

956.我的请,您喝吧!我也四十望外了,不瞒您说,拉包月就是凑合事,一年是一年的事,腿知道!

957.一想到那个老者与小马儿,祥子就把一切的希望都要放下,而想乐一天是一天吧,干吗成天际咬着牙跟自己过不去呢?

958.祥子没言语,也没生气。他好象(像)是死了心,什么也不想,给它个混一天是一天。

959.他写下来批语,签了字盖了章,心中痛快了一些。“管它呢,批完一件是一件!”他告诉自己。

960.多洗洗澡,多听听戏;茶馆酒肆与妓院戏园反显出繁荣,活一天是一天,且先赚个快活。

961.照咱们的老方法做事,我们牺牲,他们可也得死。打死一个是一个。

962.王家是等着新娘赶散邪气,陈家是还有四个姑娘待嫁,推出一个是一个,越快越不嫌快。

963.赵子曰的心中象(像)包着一团火似的说:"事情千变万化,早到京一刻是一刻!我急于听北京的消息!"

964.连日无精打采,对于远行有说不出的畏缩,能延宕一天是一天。

965.电脑棋师的"棋艺"是人教给它的,它只能按照现成步骤来走棋,走一步运算一步。

966.我也想开了,过一天算一天,有了钱我就吃喝嫖赌。人家都说我是个坏爸爸。

967.这次半决赛主要是看古力。而王檄表示,自己年轻,功力尚浅,走一步算一步。

968.他平静地解释说:"兰考还不富裕,节约一点算一点嘛。"

969.征一块用一块,以项目征地,不多占地,让农民多种一季算一季。你们这里没有把大片土地推了,加围墙,这很好。

970.能宰一次算一次,一天卖一件衣服,够一星期吃喝。

971.谁都清楚到鸟岛种闯田,闯一年算一年,产量并不高,还有绝收的可能,到底不是长久之计。

972.遇到"热门"影片,影剧院抱着抓一把算一把的心理,则把价格提得更高。

973.正因为咱穷,就更该干一件事算一件事。

974.无奈铁路只能将去广州的旅客运去武昌、柳州、贵阳中转,走一段算一段。

975.更缺乏对农业开放开发的深入研究和总体设想,走一步算一步,这就很难把农业引上高产优质高效之路。

976.要使自己的产品在国内外市场上站住脚,必须努力克服生产经营上"捞一把算一把"的"一锤子买卖"思想,要以质取胜。

977.他们只求急功近利,把生意做成,"捞一把算一把"。

978.从根本上防止个人说了算,防止谁管什么按谁的意见办,防止走一步算一步,防止照顾关系面子,确保党委决策的正确和有效地实施。

979.有人说那会儿是"提着心种地,种一年算一年"。

980.有位专炒精品的店主说:"能宰一次算一次,一天卖一件衣服,便够一星期吃喝。"

981.他们当中普遍存在着拿钱干活的雇佣心理,低人一等的自卑心理,干一天算一天的临时心理。

982.凤生呀,你还是要去读,读一年算一年,明年我们再想办法。

983.能省的,一定要省,省一点算一点。能盈利的,一定要干,要盈一点算一点。

984.勤政廉政,才能促使经济"中心"升位,兴省兴国,说一句算一句,句句算数。干一件成一件,件件落实。

985.企业50年内在产品包装上出现"欧德力路"4字的次数,以每出现一次算一分钱计,这条路至少值6000余万元。

986.有的封建迷信思想严重,"听天由命,过一天算一天",甚至把上面扶持的钱物用于祭奉鬼神、参与赌博……

987.母亲守在门口,拉一车沙,付一车沙钱;运一车砖,给一车砖钱;做一天工,算一天工钱,自己掏钱修复了坍掉的房。

988.让年迈的老母守在门口,拉一车沙、运一车砖,给一车的钱,做一天工算一天钱,硬是自己掏钱修复了旧房子。

989.有的记者索性采取守株待兔的笨方法,在训练场傻等,能逮着一个算一个。

990.今天在坐(座)的,有一个算一个,统统给我当参谋,都天天晚上到我家听取曹纯之的汇报……

991.“活一天算一天呗，”他一笑，“反正咱这些人原来也没什么远大目标。”

992.总算逃出了这监狱。虽然，前途是吉是凶还难定，事到如今也只有走一步算一步。

993.爹，我的病情您也知道，医生也说我只能拖半年。我现在是过一天算一天，有今天没有明天的人。

994.搞巨奖靠打“强心针”不能持久；靠涨价来“宰一个算一个”更不足取。

995.在这种打击下，一些人就自甘沉沦，不再对自己有高标准要求，过一天算一天。

996.我真无法想象妈失去他能会是怎样，所以我只好抱着瞒一天算一天的想法。

997.戳破谎言就要讲真话，讲真话就是犯上作乱，有一个算一个，讲真话的都没有好下场！

998.这项旅行，我买的是单程的票子。和尚敲钟，过一日算一日；我呢，看书写书，过一日少一日。

999.他拧干了身上衣服，就开始往前走，走一步，算一步，不管走到哪里去，他都已只有听天由命。

1000.怎么今夜又会穷得连晚餐都没有，难道这些人没有一点算计，真是过一天算一天？

1001.他拉起靖萱的手，就往后门口冲去，嘴里说：“没办法了！只得走一个算一个了！”

1002.拿泰和馆包下来，开流水席，有一桌算一桌。

1003.这种人的脾气是这样的，要嘛不肯，要肯了，说的话，一定有一句、算一句。

1004.胡雪岩用低沉的声音说：“不过，做人总要讲宗旨，更要讲信用,说一句算一句,我答应过的,不准新式缫丝厂来抢乡下养蚕做丝人家的饭碗……”

1005.写写春联赚几个酒钱,吃穿大半得靠儿子,过日子象(像)是在挺死,挺过一天算一天。只是在阿苗过门后,家境才稍稍好了些。

1006.算了吧!何必为八路干部冒生死危险?还是照老样子混下去,过一天,算一天吧!

1007.吴班长劝他:“连长,你瞎想什么,再想也没用,咱们现在是活一天算一天!”

1008.李小武一想吴班长的话也对,可不是活一天算一天。

1009.同业们都担心,过一天算一天,不晓得能不能混到年底。

1010.这么大的岁数了,骨头都硬了,脑筋也不灵了,还学啥呢?我是过一天算一天,反正关在牢里,政府爱怎么办就怎么办吧。

1011.没有雨具,没有棉衣。有一件算一件,所有衣服都套在身上了,有的还披着毯子……

1012.王一生想了想,对我说:“那你这两年靠什么活着?”我说:“混一天算一天。”王一生就看定了我问:“怎么混?”我不答。

1013.虽然,前途是吉是凶还难定,事到如今也只有走一步算一步。

1014.活一天,流一天汗。生活,生活,过一天算一天!没有理想,没有欢乐。

1015.呼天成脸一沉,说:“我说一句算一句。”

1016.马英答道:“王金兰,你不要不识好歹,共产党说话向来说一句算一句。”

1017.肖阳不知道故意和周大贵上劲,还是真的想听,“高兴一天算一天!”

1018.你是怎么了?共产党说一句算一句!

1019.今天的饭菜更加丰盛,八个菜一个汤,好几瓶啤酒,苏建才想着活一天算一天,不管三七二十一吃了个饱。

1020.忽然王二虎站起来说:“要我说,不打就不打,要打就拣个大的,打一个算一个!”

1021.怎么样?日本人说话可是说一句算一句,杨队长也不含胡(糊),人头总是要的,没有他的,你的也行!

1022.保证不打你,八路军说一句算一句。

1023.敌人把房子烧了,把家里人杀光了!你快上咱们部队去,逃出去一个算一个,我不死,总等着你!

1024.贾老师说:“咳!你着什么急?吃一顿算一顿饭钱嘛!”

1025.咱们说一句算一句。

1026.其实民生、民死,跟咱们倒没相干!咱们做一天手艺,算一天工钱。

1027.国子监旧例,积银二百八十两,算一个“字”,按“千字文”数,有一个字算一个字,平均每年约收入五百字上下。

1028.今夜脱了鞋,不知明天来不来。谁也保不齐今天会发生什么事。过一天,算一日!云致秋倒不太担心被打死:他担心被打残废了,那可就恶心了!

1029.咱们不会去揪谁,斗谁,红卫兵大概也斗不到咱们头上。过一天,算一日。这太平湖眼下不还挺太平不是?

1030.还要怎么样?可以啦。人中等,对你又好,你,我,咱这一屋子人有一个算一个,又何尝不都属于中等?

1031.这孩子还没长大就不听话了。规律啊,劫数哪,生活的大转盘啊,有一个算一个!

1032.在文学本体上倒腾先谓语后主语光动词没名词一百多句不点标点看晕一个算一个!

1033.刘顺明插话说:"我们都哭了,恨不能当场冲上去磕死一个算一个。"

1034.过一天算一天。

1035.你是那么疲倦,又是那么绝望,象(像)你自己所说的那样,过一天算一天,直到我们永远离开。

1036.松尾所布置的岗哨、行动都和他秘密商量,他在松尾面前说一句算一句,所以人人都怕他!他就是这样投了鬼子……

1037.管它多大呢,活一天算一天,你要不要喝一杯?

1038.寿明说:"被子、褥子、枕头、蚊帐什么都有,要一样算一样的钱,用一天算一天的钱……"

1039.还是吃几天饱饭,养养肠子。多数人说:"可着肚子吃,吃一顿算一顿,吃光了再想办法,车到山前自有路!"宋玉珂问:"什么路呢?"

1040.我说:"混一天算一天。"

1041.南孙像从前的蒋太太,无奈地做个壳子,把自己装起来,过得一日算一日。

1042.她不能和希浩摊牌,她只有把时间拖下去,过一天,算一天,等到满一年,再把真相告诉马希浩。

1043.她怎会转变?她知道我不能生育,必然会把我赶走,我现在,也是过一天算一天,当然,我会保守秘密,可是,秘密总有揭穿的一天。

1044."若是他又想毒计对付你呢?"杨过淡淡一笑,说道:"那也只好行一步算一步了。"

1045.声音不大却异常严厉:"凡是这个家的人,只要还会喘气，有一个算一个，马上都给我找二爷去！”

1046.去和平支行了解一下情况！我到局长那里申请陈一平逮捕令，先扣住一个算一个。

1047.不过，他也没有提出反对意见，线索这么难找，有一条算一条吧。

1048.没事就去，去了坐坐就走，能不吃饭就不吃饭，能不住就不住，能过一天算一天。

1049.我们会争取一点算一点，我们可以不断地争取我们要争取的这个权利。

1050.把冰箱扛回去，找两间房，立两间门脸儿，阴着卖，蒙一个算一个。

1051.比如说就中国来说，省一级算一区，比如河北省，算一个区吧？

1052.他们还是过一天算一天，由一次选举到另一次选举，结果二十年的时间刚刚过去。

1053.这样就可以避免可怕的物资中断，不致使我们过一天算一天，并在本年的后半年中完全依靠美国的履行诺言过日子。

1054.甚至那唯一切实可行的办法，即自杀，他们也无意实行。过一天算一天，过一星期算一星期，虽然没有前途，却还是尽量拖长现在的时间……

1055.他即使有机会，他也没有把握会不会用刀片。过一天算一天，似乎更自然一些，多活十分钟也好……

1056.在东京被害的约翰尼·霍华德是个干一天算一天的卡车司机。

1057.当他面对满屋的村里人时，心里觉得很难过。村里人有一个算一个，全都瘦得皮包骨头……

1058.我一辈子只想着一件事,就是怎么能够躲过一天算一天,怎么活得使人们都不知道,使人家不要碰我。

1059.他走到哪里,都可以引为自豪,因为他知道,他所遇到的人,几乎有一个算一个,都顶不住在甘蔗田里干一天。

1060.普列斯顿是吉尔遇到的最单纯的人了。他整天懒懒散散,松松垮垮,过一天算一天,从不关心明天怎样。

1061.陈白露:(点头)嗯,自然,我说一句算一句。你去拿点心吧。

1062.不过,你既说她必能来,所以我倒要问问。我这个人,说一句话算一句话;恐怕别人就不容易作到了!杨,她来不来?

1063.那天,请大家看戏后,就想自杀。但是我实在舍不得家里的人。多看一天算一天,混一天。

1064.妈,你和父亲常说自己是风烛残年,活一天算一天.其实我又何尝不是一样呢?

1065.虽然把路径寻出,无奈路太长了,脚力有限,只好努力前进,走一截,算一截。

1066.小顺拦住他道:“老叔你不要走了!多一票算一票!今天还许弄成,已经给小元弄到四十多票了。”

1067.经理还不肯借钱给我呢!现在好了,明天准定开工。本老板的话,有一句算一句!

1068.本老板昨天答应你们开工,今天就开了!本老板的话是有一句算一句的!

1069.“过一天,算一天!”王和甫叹一口气说,他这样颓丧是向来没有的。

1070.过一天,算一天呀!

1071.唷唷!过一天,算一天!混到哪一天为止呢?

1072.过一天算一天吧，你先别着急！

1073.稍微悲观一些的，总觉得事情并不能这么容易得到胜利，于是抱着干一天算一天的态度，而拼命往手中搂东西……

1074.不要了！这就快完了！让她慢慢自己来，割一根算一根！我又不逼她！

1075.公车站前的余女士看着举步维艰的公交车对记者说："今天孩子们高考，可以体谅的，晚一点就晚一点啦！别让他们误了就行！"

1076.后来，我才明白，他是要和少数民族群众打成一片啊。真的，那天看到他这吃一点那喝一点，群众可高兴了！

1077.又比如对于富农党员的问题，不过是早一点或迟一点发指示的问题，但是我听到的流言就不是这样的。

1078.他指出计划多一点还是市场多一点，不是社会主义与资本主义的本质区别。

1079.生产厂家和用户相互依存，应当多一点沟通，多一点理解，千万不能感情用事，更不能因赌气而对簿公堂。

1080.据反映，目前每个门点每月需上缴的费用有2000多元，经营者压力大，只能追求短期效益，"赚一点是一点"。

1081.应该有好的设计，给自己的房子定一种调子，墙、地、家具、窗帘等共同构成一种大效果，这儿加一点儿、那儿加一点儿的局部追求是不可取的。

1082.这样，实行"帮带战略"，就不是抽肥补瘦，搞平均主义，而是优势互补、平等合作，是你富我也富，你多富一点我少富一点的关系。要求先富地区和农民作出很大牺牲是不应该的，这样的合作也是没有生命力的。

1083.就在全厂的各个层次、各个环节、方方面面地实施她的

“边缘效益”策略。能省的,一定要省,省一点算一点。能盈利的,一定要干,要盈一点算一点。

1084.这就是说,农民负担轻和重,决不仅仅是农民收入多一点少一点的问题,它既影响整个农村社会经济、政治的稳定和发展,同时也将对整个国民经济、社会发展进程产生影响。身为基层组织领导者的农村干部,对此当有清楚的认识。

1085.利用有利的经济形势,获取厂家赊销建设材料;运用滚动式发展战略,充分利用有限资金,“投入一点,见效一点,收回一点,再投入一点”等。

1086.煤炭是国家的重要资源,是工业的粮食,一刻也少不了。煤炭又是天然资源,不能人工制作,不能再生,挖一点,少一点,越挖越少。

1087.我真的失眠了,一切的困意早已荡然无存——我被老邸带给我的满心的兴奋激动着,我翘首盼望着艳艳的朝霞早一点快一点抹上窗棂……

1088.我们希望有一些高档次一点的食品,如绿色食品成系列地在市场或餐厅销售,价格高一点,品质好一点,安全保障系数高一点。

1089.只要我们的各级领导干部多一点这种精神,多一点真正的公仆意识,我们的事业就会无往而不胜。

1090.但辽宁各级领导干部没有坐以待毙,而是带领人民与洪水搏斗,能保住一段是一段,能保住一点是一点,拉开一个个死拼硬斗的战场。

1091.把扶贫资金投进去,有如雪中送炭,自然能收到“吹糠见米”的效果。这样做也许来钱慢一点、少一点,可确实能来钱,且由于起步就把“基础”夯实了,钱还会源源不断来,最终将是“万丈高楼平地起”,脱贫后再也不会出现回潮现象,这才是真正意义上的脱贫。

1092.许多学得好的同志的经验证明,只要下决心,有恒心,工作再忙,也是可以抽出时间来学习的。少搞一点应酬,少搞一点形式主义的东西,拒绝参加那些不健康的娱乐活动,时间也就挤出来了。

1093.大千世界,芸芸众生。有人过得津津有味,有人活得腻腻歪歪,不一定是贫富差别所致,也许就是因为多一点或者少一点这么个“含金量”。

1094.然而,县领导们都强调要“治贫先治愚,治愚先治教”。几年来,他们坚持从领导机关做起,从自身做起,省一点是一点,集中财力办教育。

1095.被逼得走投无路的鲁群生当初只是出于改一点是一点的想法,以好言好语(因为没有钱给大家发奖金,只能好言好语)说服工程技术人员,开始在先天不足的生产线上修修补补地动起了手术。

1096.谈到这一问题时鲁群生认为:企业规模大了,手紧一点松一点效果大不一样。何况我们的企业无论规模还是效益与国外企业尚不可同日而语,还没有从根本上摆脱穷字。

1097.“我们新钢有5万多职工,42亿多资产,家大业大。但金山银山也经不起大手大脚地花,你浪费一点,他糟蹋一点,一年下来就是几个亿啊。”一个工人很感慨地对记者说。

1098.以前有人说,新钢遍地是黄金,但这遍地黄金是公司管理不善漏下来的。成本多那么一点,少那么一点,干部不在乎,职工也不计较,结果公司每年要损失2亿到2.5亿元。

1099.希望能有助于人们加深对于吸烟害人害己的认识;也希

望有更多的人能够行动起来,为禁烟工作出一把力,出一点主意,做一点事。

1100.又处于对外开放的前沿地带,就不可能不碰到各种新情况、新问题,碰到的一些问题也会比其他地方早一点,或者多一点。

1101.你不是孤寡老人,你有儿孙,有儿媳,他们都有钱有地位,不在乎你吃这么一点,穿这么一点。说老实话,像你这么大的年纪,有你这么好的条件,你应该是坐着享福的。

1102.时间仍然还早。他知道小媳妇玉珠一定会来。也许她正走在去集市的路上也许已经买好了王八往回赶。早一点晚一点都无所谓,反正他可以从从容容地等。如同农人在耕种,泥瓦匠在砌墙,猎人在守候……

1103.捞一点是一点,生怕出了国不方便。

1104.我是从今年九号文件开始抓工作的。从那以后是什么路线,全国的形势是好一点,还是坏一点,实践可以证明。

1105.但是,我的根一直扎在群众这块土壤里,和群众一块儿冒芽,群众长一寸我也长一寸,群众蔫一点我也蔫一点。

1106.卫星厂房里的温度,要求22℃,高一点不行,低一点也不行。这就要求中方的空调机连续9天9夜不能停。

1107.再者是要提供快捷、优质的服务。送餐的时效性强,一般集中在中午11点至12点之间,早一点,晚一点,都会给用餐者带来不便。

1108.“为了友情,人家送上门的钱,你居然都不要。”丁满也笑着说:“人嘛,当然要讲感情的。至于钱这个东西,多一点,少一点,日子还不是一样过?”妻子娇嗔地白他一眼:“就你清高!”

1109.某些青年的思想中,确实存在着混乱的、甚至是很糟糕的一面，但也有很多优秀的青年。他们的话可能说得过火一点，偏激一点，但他们深恶封建流毒，渴想探求新的方向，希望社会主义的美好理想不致徒托空言，这是应该肯定的。

1110.总之是，多来一点酒，少来一点水。

1111.何是恶，何是美，何是丑，何是有用，何是无用，到头来说得清吗？也许，人注定要生存在一种两难处境中，混沌一点，糊涂一点，也许就会好过一点。

1112.这种研究方法看来有点迂阔，但比较实切。做一点，多一点，深一点。我不敢说这是科学研究社会的最好的办法，只能说是我在半个世纪里通过实践找出来的一个可行的办法。

1113.“两种文化”的弥合，人类精神的重整，政治决策过程的民主化，根本上维系于多一点宽容精神，多一点理解态度，多一点平等基础上的对话与批判。

1114.大观园未必与贾府的事情、与全书的主线（不论是“兴衰”主线还是爱情主线）有必然的关系，早一点进或晚一点进丝毫不影响宝黛之情与凤（姐）探（春）之政。

1115.不同于借鬼神谈苍生，而是谈鬼神中的苍生，或者说研究鬼中的“人”。这就要求多一点理解，多一点同情，多一点文化意味和学识修养，而不只是意气用事。

1116.活灵活现一条大汉，一个好汉，有点光棍味道。但整个是不凡，全无世故，稍稍“凡”一点“俗”一点不会这么来的。

1117.解脱也是一种担当。尊严地死去自然比坚强地活下去少一点韧性，但也多一点勇气：在那个瞬间。

1118.要干就是要全方位全身心地投入，就是堂而皇之地做，我不喜欢这边沾一点，那边捞一点。

1119.个人之间的交接，也成为天知地知，尔知我知，话可以随活着的人说去,似乎很方便,实际最费踌躇,说得重一点,说得轻一点,都失慎独之道,因而只能平铺直叙,忆则书之。

1120.就是不说(或者说不出、不能说)这差距是什么、有多大、为什么现在不能弥平这个差距,正好比可以说胆子再大一点、步子再快一点,但却不清楚这个“一点”到底有多大,有多长,以及点到何处。

1121.没有想像(象)力,我们年轻时哪里会革命?还不是庸庸碌碌做一个小市民?不过当我们经历多一点,年纪大一点,诗意逐步转为散文说理的时候,就得分析想像(象)力了。

1122.经济与文化并不一定同步,是的,但更不会是相悖反,多一点综合国力多一点本钱,还是比少一点好。

1123.但美国人、欧洲人、非洲人、日本人……要回答这个问题,中国人也要回答这个问题,我们能不能在这方面做得快一点,好一点呢?

1124.一部重刻宋淳熙本《昭明文选》和其它(他)一些书刊,就是利用这种时间今天看一点,明天看一点,断断续续看完的。

1125.这种心理战术真是高明。我们也实在爱着《时代周刊》,看情势他们不会再让步了。为了不想断档,贵一点就贵一点吧。

1126.对一般孩子而言,教育无非是多加一点知识或少加一点知识,可是对残疾的孩子来说,教育成了他们适应生活,从不能生活到能自理生活,从不能活到能活的条件。

1127.我就想:如果父母对儿女、长辈对小辈、老师对学生、师傅对徒弟、领导对下属,也像海浪对贝壳和石子那样,多一点爱意,多一点温柔,多一点耐心的话,一定能磨研出许许多多心灵美好的人来。

1128.人傻,就容易谦虚一点,小心一点。而任何人如果有自知之明，知道自己傻，当然不会犯聪明的错误。

1129.计划多一点还是市场多一点，不是社会主义与资本主义的本质区别。

1130."只要血流了出来，迟早总会干的。"司马超群说，"早一点干、晚一点干，其实都没有什么关系。"

1131.城里医生说家珍得了软骨病，说这种病谁也治不了，让我们把家珍背回家，能给她吃得好一点就吃得好一点，家珍的病可能会越来越重，也可能就这样了。

1132.抽一点血就抽一点，医院里的人为了救县长女人的命，一抽上我儿子的血就不停了。

1133."你不懂，"我笑眯眯地把我写小说的绝招儿第一次告诉她，"我每天想起一点儿就写一点儿，没主题也不联(连)贯；等写了一把纸头了，就把它们往起一串，嘿！就成了。这叫纸牌小说，跟生活一样，怎么看都成，就是不能解释。"

1134.别的事还可以马马虎虎，早一点迟一点，没有多大关系，这是"五反"呀，宜早不宜迟。

1135.她想一点，便记一点在淡黄色的小小本子上。

1136.我们的日子好过了，学海和阿英两个人领了工钱，我们紧打细用，积蓄了一点钱，就添置一点。

1137.只要徐总经理喜欢，价钱倒好说，多一点少一点没关系，你看着给就是了。

1138.这样一来，我们厂里的民改运动顺利开展，可以缩短时间，进行普遍交代了，为了把运动展开，搞的(得)深一点透一点，最近准备开一个大会……

1139."上海工作一向是稳的，公私合营一定和'五反'一样，要比全国各省市还要慢一点晚一点，江苏、浙江这次跑得快了一些，这并不符合中央的要求。”

1140.“可我希望活得软弱一点,糊涂一点……燕喃,我只告诉你个人,我根本就没跟小岸结婚,信不信由你!”

1141.按照惯例,车把式赶车,也管装车卸车,跟车的人不过是车把式的帮手。如果两人相处得好,谁多干一点谁少干一点都无所谓,配合起来共同完成任务就行了。

1142.我想我们两人大概是一人这时要从文明走向野蛮一人这时要从野蛮走向文明恰好在某一点上碰撞上了,提前一点和错后一点都不行。

1143.姨奶奶说:我也活不了几天了,饿死就饿死,我不像你们的老爷,快要死的人了,还和孩子们争嘴,吃一点吐一点,还往肚里塞……

1144.呕吐腹泻不止,吃一点,吐一点,泻一点。

1145.毛泽东正在写作,掀起眼皮望住我说:“阿姨,麻烦你了。我们现在还困难,一切为了前方,节约一点是一点。你就辛苦些吧,谢谢你了。”

1146.接着是军需的声音:“算了,算了,多一点少一点有啥呢?下回找齐就是了。”

1147.东家一点,西家一点,到了晚上已经凑了不少东西。

1148.“大家来,集体批。不破不立,破一点就立一点。”

1149.今天讲一点,明天讲一点,大家都静静地听着,大家都十分相信他的话。

1150.至多是迟一点、早一点罢了!

1151.像徐松这样的腐败分子,如果能够早一点发现,早一点暴露出来,会给国家和人民挽回多少损失?

1152.方枪枪躺在树荫下让陈北燕治伤,太阳晒着一点就往荫里挪一点。

1153.十几年听不见炮响,年纪大一点,吃得好一点,活动少一点,内分泌再变化一点,军官们都有些发福,有些白净。

1154.根本不应该牵扯工作的事,应该写得随便一点,自然一点,有什么不可以呢?

1155.小小的果园井井有条,祖斐住院的时候已经吃过靳怀刚做的水果沙律,只见他拿着一只玻璃盘,这里采一点,那里采一点,一下子满满一盘胭脂色的莓子,大大小小,一时叫不出名字来,祖斐已忍不住要染指。

1156.“你……你……不用救我,谁教你这样?”杨过朗笑一声,道:“我身上情花之毒未除,多一点少一点没什么不同。”

1157.中国人不像这样,他老是就是有一点就享受一点,所以这样也导致了中国文化固然在中世纪,在封建时代曾经繁盛,但是到了近代以后就开始衰弱,尤其是当西方迅速地发展的时候,我们就相形见绌了,而且是每况愈下。

1158.我曾经跟他们交换意见,我说你对资产管理公司可能还要多一点地理解、多一点地支持,你不要觉得四大国有商业银行,是在支持你们的地方经济建设……

1159.给大家再讲一件事,就是说,我们现在养狗的很多,有很多居民家里养了狗。尤其是带出去散步的时候,它这边撒一点尿,那边撒一点尿,它不是一次把尿排光,到处撒尿,而且太不文明了。

1160.这里捞一点时间,那里捞一点时间,一天多出一小时,一年 12 个月就变成 13 个月了。

1161.她从来不善于当家理财,也不懂得节衣缩食,量入为出,以适应境遇的改变。为数本来很有限的钱财,就这样东花一点,西用一点，差不多全从她的指缝里漏掉了。

1162.俗语多得很。知道的(得)少一点，睡得熟一点，这不是很对吗？心里想着俗语，就是要它结好一根鞭子，来管好自己的灵魂的。这个是什么字母？

1163.别的珍珠母，表面上粗一点，黑一点，有十岁以上的年龄了，宽大可以到十五厘米。

1164.下一个一定会好一点、强一点，我一直盼望会有好几个米斯拉出现，然后我再决定带哪一个回喀洛斯。

1165.她甚至不知道小月亮每天是早一点升起或是晚一点升起，更无法明白克撒所信赖的那个“刺穿天顶的时刻”。

1166.天晚了，高兴住下，您就住下。这就算是处长个人的小俱乐部，由我管理，一定要比公馆里洒脱一点，方便一点，热闹一点！

1167.您就是告诉我们作低级一点，马虎一点，我们也不会！

1168.杨主任，请你别多心，招待所实在比你这里宽敞一点，舒服一点，洗洗澡，理理发，要茶水，都方便。

1169.青年同志们：只要小心一点，眼睛就更亮一点；只要粗心大意一点，就会帮助了敌人！

1170.他本来就胖，钱一多，更胖了，满脸黑油，锐利的眼睛与鼻子埋在臃肿的油肉里，单露出一点尖，露出一点忧郁的芽。

1171.人们似乎连肚子饿都忘记了。老通宝他们家东借一点，西赊一点，南瓜芋艿之类也算一顿，居然也一天一天过着来。

1172.“早一点晚一点有什么关系呢！有诗感的那一秒钟便是永生，没有诗的世纪等于零！”东阳得意的(地)背诵着由杂志上拾来的话。

1173.只要有几件家具过得开日子就算了，多一点少一点有什么关系？庄稼人是靠劳动吃饭的！谁也不能靠祖上那点东西过一辈子！给我那么多我就要那么多！没有意见！

1174.在“三不准”规定之后，仍敢于继续我行我素、顶风试法者，我们要有一件查处一件，一查到底，决不手软。

1175.贩卖、使用假增值税发票和骗取出口退税的案件，一定要严惩不贷，有一个打击一个，决不能手软。

1176.当年攻克绒癌的征程记忆犹新：50 年代初，绒癌病人出现转移的，有一个死一个。

1177.正如人们常说的那样，有一利便有一弊。

1178.还得靠中国人来办，个人的力量虽然有限，就尽自己的一份责任，有一分光发一分热嘛。

1179.YKK 集团苦不堪言，呼吁中国法律采取断然行动，一路追查到底，有一家查一家，从严从重处罚，直到彻底根除。

1180.江苏省泰兴市委、市政府重视群众来信来访，有一件办一件，办一件成一件，最近一举甩掉全省信访大户帽子……

1181.执纪要严，有一件，查一件，轻的批评教育，重的重处……

1182.省委书记姜春云强调，只要还有走私活动，就要穷追猛打，有一起查一起，有一个抓一个。

1183.孟建柱宣布：上海一不准搞走私，二要坚决反走私，有一件打一件，决不手软。

1184.他实实在在地从自身做起，有一分热发一分热，有一分光发一分光。

1185.在使用功能以外，适当加一些美化就可以了，千万不要有一样装一样，处处都装饰。

1186.苏春龙也把准备办水泥厂的 10 万元搭进来，原吉利答应有一分添一分。

1187.发现这样的问题,要有一个查处一个,丝毫不能含糊。

1188.对发生的职工职业道德方面的问题,有一件处理一件,保证了职业道德规范、规定的贯彻执行。

1189.今后凡是出现这类事情,建设管理部门要有一件查一件,绝不含糊!

1190.齐心协力为少年儿童的健康成长创造良好的社会环境,有一分热,发一分光……

1191.联想一定要尽最大努力,为民族工业的旗帜在中国土地上飘扬,有一分热发一分光!

1192.不必听自暴自弃者流的话,能做事的做事,能发声的发声。有一分热,发一分光。

1193.我说凡是帮派头子,有一个调开一个,再出一个再调开,一天调一个,一年调 365 个。

1194.能做事的做事,能发声的发声,有一分热发一分光,就令萤火一般,也可以在黑暗里发一点光,不必等候炬火。

1195.他一向热爱鲁迅的著作,他在几本书的扉页上都写着:“有一分光,发一分热,就令萤火一般也可以在黑暗里发一点光,不必等候炬火。”

1196.有悲天悯人之怀,一也。忠于理想,碰钉子不退,二也。直,有一句说一句,心口如一,三也。

1197.作者的深思与人格力量,也是时代的“制高点”所发射出来的光辉。有一分热,发一分光。

1198.自从旧石器时代以来,在与大自然竞争求生的岁月中,就已经养成了有一餐吃一餐、有什么吃什么的习惯。

1199.那班大少爷出身的,有一万用一万,不顾死活的……

1200.她有一句说一句。

1201.我有一句说一句,不能冤枉人。

1202.你就说我破坏爆炸工作,给我盖了顶"特务"帽,我可担不起这罪名!我是有一句说一句。

1203.冠先生每天必定刮脸,十天准理一次发,白头发有一根拔一根。

1204.他依然得不到一官半职,他开始感觉到一点威胁。虽然他的白发还是有一根便拔一根,可是他感到自己或者真是老得不中用了。

1205.桐芳是姨太太,永远是他的,她死不得。再说,虽然他的白发是有一根,拔一根,可是他到底慢慢的(地)老起来。

1206.她喘了口气:"得,明儿见;甭犯牛劲,我是直心眼,有一句说一句!"

1207.我呢,在东方不少年,当然比他们知道的(得)多;我告诉你,有一分知识挣一分钱;把知识变成金子,才算有用。

1208.生活依然是有一顿没一顿,丈夫的病症更厉害了。

1209.他甚至不忍心下判了,因为他实在不愿让孩子过早地回到那有一顿没一顿的日子中去……

1210.别的较大的市场只报告售前价格或者是慢吞吞地有一天没一天地在一块黑板上写出来。

1211.姜亚平用自己的津贴费,有一顿、没一顿、饥一顿、饱一顿地跑了华北30多家无线电厂……

1212.看船边不怕人的小鱼在水草里悠游,有一搭没一搭地聊上几句。这是我吃过的最美的午餐,迄今犹念念于心。

1213.喝着茶,老陈和沈同生有一搭没一搭地扯些闲话。沈同生很快就意识到老陈此番来意了。

1214.章竹安和我,那天下午,站在风中的路边,有一搭没一搭地谈了几句天气,诸如风真大、天不冷、今年怎么还不下雪……

1215.他问她矿上的情况,她说半句留半句的;她也问他省城的工作,他也有一句没一句。

1216.车不来,干等无事,爷俩就有一搭没一搭地找话说……

1217.贺玉梅有点愣,没想到这事就这样有一句没一句开着玩笑就办了。

1218.我与卡特坐在阳光下(摄像机、摄影机灯光照射下有这一感觉)的地头促膝闲谈,有一搭没一搭,谈的什么或为什么而谈并不重要,而那谈话的感觉是温和的,亲切的,愉快的。

1219.生活无着,或跟着六七十岁的祖辈乞讨为生,或守着空房有一顿没一顿地度日子,或流落街头捡破烂偷东西……

1220.显然,那该是他的孙女儿。我有一搭没一搭地旁听着,心想亏这老头儿问得出来,也亏那姑娘能答对那么多…

1221.还有她那随意垂着的披肩发,有一下没一下地撩拨着我的耳根和颈项,让我的心上无端生出一份酥软。

1222.镇长有一搭没一搭地和我聊着话,招呼厨房里的小保姆削几个苹果招待我。

1223.一边儿在树林中间一块空地上给月亮画像,一边儿跟玛加利有一搭没一搭的(地)说些亲亲热热而又疯疯癫癫的话。

1224.运气好时也只能在巡回歌舞团跑跑龙套,或有一搭没一搭地打打零工,教教家馆,工作艰辛而又不稳定,毫无安全感……

1225.碟儿空了,碗儿净了,酒杯儿见底了,拿两根竹筷敲敲碗边儿,有一句没一句地唱唱歌,不知有多惬意!

1226.一是铡马料,一是斩猪草。边干着活,边有一句没一句地闲扯着。

1227.如果夫妻两人都是“抽象派”,那么即使是天天有一顿没一顿,也照样能唱山歌。

1228.对顾德则十分失望,饥一顿饱一顿,有一搭没一搭。

1229.在保姆不来的日子里,她便吃剩菜剩饭,或随便胡(糊)弄一点,有一口没一口。

1230.马车还在一摇一晃的(地)走着,走得很慢,赶车的有一搭,没一搭的(地)哼着小调,仿佛正是打瞌睡。

1231.真要和我们在一起,你不妨先考虑一下,有一餐没一餐的,没有新衣穿,睡地板就算是好日子。

1232.不论如何,我不忍心看到他们有一餐没一餐的。

1233.孙喜就慢慢地走过去,他看到老太太双手插在袖管里,有一眼没一眼地看着他。

1234.有了水声,便引来虫叫,引来鸟鸣,各种声腔调门细细地搭配着,有一声、没一声,搭配出一种比寂然无声更静的静。

1235.远不如他给我寄来的信上写得那么丰富、生动,他基本上是有一搭没一搭地问我这个那个。

1236.又一回汇完款,闲聊,女营业员有一搭没一搭地问我:“您能不能给想个法子,让我们那口子挪挪窝……”

1237.本是有一搭没一搭的说话,说到这儿却忽然惹出了小墩子的一腔牢骚……

1238.走来,他们且战且走,还抬着死伤的士兵,看他们的样子又累又饿,有一步没一步地走着。

1239.他们有一下没一下地干着,看样子象(像)是连把铁锨也拿不起来。

1240.玩了会儿国际象棋,妈妈斜倚在床上,不时地看一眼我们下棋,我们有一搭没一搭地说着日常琐闻,最后话题又扯到我的终生(身)大事上。

1241.他站在椅子上把钉子砸得铛铛响,我站在一边给他递家伙,我们有一句没一句地闲扯,那一定是一种非常幸福的情景。

1242.青皮小蝉在院里的玉兰树上有一搭没一搭地叫。

1243.我这样有一搭没一搭地问着,其实也是一种反省……

1244.二子有一搭没一搭地说:"入党的事提过了,两个党员同志也跟我谈过了。"

1245.那人有一搭没一搭地问:"叫什么名字?"

1246.今年包这镇上的税,也不过是有一搭没一搭的事。

1247.那我绝不会泡在你家不走!你为什么既不下逐客令,又心不在焉地有一句没一句地用话应付我呢?

1248.微微的秋风吹起市面的声音,有一阵、没一阵地在江水上浮浮沉沉。

1249.最后,冼鉴跟冯斗一道回到仙汾市,也在那机器修理厂里做做替工,有一天、没一天地干着糊口。

1250.有时,就有一句没一句,东拉西扯地瞎聊天。

1251.我们有一搭没一搭地说着话。

1252."林生啊,日子过得怎么样啊近来?"老太太有一搭没一搭地问。

1253.害得我无处可去,倚在别人的办公桌旁和朱秀芬们有一搭没一搭地说些没盐没醋的话儿。

1254.她们靠在一棵大树下坐着,享受着饭后的恬静,有一搭没一搭地海阔天空地闲聊。

1255.两个人就这样有一句没一句扯着闲嗑,让自己滋润在调情的舒适中。

1256.拉车的嘴里说话,可并不停车,露出有一搭没一搭的派头。

1257.大门内的三道厅堂都已荒废,没有门窗,没有朱栏,铺地的方砖也是有一块没一块,沙土一堆堆,那是黄狼或老鼠的洞穴。

1258.大门不出,二门不迈,每天只吃一顿饭,整日偎在床上,打开电视,有一搭没一搭地看着,心不在焉,全然不管电视的内容。

1259.间或甚至有人听她有一声没一声地哼歌子……

1260.我们祖孙两个靠在神龛下,我听着他有一声没一声地唱着《折白歌》睡着了。

1261.从院墙上向远处望去,河对岸的小镇高低错落,一片参差,有一盏没一盏的昏暗灯光闪闪烁烁。

1262.再加上维持会要款的事在心里焦愁,有一步没一步地往家里走。

1263.这丫头有一天没一天地上班,根本志不在事业……

1264.赶快去申请个菲佣是正经,免得沛沛有一餐没一餐的,人不知瘦了多少?

1265.思想刹那间混杂无章,把旁边两个女人的说话,有一句没一句地继续听进脑子里。

1266.林小枫收拾厨房,爸爸妈妈去了客厅,客厅里电视开着,老两口边有一眼没一眼地看着,边说着话。

1267.长栓有一句没一句地和他聊着……

1268.雅室内,致庸正在和成青崖有一搭没一搭地聊着……

1269.宋慈的双脚泡在盆里两只脚有一下没一下地搓着脚盆里发出轻轻的水花声。但他却再也没说过一句话。

1270.招呼都没有,示意都没有,整个就是如入无人之境!于是人们开始有一眼没一眼地看简佳……

1271.奇斯瓦特接受那尔撒斯的招待也坐了下来喝茶,两人有一句没一句地闲话了一阵子之后,奇斯瓦特提出了重要的话题。

1272.可是风呢,却越来越小!这是一种很不固定的微风,有一阵没一阵地从大陆上吹来,它掠过了海面,立即飞向不知名的远方……

1273.她还是有一搭没一搭地说着话,但她似乎并不很在乎,我也就不怎么留意去听话、回话……

1274.他就这样有一搭、没一搭地嘟囔着,他眼里和脸上都露出如疯似狂的剧痛。

1275.他们只要家里还能有一顿没一顿地再挨上几个月,也就会勉强回去。

1276.她身旁的小男孩早在半个钟头前就已经无聊透顶,现在正有一下没一下的(地)踢着椅子脚。

1277.疲乏的乐队有一阵没一阵地奏着。

1278.车里的谈话也是轻轻飘飘的,标准英国式的,有一下没一下。

1279.她与大小姐捶腿时,便有一搭没一搭的(地)说闲话……

1280.林先生和那位收账客人有一句没一句的(地)闲谈着。

1281.小喜是个酒色之徒,自己也不讲个大小,见哪家有好媳妇,就有一搭没一搭到人家家里闲坐。

1282.就这样有一搭无一搭的,这些年来也有幸见识了不少地方相当数量的阅报栏……

1283.发走了信,陈永贵轻松了许多,每日散步看报打牌,有一搭无一搭地看看文件。

1284.把门开开,门外只是风在呜呜地吹,雨点在凄楚地敲,狗在有一声无一声寂寞地吠。

1285.马季蛮以为是跟他一起说相声的伙伴，一边埋头继续爬着格子，一边有一搭无一搭地说："喂，咱们呆会儿再聊，我正写到坎儿上。"

1286.两人有一搭无一搭地聊起闲话来。

1287.后来二爷便不再问，只是有一搭无一搭地与他说些家常……

1288.如此有一搭无一搭地扯来，构不成故事，却很有一些人生况味。

1289.老管笑道："我这个锻炼有一搭无一搭，练什么都行，只要能消磨时间就好！"

1290.他俩虽然还有一搭无一搭地闲聊，刘太生的心里却七上八下地犯了猜疑。

1291.她那么吃不香睡不稳、干什么都有一搭无一搭的，好像受了多大委屈一样。

1292.我认识男人总是有一搭无一搭的，都没有最后的结果

1293.钱如泉喝了二两大曲，中午觉醒来以后，伸了个大懒腰，先是有一搭无一搭地跟他闲谈，渐渐就天南海北地神聊起来……

1294.我们俩有一搭无一搭地说了些前后毫不连贯的话。

1295."我搬来，我还有一个媳妇……我搬来，儿不儿，媳不媳，有一顿(饭)，无一顿，看你的脸色！"

1296.依旧坐在敞开的大门口，有一针无一线地做针线，目送每一个经过家门的人。

1297.有一句无一句地说：刘总，不是我说您，跟桥老板打什么架？

1298.后湖边上住着两户打鱼的。他们这打鱼，真是三天打鱼，两天晒网，有一搭无一搭。打得的鱼随时就在湖边卖了。

1299.“苒青,喜欢这儿吗?”和子有一搭无一搭地问着话。

1300.让耿林觉得可气的是,他们很少打牌,多数时间是望着楼门口,有一搭无一搭地唠着家常,比如,昨天吃什么买到哪些便宜菜之类的话题……

1301.与两位记者的敬业精神相左,我与妻子有一搭无一搭地应付着,事后想起当初的情景,怪不好意思的。

1302.如今看顺了他也有一搭无一搭跟她聊:“到底多大啦?”

1303.这天,两人边穿戴打扮,边有一搭无一搭地说着话,说那个从非洲回来的同事。

1304.晚上躺在床板上,两个人就有一搭无一搭地聊天。

1305.前面一座小院门台前坐着一个妇人衣衫不整披头散发手拿拨浪鼓有一下无一下地抖动着嘴里喃喃自语。

1306.孩子们都醒了,大声的(地)催促妈妈给熬粥。天佑太太与祁老人和孩子们有一搭无一搭的(地)说话儿。

1307.孙七也出了汗。他本想和瑞宣有一搭无一搭的(地)乱说,好使瑞宣心中不专想着丧事。

1308.潘岳说:“别的国家发展新能源技术早一天晚一天都行,唯独中国不成。”

1309.鬼魂也和人一样,衣食住行都得花钱。我想原一定会回来,早一天晚一天,就是不回来也准会托别的鬼魂给我带个信。

1310.明天我再带你去祭坟,好不好?它就在那儿,永远都静止不动,你早一天去晚一天去,又有什么差别呢?

1311.至于早一天死还是晚一天死,我早就无所谓了。你也可以现在就杀了我。

1312.还有一样,你有套行李放在这儿,早一天算帐(账)晚一天算帐(账)店里都放心,他不怕你跑。

1313.我非要逼你在这中秋节里干点什么。我这么多年都等得起,还在乎这早一天晚一天吗?

1314.二掌柜,你怎么回事,你还不放心我呀?这个老头,反正是要死的,早一天死晚一天死又有啥不同?

1315.买者有商品,卖者有货币,也就是有一种不管早一些或晚一些再进入市场都保持着能够流通的形式的商品。

1316.至于训练,则按教练的吩咐去做,时常在森林里跑,感觉好时就跑得长一些,感觉不好时就短一些。

1317.也就是说,线路长一倍但工期短一半。

1318.高人行事正中有邪、邪中有正,练功以内为主、内外兼修,兵刃一寸长一寸强、一寸短一寸险等,无不写得深入浅出,合情合理。

1319.没有踱步于斗室的狂躁,也没有一反常态的从容,没有近乎绝望的长一声短一声的吁叹,也没有任何了断后事的细节。

1320.四野无人,只有远处的几只老猿在长一声短一声哀啸。

1321.花生,瓜子,糖果,烟卷,油茶,麻花,烧鸡,煎饼,长一声短一声叫卖不绝。

1322.头戴孝帽,腰间系着宽宽的白带子,女人们用手帕蒙住脸,唱歌似的长一声短一声地哭泣。

1323.可是,宝山妈心口疼得长一声短一声的一"哼哟",二婶心又软了。

1324.这厢宝山妈犯了心疼,长一声短一声的"哼哟",二婶苦笑笑道……

1325.她坐在油灯下,长一声短一声地叹息着。

1326.玉环领着汪霞,抛开村南的据点,绕过公路,"娘啊,娘啊"长一声短一声地跟在他男人的背后,啼哭着进了村。

1327.肖济东再回到卧室时,老婆的高腔已过,只剩下长一声短一声的呜咽。

1328.我忙又找服务员,从服务员家里弄来双毛竹筷子,一长一短一粗一细,不配套。

1329.李老汉长一口短一口地呼吸。

1330.头挨着头,把全身力量集中在耳朵上,听老孙长一口短一口地呼吸。

1331.老妈妈面容愁惨惨的,长一口短一口地叹气。

1332.向相熟的人家租一间半间屋子,住上一阵,有的住得长一些,有的短一些,到生意做完,就走了。

1333.小敏忽然惊叫了一声,就长一声短一声快活地呻吟起来。

1334.长一笔,短一笔,粗一笔,细一笔,歪一笔,斜一笔。

1335.一把拍醒康家败,又把老婆和媳妇叫来,把刚才的事,气慌嘴结的(地)长一句,短一句,讲了一遍。

1336.你比如说“王”字,三横一竖,那么这边三横是有变化的,第一横长一点,第二横短一点,第三横更长一点,这样呢,它是有变化的。

1337.整个演奏,阿炳自己的演奏是七分钟,那么有的就长一点,后来有的演奏就长一点、有的短一点,这都是个人处理。

1338.所以,嘿嘿,这么聊没法儿记,这儿一句,那儿一句,非得具体按着什么先提什么呀,说什么……

1339.山路很不好走,妈妈回家时身上经常是这儿一块血迹,那儿一块伤痕。

1340.草原上放牧着牛、马、羊,这儿一群,那儿一片。牧民们有的半躺在草地上唠嗑,有的骑在马背上信马由缰。

1341.对着她的窗的正西方，相逢又相重的朵朵行云之间露出了这儿一片、那儿一片的蓝天。

1342.华都集中在一处，自享自美。水也来凑热闹，不知从哪儿跑出来的，这儿一个溪涧，那儿一道瀑布，贴着山石幽幽地流，欢欢地溅。

1343.有千万只鸟舌在他的肉体上游走，这儿一麻，那儿一酸，这儿一抖，那儿一揪，热了，这音乐是热的，有一股热乎乎的细流很快地渗遍了他的全身……

1344.蓝天上，这儿一条，那儿一块，飘着洁白光润的白云。

1345.年迈的海员们这儿一群那儿一帮地坐着晒太阳。

1346.手电照这儿一下照那儿一下，每一次照到桌子附近的时候，小家伙都闭上眼睛……

1347."是啊，我在那里受了一点伤，然后又在那些蛮荒地区打猎，这儿一下，那儿一下。"

1348.显然这条伤痕的深度不是平均的。这儿一个渗血点，那儿一个渗血点。这里的一条伤痕也是这样。

1349.秦始皇死后四年，项羽的士兵焚烧了这部分陵寝的残迹。从泥土中，这里伸出一只手，那里伸出一只穿靴的脚。

1350.这也看不惯，那也不满意；这也不行，那也不对；在这里挑剔一番，在那里指责一气；立一通这样的规矩，定一套那样的做法。

1351.比如，自然条件和地理位置、民族宗教以及历史因素等等。为什么在这里建立一个省，那里建立一市，恐怕都有许多原因……

1352.干部在这里呆一呆，那里呆一呆，接触的面广一些，知识也多一点。

1353.这里改一点,那里改一点,合起来也不是笔小数目。

1354.大都是因为"工作的急切需要"或是"遇上了某种情况,便这里挤出一茎,那里钻出一苞"(《野芳集·自序》),皆有明确的宗旨。

1355.他说:"写作如同画家作画一样,就象(像)画家在作画过程中这里添上一笔、那里抹上一层色彩会产生新的效果一样。"

1356.同时蓦地发觉:原来自己对自己的肌肤,这里藏着一颗黑痣、那里留下一个瘢痕,竟是全然不知晓的!

1357.山部俊郎下棋往往是这里碰一下,那里点一下,像撒豆子似的,下得稀稀拉拉。

1358.这间大厅没有规则的形状,不圆,不方,这里突出一角,那里凹进一块,而那些同样不规则的、原木式的座椅、台桌就错落在那弯弯角角……

1359.医生们叫做"肺炎"的不速之客,在艺术区里悄悄地游荡,用他冰冷的手指头这里碰一下那里碰一下。

1360.我割去一片瘀蓝的肿胀皮肉,这里割一点,那里割一点,割下来的都是她的血肉。

1361.你们看看,小草浑身都是伤,这里紫一块,那里青一块,她咬著(着)牙不说,可是,我怎么会不知道呢?

1362.小孩子又胆怯又好奇地跑着看热闹,老年人忧心忡忡地这里凑一起,那里站一群,互相谈论和打听消息,还有不少人在忙着照料部队所需要的柴火……

1363.一开始的时候,也只是感觉到这里有一点点儿扎,那里有一星星儿的刺,那刺动是很轻微的……

1364.他长久没有进这华贵的客厅,这里摸一摸,那里捏一捏,不知站着得好,还是坐下得好。

1365.天空上这里闪一闪,那里亮一亮。

1366.他又没什么钱,只得这里躲一躲,那里藏一藏,整天坐立不安,魂不守舍,悲伤怨恨……

1367.于是他这里挨一挨,那里靠一靠,盘盘桓桓,老落不下脚。

1368.可是哪里灌得下去,只见这里洒一点,那里泼一片,床上地下都打湿了,还没信儿呢。

1369.只见她这里站上去补一点,那里攀上去加一绺,一直到她自己觉着都过得去了……

1370.大路的路基也叫洪水冲刷得这里坍一块、那里坍一块的,浑不成个样子。

1371.有的衣物、器具都摆在床上和灶台上;人就这里靠一靠,那里站一站,把两只脚泡在水里。

1372.在小帽冈上,马有仍然紧紧跟着震光小学校长林开泰,这里转一转,那里转一转,一步也不放松……

1373.陈文婷也不坐下,只扭动着她那苗条的身体,这里站一站,那里挨一挨,问清了情由,就说……

1374.在这些山间,这里有一道小溪,那里有一片平地,善良的朝鲜男女就穿着古朴的服装……

1375.住院的时候已经吃过靳怀刚做的水果沙律,只见他拿着一只玻璃盘,这里采一点,那里采一点,一下子满满一盘胭脂色的莓子,大大小小,一时叫不出名字来……

1376.而且它丢的五六稿,这个人借去的时候,不是连着的五六本,就是这里借一稿、那里借一稿,一直到《悬崖撒手》那是很后来,做和尚去,那到很后来了……

1377.苍白的脸上嵌了个鹰钩鼻。他的脑袋很大,头颅凹凸不平,像是被人这里按一下那里敲一下似的,样子古怪,额头和颈子上均长满了红肿的粉刺。

1378.这里刮一刮,那里也刮一刮。瞧,那里还有一点没刮干净!

1379.仔细看了一遍,把开头他只草草画出的细节补好,这里添一点色泽增加强度,那里渲染一下浓淡……

1380.天就暗下来,许多大城市真是美丽极了。有许多灯在点着,一会儿这里一亮,一会儿那里一亮。

1381.他翻过来覆过去,还是不舒服,于是,他把床上的用品都扔掉,这里扔一个枕头,那里扔一床褥子,然后,他就美美地一直睡到第二天早晨。

1382.让每个人都行动起来,对一个大学生戳一下,对一个工人咬一口,这里待一会,那里停一会,继又转到别处……

1383.这里形成一块凸起,那里形成一块凹陷,如同随着地形起伏隆起或下陷的白雪。

1384.我知道他们做什么,所以也知道他们说什么。以此为基础,我再给这里夸大一些,那里润色一下,人物的台词即成为他们自己的,而又是我的。

1385.地盘虽然宽阔,屋宇虽然繁多,然而却讲不上建筑上综合的调和美。这里一栋红的、那里一栋白的、再那里又一栋灰的……

1386.一进去小院子里,满是济南人日常应用的陶器。这里是一堆钵头,那里有一堆瓦罐,正中有一堆大瓮同一堆粗碗……

1387.巷子外面精湿的,这里一汪水,那里一摊泥……

1388.时而,这里一点,那里一点,农舍里会闪出点儿光亮,那必然是勤俭的妇女在赶夜工……

1389.路上,血迹片片,这里一个死人,那里一颗人头。

1390.七爷没理我,只见他这里一指划,那里一吆喝,不用半个时辰,把几万饥民分成一群一群……

1391.路上,这里一个景点,那里一个景点,这里一个典故,那里一个典故……

1392.嘿!这里一杆红旗!嘿!那里一杆红旗!

1393.一部分队伍已经解散,一部分队伍这里一堆、那里一堆地站立着,此起彼伏地在高呼口号。

1394.只见这里一堆破布,那里一堆断绳,农具不是缺了口的,就是脱了榫的……

1395.草坪上坐满了农场工人,这里一堆,那里一堆。

1396.山里静悄悄的,只有各色鸟儿,这里一声,那里一声,又似应答,又像独鸣。

1397.这里一堆人粪,那里一堆马粪,满院子屎尿横流。

1398.刚过吊桥走了不远,只见路上这里一个坑,那里一堆土,这里露出个绳头,那里露出半截铁丝……

1399.在出土的时候,因为弄断,崩裂,把它打破了,等到拿出来的时候,这里一片,那里一片。如果把两片能够拼合起来,那不就是一个完整的甲骨片了吗?

1400.和华向他们说的话,是命上加命,令上加令,律上加律,例上加例,这里一点,那里一点,以致他们前行仰面跌倒,而且跌碎,并陷入网罗……

1401.他竟命上加命,令上加令,律上加律,例上加例,这里一点,那里一点。

1402.房间的清扫工作总是在晚上进行,但不再是很快就完了。这里一堆尘土,那里一堆废物,沿着墙壁留下的肮脏的线条。

1403.巨冢这里一个,那里一个。

1404.愈往泥沼里面走,这块地面就变得愈窄。从这块地面的尽头处起就这里一根那里一根地插着小木棍……

1405.他要加这一个字,改那一个句子,务要求得我们二人都认为十全十美的地步,始能付排。

1406.这有点像看一幅油画,凑近看的人,看到的只是这一处、那一处龌龊的色斑,而站在远处的人才能欣赏到它震撼人心的画面。

1407.一个男人站在喷水池边,聚精会神地盯着水珠落下,头一会儿偏向这一边,一会儿偏向那一边。

1408.明兵这一堆,那一团,被敌人分割包围,坚持着最后的战斗。

1409.这一片房屋只是这个山村的最靠里边的一小部分,向着山坳出口的方面,这一团,那一团,还有几十户人家,点缀在青山腰中……

1410.和一个大汉摔跤,要想取胜,就要凭借灵巧,闪转腾挪,瞅准空档,这一拳,那一脚,一点一滴地消耗、拖垮对手……

1411.白天晚上都响,夜静听得最清。这一声,那一声,有的就在身边响。

1412.这个很简单,我们有好多布料,这一块、那一块,这些布料加起来并不是一套完整的衣服。

1413.至于实际上去对付小孩子,只有这一桩,那一桩,头痛医头,脚痛医脚,除此似并无别法。

1414.不知道将来的情况会怎么样,但现在暂时还过得去,只能“走一步看一步”。

1415.而上海大众国旅则利用其汽车旅游优势,推出了“走一路玩一路”的旅游新方式，也颇具创意。

1416.想参加在家门口举行的北京奥运会，但还有四年时间，我只能走一步看一步。

1417.曹植略略思索一下，就迈开步子，走一步，念一句，随口就念出了一首诗……

1418.相对应的操作策略是完全不同的。究竟是重势不重价的（地）一路持有还是走一步看一步？

1419.但这影响不了大局，我们是走一步看一步，有不妥当的地方，改过来就是了。

1420.祁顺说：“柴油是损耗品，走一路损耗一路，到农民的手里就损耗没了。”

1421.另一方面，又必须走一步看一步，在处理具体事情时要谨慎小心。

1422.在沈大高速公路，辽宁的车跑、冒、滴，走一路被人骂一路，“130”型货车被人称作“13 扔”。

1423.在改革的具体过程中，要遵循实事求是的原则，要走一步看一步，及时总结经验，及时解决问题……

1424.我遵循理论和实际相结合的治学方法，走一趟，写一篇，不求惊人，但求细水长流，一步一个脚印。

1425.走一路，看一路。

1426.他走一路，问一路，谆谆告诫人们……

1427.尔后，李明波带着几名技术人员沿着西干渠走一段看一段。

1428.但他的顽强的意志感染了小辛，俩人走一路唠一路，还坐了一段老乡的牛车。

1429.他走一路，看一路，问一路，听一路，为一汽的巨大发展而十分高兴。

1430.正如他所言:"这三年,好象(像)黑夜伴行的路灯,走一步,明一点;走一程,明一片,越走越宽,越走越亮。"

1431.你看我今天,走一路,笑一路。

1432.孩子上学的费用全靠到亲朋熟友那筹措,而且一两年内也没有偿还能力,我们只能走一步说一步。

1433.逃走一个,追回一个。

1434.1985年夏初,枣庄市组织政协委员考察境内名胜古迹,走一山,又一山。

1435.他说:"我们的方针是,胆子要大,步子要稳,走一步,看一步。"

1436.这样,比走一步看一步,碰到问题临时拍脑袋,肯定要好得多。

1437.改革的复杂性与风险性乃至改革的难点都不明确,需要走一步看一步。

1438.看完炼钢看轧钢,主席走一路赞一路:"发展很快。你们干得不错嘛!"

1439.他们走一路说一路,最热门的话题,就是如何用实际行动为这些献身国防科技……

1440.小平同志指出:"走一步回头看一下是必要的,要注意稳妥,避免损失……"

1441.陈光毅一行走一路,看一路,问一路,十分关切农副产品收购问题。

1442.日本孩子用过的杂物都用塑料袋装好带走,可中国孩子却走一路丢一路东西。

1443.他们脱下身上的皮大衣铺在冰面上,让汽车压着皮毛艰难地向上爬行，走一段铺一段，终于征服了连山鹰也难以飞过的冰雪达坂。

1444.倘若结局并非如此，会不会出现些许“微妙”，只好走一步说一步了。

1445.这些玩具都是“迪斯尼”公司从老家带来的，在全世界巡回演出，走一路，卖一路，门票、玩具双丰收，做买卖真可谓做到了机关算尽。

1446.他强调“胆子要大，步子要稳，走一步，看一步”……

1447.这个码头的边防战士们在工作条件十分简陋的情况下，来一船验一船，走一船验一船。每班船坐满二百六十四名乘客，不到半小时全部验放完毕。

1448.而牛群的老搭档冯巩则扬言要多带几个笔记本，走一路写一路，没准回来就能出一个好本子。

1449.从近期看，各方似还将走一步、看一步，在变化中采取相应对策。

1450.身边又无狂犬疫苗，简单包扎一下伤口便继续赶路……她走一路写一路……

1451.在现在到大选前的一段时间内，梅杰政府的欧洲政策取向只能是走一步、看一步。

1452.北顺城街居委会主任，身体也不好，脚上还长着脚垫。她不会骑车，走一步疼一步。

1453.尽管他走一路，看一路，最后还是没有逃脱覆灭的命运。

1454.杨凤玲3人踏着朦胧的月色，高一脚，低一脚，走一阵，歇一会儿，步行了近4小时的山路才赶到部队。

1455.从1978年开始的改革开放事业，先是在走一步、看一步的摸索中前进。

1456.改革走出了单项推进、孤立进行、走一步看一步的摸索阶段。党中央、国务院指导改革日益成熟。

1457.路子固然是对了,但仍然要量力而行;走一步,看一步;既看到现在,还要看到未来。

1458.晚上下课后,他便走一路,拣一路的破烂。

1459.人们经常看到两个形影不离的小伙伴,走一程,背一程。再走一会儿,再背一会儿……

1460.1995年10月,他应邀赴美讲学。他走一路,讲一路。

1461."九爷走一处'洗'一处,已践美女三千零九名,可有?"

1462.交通部先走一步,试一下。现在就这样按先念批的"照此办理"起来。

1463.走一步,牵一步,在叶群的精心策划下,顾阿桃终于走上天安门。

1464.踏遍莫斯科各大剧院的门槛,但走一家剧院碰一次壁。

1465.他们夫妻肩并肩在山路上走一程,送一程,难分难舍。当他们来到黄土岭时,东方已经现出了鱼肚白。

1466.可在饥渴、困乏、烦乱的折磨下,野狼拖着垂死的躯壳,走一会儿,歇一会儿,再往前爬一会儿。

1467.从此,他走一地、问一地,遍访江苏省内的琴人。

1468.他带的兵,个个训练合格,活泼可爱,外出搞野营拉练,他那个班走一路,闹一线,驻一地,闹一片。

1469.第二天上午是同性恋游行,浩荡的队伍,走一程,停一程,停下来便躺倒在地……

1470.说部队一时陷入困境,全是因为马援不听他的话,像西域的买卖人,走一处停一处,损失了部队实力,又贻误了战机。

1471.一年来改革实践中出现的一些失误提示我们,仅仅靠走一步看一步的经验办法，是很难顺利完成这场错综复杂、工程浩大的体制改革的……

1472.走一步看一步，摸着石头过河，这是绝大多数人的旅行法则。

1473.我们自己抬着坐地铁，再换乘公共汽车，又走一程歇一程地挪。

1474.同学一个接一个地走了，回北京了。她站在窑洞前远远望着，走一个哭一场。路是她自己选的，她说她认了。

1475.抱着老婆从房子这头走到房子那头，来回走，走一步亲一下，亲得嘌嘌响。

1476.她坐在地上歇了一会，又去打了一桶水，这会她走一步歇一下，可刚刚走上池塘人又滑倒了，前后两桶水全泼在她身上……

1477.另外那条路走着走着也到尽头了，他又大哭。走一路哭一路，荒草野地间谁也没有听见，他只哭给自己听。

1478.小平次郎慢腾腾地走一步吐一字地问。

1479.你看他：发着狠地走一步说一声："我叫你疼！我叫你软！……"

1480.不知道什么时候，他折了一棵红荆条儿，在手里拿着走一步摔一下，无目的地抽打着地上长着的东西。

1481.走一亭吃一亭，熊大力也渐渐不口羞了。

1482.他见妈妈跟着走，有意把脚步放慢，留在妈妈的背后，走一步停一步。

1483.车夫走一段，问一段。

1484.参加合作社，走一步好一步。

1485.近处有卧槽马，远处有肋车和当头炮，处处受制，走一着错一着。

1486.诚如老兄所言,目前朝廷走一着错一着,全盘棋越走越坏。

1487."目前只能走一步说一步,救出来大哥要紧!"大奶奶没有话说,大哭起来。

1488.他对眼前的事情只好抱着听其自然,走一步说一步的想法,挥一下手,策马向大街走去。

1489.婆婆每天给我送饭,从医院到我们家要倒两次车,婆婆晕车,走一段歇一段。

1490.你还得把她心拴住了,等到明年春上再说。现时都是走一步看一步,谁知道明年又是啥变化。

1491.他和一个同乡的女子结了婚,做了一个小公务员,走一步,看一步,不再仰头展望前面……

1492.他有哮喘病,往下,他走一步,喘一声……

1493.人是走一步说一步的。

1494.就这样,三言两语,她被打发走了,她走一路哭了一路。

1495.听我爷说,他年轻时,是个棉花锤,走一路弹一路,到哪都勾人家女人,好串个小场……

1496.大家在路沟里走一截埋一捆,刚埋了三捆,忽然听见远远响起马蹄声……

1497.她心急赶路,对准方向,乘着顺风,走一阵跑一阵,工夫不大,感到周身汗渍渍的。

1498.孟小姐走一阵歇一阵,边走边打听,太阳落山的时候,她路遇了敌工干事。

1499.这年月哪有准头,既有要紧的事,我看是走一步说一步,干脆你们多花点钱,到西关大街坐汽车,先混出卡口和封锁沟去……

1500.敌人翻大沟爬大山,雨淋路滑,走一步跌一跤,不时地有人滚下深沟。

1501.姚宓曾和他说:“咱们走一步,看一步,一步都不准错。走完一步,就不准缩脚退步……”

1502.你们上回的做法,多么无情无义!直气得咱们那心灵嘴刁的阿贵走一路、哭一路地哭回来呢!你是不是给你二姑赔不是来了?

1503.一本书,我翻开头,就能告诉你下面是怎么回事。可生活,只能走一步、看一步,甚至自己还不能决定是喜剧还是悲剧。

1504.他说:“那不管,我管不了那么许多,走一步看一步。”

1505.塞得满满的果皮箱口不时被风吹落一张纸屑在街道上打着滚儿地走一阵停一阵。

1506.我当时的想法是,前面的路是黑的,摸着石头过河,走一步看一步,不要急于表态,能隐瞒多久先隐瞒多久。

1507.只得架着伤兵,走一阵,打一阵枪,丢下了五具死尸逃走了。

1508.雷石柱前头走一阵,扔一块肉,一直引到山沟里。

1509.往下的路就走出了别样滋味。四十里的泥泞上道,背一程,走一程,搂一程,抱一程。

1510.对路遥来讲却是举步维艰,他的确是要走一步看一步。上小学是这样,结果上初中也是这样。

1511.最聪明的办法就是随机应变,走一步是一步。英法苏三国的联盟一定会使1939年的德国大为惶恐不安。

1512.她会转来转去,走一步路回一个身;她还会哭,大人,她还会哭;

1513.最简单的事物也会变得异常艰巨。生活将处处与你为敌。走一步路,吸一口气,同样成了非常吃力的苦活。

1514.因此,我们并不指望欧洲军队来救驾。我们沿西海岸走,走一站歇一会儿,会顺利抵达奥克兰的。

1515.我沿着诺第留斯号的黑暗过道,一步一步摸索着前进,走一步停一下,抑制住心上的跳动。

1516.可是这以后,他的行程就更其困苦了,那砂子磨他的脚,使他走一步,痛一步,你想,假如鞋子里没有一粒砂,那该是多么愉快呢。

1517.不能不把那些杂乱的心事暂时收下来。后面的一个轿夫,已经开始了走一步喘一口气,负担的重心,差不多全部落在他身上。

1518.她大致的(地)想了想,以为自己须先到天津,走一站说一站;就凭那二十块钱,是不会给她个详细的旅行计划的。她很坚决。

1519.出了车行,马威用力扯着李子荣,唯恐他抽空儿跑了。两个人走一会儿,站一会儿。走着也辩论,站着也辩论。

1520.于是,菜贩们更多的是在手上做文章,他们在卖菜时,左手一压,右手一抬,一斤菜就能相差好几两……

1521.“我觉得这样挺不错,买着方便,价钱又便宜。”另一位大包小裹,左手一袋书、右手一袋锅巴的小姐则戏称:“我这是物质精神双丰收。”

1522.不远处树枝上横七竖八地挂满了衣服、背包等杂物,林子里的草地上左一堆、右一堆,凌乱的被褥上挤满了人。

1523.循着建平中学特制的许多小路标,走过了长长的永安街,接着左一拐右一弯,穿过七拐十八弯的洋泾镇,最后在小小的

“获柴岗桥”下……

1524.《歙县志》上左一个“阖门就义”，右一个“一门忠节”……

1525.而且速度要快，不能左一个报告，右一个请求，等这个婆婆批准，那个领导画圈。

1526.商人、“皮条客”、骗子们左一声“救星”，右一声“财神”，令石蔷薇最后一道理智的防堤彻底崩溃……

1527.我看有一些天才的活动家，周旋其中，左一握手，右一点头，如鱼得水，畅游无碍。

1528.东一款高档男士西服，西一款新潮女士套裙，左一个珠宝首饰展销，右一个电器产品专店，在宝贵的黄金时间里，刺激着青年人的物欲。

1529.总经理按照董事局确定的目标自主经营，不用左一个报告，右一个请示……

1530.到学校后山上，坐在那儿，一看到日本人的飞机就跳战壕里。结果，左一看是老师，右一看是学生，师生之间的感情很近，是战壕里结下的。

1531.只要他一开口，克里斯蒂就说：“我冲着刘易斯的屁股左一脚，右一脚，中间再一脚，他是一个只会鼓噪的空皮囊。”

1532.接着，又是暂停旅游，中断交流，又是搁置两岸事务性商谈，左一个“抵制”，右一个“制裁”。

1533.左一个皇帝，右一个太后；左一个女皇《武则天》，右一个《武则天》女皇……

1534.汽车左一拐右一拐地在林区山道上疾驰……

1535.要是我们在这里左一个商量，右一个研究，蒙受损失的顾客怎么过日子?!

1536.一向温和柔顺的妻子终于忍无可忍，冲我大发雷霆。我自知理亏,赶紧左一个保证,右一个决心,总算没让“战争”升级。

1537.“小娟的学费由我负担。”他边说边从怀中拿出一个布包,左一层右一层打开时,里面是一堆钞票。

1538.他们尽管资格老到,经验丰富,依然彬彬有礼,温文和气。左一个鞠躬,右一声“嗨咿”,对驾驶员和水手回答的每一个命令都点头致谢……

1539.只见他手舞足蹈,扭腰甩胯,左一脚,右一步,走出了一套套花样。那神态,那舞姿,逗得乡亲们一阵阵大笑。

1540.可一到大门口,两个国民党兵左一个右一个,上了刺刀的枪往前一伸,一个大交叉横在特特胸前不让她进去……

1541.先佛早就想参加红军,她见贺龙这样热情地做动员,就左一句右一句地向贺龙询问红军的事情。

1542.在地下铁拥挤的人群中,难免碰到人,匈牙利人左一句“Gioglone”、右一句“Gioglone”,后来问人家,才知道是“吻你的手臂”的意思……

1543.踩着井壁的脚窝下井,又说,跟着我下。冬月身子很灵活,长长的脚左一下右一下,轻轻松松地就到了井下。

1544.以《金瓶梅》而言,除了删去淫秽之词外,是否要把左一个《山坡羊》、右一个《山坡羊》也都删去?是否要把有关“孝道”的说教统统删去?

1545.你听听,又是“人情”,又是“人性”“人道”,还有左一个“爱”右一个“爱”,岂不是已被批倒批臭的人性论以及有关爱的说教那套东西……

1546.中间大倒叙里套着小倒叙,时间跨度长达六十年,那左一个右一个的“请想象……”的倒叙开端,甚至还显得有些呆板。

1547.左一个“不知”,右一个“不知”,哪能断定王国维是被罗振玉逼死的呢?

1548.为什么还要左一句“庸人”,右一句“庸人”,还加上一句“懦夫”?

1549.他少不了要和老婆盘算盘算多出来的收入怎么支配,结果,左一笔开销,右一笔开销,增加的那部分钱就打发得精光,闹不好,还落得负一屁股债……

1550.作家似乎更乐于左一笔,右一划,东鳞西爪,纵横开阖。

1551.关于其人其乐的书,自从他一死便左一部右一本地出。

1552.这些年国内一个劲地介绍国外文论新潮,颇有赶浪头的架势,左一个“主义”,右一个“流派”,看得人眼花缭乱。

1553.这东一句西一句的,是北京语言的精华。这左一下右一下是近百年京都生活的沉淀。

1554.据说,《茶馆》初排时,第一幕东一句西一句,左一下右一下,导演十分为难。

1555.那天晚上有点小风,但是任凭小风左一下右一下的(地)拍打,巨大的红旗仍然飘扬不起来……

1556.一个漂亮的年轻女子故意和你撞个满怀,差点儿一把抱住你。她一定左一个对不起,右一个很抱歉。你的自然的冲动一定会要跟她交朋友。

1557.走上讲坛大声疾呼:采用新法,让犯人在瞬间无痛苦地死去。约吉坦左一个“人道主义”,右一个“恻隐之心”,慷慨激昂,陈词良久……

1558.有些人喜欢往上糊纸,左一层右一层地糊。

1559.这些人来势汹汹,大嚷大叫,他却还是稳如泰山,坐在那里左一杯,右一杯地喝了起来。

1560.“灵珊!”韦鹏飞急急的(地)说:“你在说些什么?左一个

朋友家,右一个朋友家？我听得完全莫名其妙！你在发烧吗?”

1561.顿时间,左一声“梅经理”,右一声“梅经理”,叫得他心慌意乱,胆战心惊。

1562.他踢了好几脚,再用膝盖抵住他的胸口,把他整个身子压在地上,他左一拳,右一拳,拳拳对他挥去。

1563.已经说了,他不答应,他不接受,他根本不要我嘛……你们还在那儿左一句,右一句……你们让我太……无地自容了!

1564.再加上瞎婆婆左一句“媳妇儿”,右一句“媳妇儿”,华又琳还有什么不明白呢?

1565.“又琳!”他急促的(地)说,压低了声音:“你能不能小声一点？你左一句假儿子,右一句假儿子,万一给老太太听到,会让她整个崩溃的!”

1566.好个没见过世面的赤佬！左一个夜巴黎,右一个夜巴黎。

1567.车开到海拔三四千米高的天山,一上一下,方向盘左一打右一打,每走一米都是鬼门关,闹不好就连人带车滑到万丈深崖下面去……

1568.“同志们,账,老百姓都左一笔、右一笔地记下来,怎么个算法？谁给我们作主,叫我们去算?”

1569.他俩左一枪,右一枪,前一枪,后一枪,枪弹打成了梅花瓣……

1570.哼,我都上中学了,她还总是左一声“小孩子”,右一声“小孩子”,谁说我没有独立思考的能力?

1571.大桥上的铁丝网,左一道右一道的看得清清楚楚。

1572.他拿脚蹬着,左一扣,右一扣,一扣比一扣紧,勒得何大拿“噢噢儿”叫。

1573.要说没有八路军,这左一次右一次的袭击、伏击,还打死了这样多的皇军,这又是什么人干的……

1574.毛利觉着两周也难交差,这才又左一次、右一次地请求,最后限期一个月。

1575.她把扣子缝好,打上左一个结右一个结。

1576.我已经不是你的姐姐了,左一声右一声叫我姐姐做啥?

1577.田大瞎子那个白眼狼,左一趟右一趟,请高疤到他家坐坐,我不让去。

1578.她曾看见他们俩在左一吧右一吧吃正宗的法国大餐。

1579.可是左一个马上,右一个马上,一点搬进新家的影子也没有……

1580.仿佛只用了刀尖,左一拨右一拨,每片烟叶就带着属于它的那截烟骨掉下来了……

1581.嘱咐我把灯吹灭,把房门锁上,再安槽头添一抱草。然后他转过身,左一蹭,右一蹭,挤出了狭窄的房门,投进外面风雪茫茫的黑夜之中。

1582.秀秀坐在车帮上,手里拿着一把柞树叶,左一下右一下地为申涛挥赶着漫天的蚊虫。

1583.绕过露天里右一堆左一堆的打牌者。星子心说,粞,你能有什么要事找我呢?

1584.山坡上,左一路右一路的队伍,插来插去……

1585.左一个,右一个,像天真的孩子一样……

1586.我大哥至今还在医院,你这一辈子还没操够心么?还认下左一个干儿子右一个干儿子去操心!毕业分配的事,是我想帮,就能帮得上的嘛!

1587.红墙人手够得到以下的地方,被抹得左一道右一道露出底色,难看极了。

1588.她一见周铁的娘,左一个周大婶儿,右一个周大婶儿,嘴上就像涂了蜜糖的一样……

1589.只见区桃把那又苗条、又灵活的腰身一摆动,一弯曲,左一闪,右一躲,忽然往左边虚晃一下,跟着往右边一钻,像一条鱼一样……

1590.只见陈文英左一杯,右一杯,不停地把那瓶蛤蚧酒往肚子里灌……

1591.她尽力敛抑着、控制着自己,但是禁不住何胡氏上一句、下一句,左一杯、右一杯地灌她,于是她就痴痴傻傻地笑着、喝着、喝着、笑着……

1592.丘照和王通两个左一拳、右一掌,打歪了几个,一直走到墙边挂枪的架子旁边……

1593.每当刘三姐唱起歌来的时候,阿牛就仰起头来静听,手里的长桨左一下右一下轻轻地划着,筏头顶着激流,可是竹筏一动不动就好像下了……

1594.几个彪形大汉每人手拿一根绳子走上比赛台,同时动手将选手们翻倒,骑在身上左一道右一道地捆起来。

1595.老太太和姑娘用手绢捏住他的鼻子使劲擦那鼻涕仍左一道右一道像画猫脸的胡须。

1596.手按着手,胳膊撂着沉重的两条大腿,脸蛋子左一口右一口承什么甘露似的接人家嘴里拉着线儿掉下来的哈喇子……

1597.左一个门,右一个门,过了好几个门。一个门里原来还有那么多门。

1598.他决定以后,就把我抱着的被子,统统抓过去,左一条、右一条的(地)披挂在自己肩上,大踏步地走了。

1599.王先生左一个林小姐,右一个林小姐,连参观一个项目都要等见了林小姐再定……

1600.再说,这位李先生算是她的什么人,左一个“我代表她”,右一个“我代表她”,他怎么就能代表她?

1601.许达伟一连串地吩咐下来,左一个小弟,右一个小弟,句句话好像都是对我说的。

1602.立即给总编室挂了电话,让预留版面,然后慢条斯理,不骄不躁,左一声“老师”,右一声“老师”,叫得人心里直发痒痒。

1603.贾××原来开着肉店,一天到晚卖不了三五十斤肉,倒是左一个“有槽头吗?”右一个“有绞肉吗?”

1604.生前结识不少文化界名流,起先名流们来家里是与父亲切磋商榷的,左一商右一榷,就知道了黛教授有个女儿生得娇柔妩媚,又书生气质……

1605.还算干净的洋灰地上,木椅、米桶、花架以及几件穿脏的衣物,凌乱地左一摊右一堆摆放着。

1606.马上冲进六七个敌人来,刺刀在火光里闪着,照准辛老太婆左一刀右一刀地刺,不一时,辛老太婆浑身被刺成血人一般,躺倒死了。

1607.只见瓦耳拉齐跳起身来,左一腿,右一腿,双腿鸳鸯连环,都踢中在计老人身上……

1608.只道当真如此,齐声怒吼,纵身跃向横梁,去抓周伯通双脚。周伯通左一脚,右一脚,踢向尼马二人手掌。

1609.只见他左一掌,右一掌,打得豹子跌倒爬起,爬起跌倒,狼狈不堪……

1610.看着桌对面袅袅热气中妻子日见苍老的脸,看着她左一筷子右一筷子地给他给孩子夹菜,宋建平茫然地想,这就是他渴望的幸福生活……

1611.只见银光翻飞,耳边呼呼生风,时而弓前绷后,时而马步起飞,左一抡枪托子,右一个扫堂腿,几个日本鬼子近不得身。

1612.再让朱预道左一按右一捏的,心里便有些慌慌的。

1613.吸完三窝旱烟,梁大牙才缓缓地站起身来,扔掉烟杆,伸出大手,左一巴掌,右一巴掌,两边拍打屁股,拍得满屋子尘土飞扬。

1614.只听锣鼓喧天,满台锦绣云动,你来我往,你上我下,左一个跟头,右一个扫腿,一会儿倒下一个,一会儿起死回生,看得人眼花缭乱。

1615.程女士便热情地招呼乔治冯入席。这顿晨酒,刘汉英兴致很高,左一杯右一杯地猛劝。

1616.我们两个左一杯右一杯地碰,我家老伴跟你家先生恐怕要吃醋呢。

1617.他正在擦萝卜丝儿,一下儿一下儿地。左一下儿,右一下儿。

1618.进商场、逛市场,左一包、右一包,满头大汗,腿发软。

1619.他肥胖的身子向左微倾,显出努力的样子。双腿左一蹬,右一撑,就像一只大蛤蟆,就是上不去。

1620.他情不自禁地搓着双手,宽宽的脸膛上露出洋洋得意的笑容,于是左一遍右一遍兴高采烈地说……

1621.这个又结实又灵活的法国小伙子豁地翻过身来,左一拳,右一脚,三个敌手就被他打翻了两个……

1622.小伙子左一拳,右一拳,把这个倒霉的密探结结实实地揍了一顿……

1623.绅士已经从神父的嘴里,弄清楚了他应该知道的事情,就赶忙谢罪，左一个应诺、右一个发誓，尽力消除了神父的怒气……

1624.奥勒讲了在新旧交替，也就是他说的过年的时候，左一杯右一杯碰杯干杯的事。于是我听到了他讲的酒杯的故事，含义颇深。

1625.就像在烈火中燃烧，就像一阵暴风袭击敌人的方阵，他杀入腹地，左一刀右一刀砍杀敌人，军刀已经饱尝人肉的滋味，他精疲力竭，从战马上摔下……

1626.那兀鹰抓着他的衣服左一摆右一摆地飞到距帐篷不到45米高的上空……

1627.少校却镇定地前进着。左一下右一下很规范地划着水，连游泳教练也比不上他。

1628.病中，妻子瑙璃子每天来医院看望。川村也不落后于妻子，左一次右一次地来看我。啊，太感谢了。

1629.流下石阶，爬上街沿，顺着土耳其人街奔驰，往右一弯，然后朝左一拐，径直趸向布恩蒂亚的房子，在关着的房门下面挤了进去……

1630.然后他向右一剑、向左一剑，最后他回过了身子，用尽力气将剑突刺了出去。

1631.她在那间房里，就仿佛满房都是朱粉壁画，左一个右一个画着半裸的她。

1632.七巧捏着一片锋利的胡桃壳，在红毡条上狠命刮着，左一刮，右一刮，看看那毡子起了毛，就要破了。

1633.初回来时也还风平浪静，但过不到半月工夫，便是旧恨添新恨，左一个“女戏子”右一个“女戏子”地骂着，女戏子便又恢复了奴隶不如的生活。

1634.桡子安在船头上,左一支右一支的(地)间隔着。平水里推起来,桡子不见怎么重。

1635.路似乎颇弯曲的样子,一座大山峰老是看不完;瀑布左一条右一条的,多少让山顶上的云掩护着。

1636.祁老人迈着坚定的步子,走得非常慢。他怕摔,两条腿左一拐,右一拐地,快不了。

1637.街上来往的人们,左一句,右一句:“看！文明结婚!”

1638.小坡耳旁忽忽的(地)直响,在空中左一歪,右一闪,飘飘摇摇,飘飘摇摇……

1639.此前,她家里仅靠种水稻为生,“做一天,吃一天,只够维持生活,没有存款”。

1640.由于盐场经济效益较差,一些“活跃份子”纷纷跳槽,留下人员做一天和尚撞一天钟,使盐业人员素质不断下降。

1641.做一天龟驮一天碑,我是法人代表,有义务依据《企业法》维护国有资产……

1642.他们用说一套做一套、当面一套背后一套、光许诺不兑现等方式对大陆演员进行了欺骗。

1643.他们千方百计克服困难,做一单成一单,取得客户信任,结果单子越做越大,业务发展到30万美元……

1644.经济的大潮还没有完全触动这些人头脑里的沉渣,仍然在“做一天和尚撞一天钟”。

1645.缺乏合理的择业就职规范机制,致使一些用非所长的人情绪消极,做一天和尚撞一天钟。

1646.1991年抓棉花、1992年抓林果、1993年抓水产,做一件成功一件。

1647.一些校对人员轻视自己的工作,对之缺乏应有的热情,

"做一天和尚撞一天钟";一些单位对校对这一道起决定作用的工序异常忽视。

1648.二是认为高升无望,能否连任难说,反正总要换届,因而不求上进,做一天和尚撞一天钟,应付了事,无过则喜。

1649.无论禁烟还是戒烟,需要大家现在就行动起来,做一点事,尽一份力,虽然死者已长逝,对于生者却还来得及。

1650.做事业就要身心投入、兢兢业业、爱岗敬业,防止得过且过,虚度年华,做一天和尚撞一天钟,甚至做和尚不撞钟。

1651.对于那些对工作松松垮垮,长期安于当外行,做一天和尚撞一天钟的企业领导干部来讲,步鑫生的经验应当是一剂治病的良药……

1652.公司千方百计克服困难,做一单成一单,取得了对方信任……

1653.得坐下来叫自己"魂灵出窍",就是自己分身出去,把一出戏默默的(地)做一遍、唱一遍;同时自己细细观察,有什么缺点该怎样改。

1654.做一天和尚撞一天钟,不求有利,但求无过,得过且过。

1655.神神鬼鬼的,说一套,做一套;当面一套,背后一套。

1656.我正走财运,真是的,人家做房地产都亏,我一个乡卜老粗,在武汉做一片房子卖一个好价,做一片房子卖一个好价,我自己都赚得吓不过了。

1657.南孙只得说:"做一行厌一行。"

1659.对她说,如果她不肯借给我臼子,我也不把我那杵子借给她了,这叫做一报还一报。

1659.他们对于新发现是麻木不仁了,只知道倚老卖老做一日和尚撞一日钟。白垩使他们的血管变硬了,这又哪里是他们自己的罪过呢?

1660.拆穿了说,船菜所以好就在于只准备一席,小镬小锅,做一样是一样,汤水不混和(合),材料不马虎,自然每样有它的真味……

1661.我早就辞过职了,吴老板还没答应,我只好做一天和尚撞一天钟!

1662.业内人士指出,在文化市场的发展初期很多活动办一个火一个……

1663.94 种公报政报改为免费赠阅,基本实现了中央确定的"停办一批,分离一批,整合一批"的预期目标。

1664.基本实现了"停办一批、划转一批、管理分离一批"的目标,有效遏止了摊派发行现象……

1665.可是,在塔里木,上一个项目,办一桩事业,首先考虑的却是如何少用人,少投入。

1666.根据基础经济效益与社会效益,分年逐步实施,办一年成一件。

1667."建一个市场、办一个企业"就等于给农民点亮了一盏生产指示灯。

1668.提高资金到位率、项目开工率和企业成活率,争取做到办一个成一个。

1669.办好现有"三资"企业,妥善解决"三资"企业发展中的问题,做到办一个,成一个。

1670.现在把钱投到企业滚动发展,俺们从股份制尝了甜头,乐意办,办一个,成一个。

1671.向世人证明农民一样能成就大业,于是,办企业能办多少……办一个成一个;能办多大办多大,红嘴啤酒厂是全省最大的。

1672.必须着重于引进大项目,避免片面追求项目个数,以保证三资企业办一个成一个,提高引进效益。

1673.所以,当务之急是要强化质量、效益观念,办企业要办一个成一个、见效一个,不能使大量的资金投入后就沉淀下去。

1674.自己有多大能力办多大事,并分轻重缓急,集中力量,办一件成一件,要见效益。

1675.树立质量观念和效益观念,争取办一个,少一个,繁荣一个。

1676.动员各方面的力量狠抓项目落实,扎扎实实地为企业排忧解难,争取做到办一个成一个。

1677.很快中央就拍板了:多搞几个,条件成熟一个办一个。

1678.不打无把握无准备之战,不打则已打则必胜(攻一关克一关,办一事成一事)。

1679.树立质量观念和效益观念,争取办一个,少一个,繁荣一个。

1680.在兴办海外企业工作上,要注意稳妥、规范、注重实效,办一个成一个。

1681.他们一方面坚持从实际出发,成熟一个办一个;一方面积极创造条件,采用多种形式大胆探索。

1682.江西农垦三资企业办一家成一家,其基本经验,首先是破除合作“吃亏论”……

1683.现在摆一个摊,开一个馆子,办一个企业,要交的费比税多得多。

1684.市场建设必须把客观需要与实际条件结合起来,制定规划,力争办一个成一个,避免“有场无市”现象发生。

1685.因此,后塍办合资企业总是办一个成一个,个个盈利。

1686.苏州的市场,办一个成一个。

1687.时值港澳信托公司初创,杨镇兢兢业业,废寝忘餐,办一件成一件,破开多少难关,啃掉多少硬骨头……

1688.搞工业扶贫一定要从当地资源出发,宁可少些、慢些,但一定要办一个成一个。

1689.提起前几年办乡镇企业,县长汪德贵直摇头:办一个垮一个。

1690.特别是其中领导干部的犯罪案件,发现一件,查办一件。

1691.要尽快在产权界定、分配办法、公共积累等方面加以完善,办一个成一个。

1692.江阴乡镇“三资”企业办一个成一个见效一个,进一步坚定了国外投资者的信心。

1693.每一个马路专业市场形成后,整体迁入高档、设施配套的市场,市场办一个活一个。

1694.所有非煤产业项目做到办一个、成功一个、盈利一个,两年实现减亏1500万元。

1695.对发生在领导干部中的违法违纪案件非常重视,要求发现一件,查办一件,无论涉及到什么人,职位有多高,都要一查到底。

1696.必须坚持不懈,用心发现和解决实际问题,办一件成一件,积小胜为大胜,才能收到实效。

1697.既要“敢”字当头,又要讲求科学态度,办一件成一件,防止办实事没有效益,想办实事却背上了包袱,办成了坏事。

1698.灵溪市场办一个活一个,与镇里“放水养鱼”的措施分不开。

1699.他就认为女方精明强干，长于社交等。甚至对方说一句话、办一件事……

1700.基础设施建设事关西部开发全局。要从战略高度着眼，注重科学布局。加强重大项目前期工作，条件成熟一批，开工一批。加大投入力度，保证工程质量，重大工程要干一项，成一项。

1701.做好新形势下发展党员工作，必须坚持把政治标准放在首位；必须严格发展党员工作程序，认真履行入党手续，坚持成熟一个，发展一个；必须努力扩大发展党员中的民主，始终把好发展党员的质量关。

1702.修改补充法律，成熟一条就修改补充一条，不要等待“成套设备”。

1703.有些问题，中央在原则上决定以后，还要经过试点，取得经验，集中集体智慧，成熟一个，解决一个，由中央分别作出正式决定，并制定周密的、切实可行的、能够在较长时期发挥作用的制度和条例……

1704.成熟一件做一件，不成熟宁肯慢一点。

1705.大家在安排年度立法计划时，既要考虑立法项目的必要性，也要注意立法项目的可行性，成熟一个制定一个，先易后难，循序渐进。

1706.机构改革要按照多数稳定、少数调整的原则，成熟一个调整一个，加快“三定”步伐……

1707.中心的组建必须按少而精的原则，成熟一个，进行一个。

1708.地方税改革，在集中精力确保已出台税种顺利实施的前提下，本着积极稳妥、充分考虑各方利益的原则，在深入调查研究的基础上，做到成熟一个，出台一个，使税制改革有计划、按步骤地进行。

1709.坚持以稳定为前提,成熟一个、上报一个,争取每一项行政区划的变动和调整,都有利于生产力的发展,有利于加强国家行政管理……

1710.强化基本建设项目管理,认真抓好项目前期工作,做到成熟一个开工一个。

1711.向生产、经销、科技人员三个方向倾斜的工资改革细则,经过上上下下10多次的座谈讨论,在大家畅所欲言的基础上,成熟一个,出台一个……

1712.他们还采取自上而下、先易后难、循序渐进、逐步推行的办法,成熟一个、分离一个,不搞一刀切。

1713.尊重原承包合同,稳定原土地使用权基本不变,在充分考虑绝大多数群众意愿的前提下,积极稳妥,循序渐进,到期一批,工作成熟一批,延长一批。

1714.对D种股票的发行,应采取稳健、慎重的作法,坚决不要一哄而上,而应成熟一个,发展一个,取得经验后逐步推广。

1715.“东风”采用渐进方式,成熟一项转产一项,产量逐月增加,到今年5月新产品全部取而代之。

1716.成熟一个,推出一人。

1717.今后兴办开发区要从实际出发,按照国务院规定的条件,成熟一个批准一个。

1718.需尽快制定并配套实施,否则《劳动法》难以落到实处。例如《促进就业法》《工资法》《社会保险法》《职业技能开发法》等,成熟一个出台一个,暂不成熟的可以考虑先制定暂行条例或规定过渡一下。

1719.下一步我们要继续搞好清产核资,理顺产权关系,向条件成熟的企业发放国有资产授权占用证书,成熟一批,发放一批,使我市更多的国有企业逐步建立起产权清晰、权责明确的法人制度和有限责任制度。

1720.该制度已在机电、纺织、服装、包装等行业中实施,成熟一家,考核一家。

1721.因此,新形势下的地方立法工作,不能拘泥于过去"成熟一个,制定一个"的传统立法模式,而应把"成熟一个,制定一个"与"超前立法"结合起来,从维护和保障经济秩序……

1722.随着试点工作的深入,根据需要,还可能制定一些配套措施,成熟一个,发布执行一个。

1723.对试点方案中规定的配套文件成熟一个推出一个的做法,大家也颇有微词。

1724.德国人对价格放开采取小心翼翼,成熟一项放开一项的态度。

1725.眼下需要进一步明确,价格调放是一个长期的系统工程,必须创造的条件,成熟一项放开一项。

1726.为了培育国内旅游的大市场,在国内旅游发展的不同时期,我省对经营国内旅游业务的三类旅行社的审批采取了"成熟一个发展一个""控制总量,适量发展"等不同的原则,使三类社迅速、稳步地发展起来。

1727.从面向基础设施转变到基础设施开发和功能开发并举上,实行地毯式开发方针,开发一片,成熟一片。

1729.依照科技成果管理工作的条例,严要求,实事求是,不管是谁主持鉴定,坚持成熟一个,鉴定一个。

1729.抓什么样的典型,树什么样的标杆,要从基层工作的实际出发,不能抓有水分的典型,不能抓不成熟的典型,做到发现一个培养一个,成熟一个,总结推广一个。

1730.对申请入党的同志,党支部安排专人负责培养,定期考察,成熟一个发展一个。

1731.于是,成熟一个,出台一个,使全厂在观念、机制和干劲上发生了一系列变化……

1732.上述改革设想视条件具备程度,成熟一项,出台一项,争取用3年时间全部到位。

1733.对新选拔出来的干部采取培养教育、择优上岗等措施,本着优中选优、备用结合的原则,成熟一个,启用一个,使公开选拔干部工作纳入正常化的轨道。

1734.修改补充法律,成熟一条就修改补充一条。

1735.各地从实际出发,在原来已有公用设施基础上,加以充实完善,成熟一个兴办一个。

1736.按照《股票发行与交易管理暂行条例》的要求,认真审核公开发行股票企业,成熟一家,发行一家,上市一家,绝不能盲目地追求数量而放松质量要求。

1737.形成多层次、多元化的信息服务体系;加快市场法规建设步伐,抓紧制定一批重要的商品流通和市场管理法规,力争成熟一个,出台一个。

1738.厂党委还建立了责任制,层层把好积极分子的入党、转正关口,做到成熟一个发展一个。

1739.过去我们曾经提出过要"先实践,后立法""成熟一个,制定一个",这是符合认识论规律的,但这不能成为可以慢慢来的理由。

1740.配套文件将由各部门协商起草,共同修改,征求地方、部门和试点企业的意见,经联席会议讨论后,统一上报国务院批准,成熟一个,出台一个。

1741.国家计委将会同国家教委和财政部对拟申请进入项目的高等院校和学科分阶段进行审核,条件成熟一所,批准一所,分期滚动实施。

1742.让能力更强的人来干有什么不好。中国教练水平决不是男排上不去的主要原因,许多同行援外执教都很有成绩。5年来,我们这支队伍成熟一个退役一个。当教练的累死也有解决不了的问题。稳不住阵容,怎么发展战术!

1743.建立入党积极分子的流动追踪、培养考察网络,做到单位可以变,培养教育不断线,发展党员无厂界,成熟一个发展一个。

1744.山东省各级党委打破论资排辈、求全责备的用人弊端,采取早压担子、压重担子和多岗位轮换压担子的办法,看中一个起用一个,成熟一个提拔一个。对有培养前途的年轻干部,不失时机地把他们放到第一线的领导岗位。

1745.国家不吃亏,群众有利,减少浪费,容易解决。你们可以写个报告,先在四川、湖南试点,浙江、福建小水电也比较多,成熟一个,试行一个,要制定政策,把权力交给省。贵州有没有条件,如果有条件也可以试办。

1746.各地各部门要结合自己的实际,制定补充性规定和实施细则。开展这项工作,要立足于积极主动,成熟一个制定一个,既不草率又不求全,注重实践,逐步完善。

1747.在一个以工作学习和思想为主要考察内容的动态过程中进行"选苗",及时从中筛选出"苗子",对重点培养对象,做到成熟一个发展一个。

1748.坚持积极稳妥的原则,成熟一个,发展一个,避免一哄而上。

1749.组织部要求乡镇党政部门充分发动群众,推荐那些思想素质好、有文化、有经济头脑和致富技能的农村青年作为后备干部加以培养,成熟一个使用一个。

1750.成熟一项,改革一项。

1751.开发肉牛育肥、食用菌、绒山羊、板栗、甘草、马铃薯、蔬菜等10大生产基地,把有限的扶贫资金集中使用,成熟一片,开发一片,致富一方。

1752.1993年矿上实施转岗分流工作,一开始就把方案交给职工讨论。最后成熟一个,分流一个,现在已成功分流1662名职工。矿里还实行分配“三公开、三监督”,以增强分配的透明度。

1753.据悉,中国证监会将严格按照“成熟一家,推出一家”的原则,在各方面的共同努力下,积极稳妥地搞好境外上市预选企业股票发行上市的准备工作。

1754.要根据新的实际,针对已暴露出来的问题,完善已有的制度,逐步建立新的制度。成熟一个颁布一个,逐步配套,为实施有效监督提供制度保证。

1755.陕西省农机部门努力克服6月以来近10天阴雨天气的不利影响,组织机械进行突击抢收,做到成熟一块,收割一块,颗粒归仓。

1756.为夺取晚稻丰收,农业部要求:各级农业部门要组织干部深入生产第一线,帮助和组织农民抢收抢种,争取早稻成熟一亩、收割一亩、栽插一亩,保证晚稻正常栽插……

1757.徐青在会上强调,试点要自愿,不能强制推行;首批试点单位不宜太多,成熟一个推广一个,切忌一哄而起。

1758.推行合作医疗,态度要积极,步骤要稳妥,工作要扎实,发展要健康。要办就办好,成熟一个办一个,办一个巩固一个,切忌一哄而起，一哄而散，避免再出现大起大落。

1759.集中优势发展企业集团或规模企业。他们在推进这项工作时坚持以效益为中心，因企制宜组建，不贪大求洋，不急于求成，做到成熟一个，组建一个，成功一个。

1760.不搞“一刀切”“大拨轰”，不追求表面上轰轰烈烈，不求数量，宜集团就集团，宜总厂就总厂，暂时到不了位的就分步走。这样，成熟一个搞一个，搞一个保证成功一个。

1761.首先组建辅线上的17个专业公司，自主经营，分灶吃饭。对辅线的其它(他)14个单位也成熟一个剥离一个。

1762.坚持个案认定的原则，不搞成批认定。这样做是为了防止搞“认定运动”，要坚持条件，成熟一个认定一个。

1763.深圳市工商管理部门在市场体系不断发育、组合、完善的过程中，强化对市场的监管职能，对专业市场的建设实行“成熟一个，参与一个，理顺一个，管好一个”，取得了显著的社会效益和经济效益。

1764.收复仰光，又未能退而凭据险要与敌作持久战，保全我腊戍的物资。东拉西扯，一无所成，徒使将士浴血，丧师辱国，回想起来，实深愧痛！

1765.一个混乱的“战国时代”，让企业在市场竞争中优胜劣汰，政府不要东拉谁一把，西踩谁一脚，在这种环境中能够脱颖而出的连锁企业恐怕才是符合现代规范的……

1766.由于归来的冠军太多了，记者颇感分身无术，东抓一个，西逮一个，不得不做蜻蜓点水般的采访。

1767.老人生活无着落，只好东邻要一口，西邻吃一餐，多病的身体每况愈下，以致卧病不起，奄奄一息……

1768.王石头听说外地纱厂缺少棉花，而且放价很高，忙东拼西凑一万元,从本村棉农手里收皮棉2000公斤……

1769.这些农户在财力上往往是捉襟见肘,为备彩礼只得求亲告友,东借西凑,一般花费3000元左右。

1770.台商石先生欲到海南投资办实业,东跑西奔一年多,竟因各种原因一无所获。

1771.内蒙古阿拉善左旗巴润别立镇农牧民贷款10万元,镇里又东拆西借一部分,结果全投了进去……

1772.穿个一两年,坏了也就坏了,更不用烦劳鞋匠东补一块西补一块,千方百计为其“延年益寿”。

1773.我无意中向河里一望,一幅触目惊心的景象映入眼帘:小河里东一堆垃圾,西一堆垃圾,密密麻麻的,有的地方快要连成一片。

1774.因为他是在被人拖着凿浅井,东凿一点,西凿一点,每一口井都没有凿到水源。

1775.一些同行感叹地说:“像老俞这样不辞劳苦地东奔西走,一个系统一个系统地调查采访,在时下的作家中真是少见!”

1776.伙食是东吃一顿西吃一顿,直到“四人帮”被粉碎后,政府发还了被抄的财物……

1777.好险,眼皮底下就是死亡的深渊,锈色的泥淖东鼓一个气泡,西鼓一个气泡。一脚踏入,便永无天日。

1778.看得我双频生甘,不满意则噘嘴翘鼻,筷子东拨一口西扒一口,吃了个把钟头还剩下半碗饭。

1779.谁知道,吴先生东一手刺,西一手吊,我虽吞下了右边二子,天元之子却不得不逃了。

1780.接着又给邹颖出“点子”,让她继续东挪西补,一边瞒过厂里的财经审查,一边再弄钱供他挥霍。

1781.有些的确是为稻粱谋的小贩,东家卖一块西家卖一块,拼凑生活费用,那当然是艰难岁月,是在换取消费的资本……

1782.即所谓逛花园式地东采一枝花,西摘一片叶,满以为这便可以博采众家之长,装点自身了。

1783.前庭有两株桐树,东隅一老桐,西隅一幼桐。老者叶重荫浓,苍然气古;少者皮青枝直,翠然如新。

1784.据说,画家们东抹一笔西抹一笔可能赚大钱呢。

1785.她开始体味到当家庭主妇的乐趣,这是她早就梦寐以求的。她擦东抹西,把一切尽量收拾干净。

1786.在老祖宗的面前东扫一下,西扫一下。我心里想,皇上这是敢情把不合自己心意的人全扫干净。

1787.动物在换毛这段时间里,身上的毛羽东掉一块、西脱一片,皮肤有些部分裸露出来,显得十分难看。

1788.他不看姐姐,他爱古龙。大弟拿三毛的书去做"生意小赠品"。东送一本,西送一本。小弟的女儿很小就懂得看书,她也拒看小姑的书……

1789.么都不写吧,又感到文人的所谓不平衡。于是东撞一头,西撞一膀子,整日BP机乱响忙忙碌碌的样子……

1790.一面掷骰子,一面扒耳朵、捏脚,捏完了再嗅,嗅完了再捏,还不时东抓一把,西摸一把。

1791.一个个鬼赶似的都嫁了人,成了正果,只剩下她玉关音孤鬼一个,在那孽海里东飘西飘,一蹉跎便是二十年。

1792.被动员的和动员的全睡着了,东倒西歪,一片鼾声,大伙全垮了。当然,最终她们还是被我们征服。

1793.东北方向的雨阵向面前推涌而来,风势跟着增大,田里的麦子猛地向东一倒,又猛地向西一倾,象(像)是空中翻卷着的云波似的。

1794.她前前后后带大了我、又带大了唐棣,我们两代人都是她千辛万苦,东刨一口食、西捡一块布养大的。

1795.他喜欢东家串一串,西家串一串,一串就是半天……

1796.时不时听到放冷枪的声音,东边一响,西边一响。

1797.门上贴了蓝底白字的白喜事对联,街坊的小孩子们窜来窜去东放一个炮西挂一串鞭。

1798.不过,这支枪把他眼睛的毛病治好了。原来他是东一只眼西一只眼,盯枪口的时间太长,就纠正了过来。

1799.下了电车往院里走的那段胡同道是我搀扶的他。他东倒西歪一路语无伦次地说米兰,说他们的关系。

1800.月亮升了起来,澄辉银泻,月光下的海面玉田万顷,风吹稻浪东倾西伏,一夜伴月,涛声入梦。

1801.伸手在元豹身上东摸一把西抓一把,好奇地议论着:“就是不一样么,你瞧这皮子的质地。”

1802.她害怕起来,急急忙忙地东抓一把,西捞一通,可是越忙乱,她的身体就飘得越远。

1803.东猜一句,西问一句,也打听不出个眉目……

1804.结束后他们到后台来致谢,大人找大人们谈,孩子们自然也凑在一块东拉西扯……

1805.于是,我在她身上东亲一下,西亲一下。

1806.就在此时,她一双纤纤素手挥出,东边一收,西边一拍,将几只振翅飞出的麻雀挡了回来。

1807.听说他也来了,觉得有些不妥,但见鲁有脚拿著(着)一根竹棒,东边一指,西边一搅,毫无惊人之处……

1808.那少女抵挡不住,杨过与耶律齐忙抢上相救。但实在难敌李莫愁那东发一招、西劈一掌、飘忽灵动的战法，顷刻间险象环生。

1809.他东刺一棒，西削一招，迫得二武并肩力抗，竟尔不敢相离半步。

1810.有的扛抬木材木板，分布在校场四周，当即竖木打桩，敲敲打打，东搭一个木台，西挂一个灯色，进来的人源源不绝，可是秩序井然，竟无一人说话，个个只是忙碌异常……

1811.秧把子如同暮归的燕子满天飞舞，白亮的水花东一片西一团迸得银光四射，秧歌声此伏彼起……

1812.先让宋上大放下厚厚的棉布帘子，又让马西平东塞一下西堵一下，屋里立马就暗淡下来……

1813.宋慈歉疚地说："禀告各位大人宋慈为破疑案昨夜东奔西走一宿没睡又淋了雨着了凉这才匆匆换了官服赶来迎候各位。啊嚏——"

1814.首领使埃及一切所作的都有差错，好像醉酒之人呕吐的时候，东倒西歪一样。

1815.有备妥的资讯随时可供取用，实验变因可以加以控制，管理者还是东试一下、西试一下，想要解决问题，却从来说不清楚自己的假设……

1816.东一块玻璃碎了，西一块玻璃裂了，我用不着从门里进去了。

1817.然后，他看了看屋中，用抹布东擦一把，西擦一把，力求室内出色整洁。

1818.但我们更需要花草的栽培，这不是空口说白话所能办的，且也不是东偷一鳞，西偷一爪所能办的……

1819.一手拿镜子，一个手拿蜡烛，相向深深而万福，然后扭扭捏捏进了轿,东照一照,西照一照,而后退。

1820.景光在一瞬中是何等的饱满,何等的谐整。现在却畸零地东岔一言,西凑一句,以追挽它已去的影。

1821.在意大利火车中所见的东一块荒地西一块荒地的景况,至此则两旁都密布着修得异常整齐的绿坡,赏心悦目……

1822.他们既还没有回来,她是闲不住的人,只好拿着把破扫帚,东扫一下子,西扫一下子的(地)消磨时光。

1823.瑞宣这才看清,那个人的两脚十指是钉在木板上的。那个人东晃一下,西晃一下,而不能倒下去,因为有绳子拢着他的胸。

1824.她反倒把胸口挺得更高了一些。她的眼已看不清楚一切。而只那么东一转西一转的(地)动。她的嗓子里发干,时时的(地)轻嗽一下。

1825.这么匆匆的(地)跑来跑去也太劳苦。爱的享受往往是要完全占有,而不是东扑一下,西扑一下呀。

1826.正是牲口脱毛的时候,骆驼身上已经都露出那灰红的皮,只有东一缕西一块的挂着些零散的,没力量的,随时可以脱掉的长毛……

1827.东摸一把,西摸一把,摸来摸去——他想——就会摸到自己的脑袋还在项上!

1828.他们把地下横着的腿,东搬起一支,西挪开一条,象(像)拨搂柴草似的,给自己清理出可以坐下的一块地方。

1829.还是那么乱,那么挤,可是他们的脚尖象(像)是已经受过训练,很准确的(地)东点一下,西点一下,把自己安插在可以站立的地方。

1830.老冯的工作只须把这条明沟稍加整理,东边铲一铲,西边垫一垫的,便可以交工。

1831.周少濂把皮箱提起来,两个人往学生宿舍走。赵子曰东看一眼西看一眼,处处阴风惨惨……

1832.他们是瞎忙一气,东撞一头,西跑一路,闪来那条街,他便顺着走……

1833.画完了,把石板放在地板上,自己趴下学兔儿:东闻一闻,西跳一跳,又用手前后的(地)拉耳朵,因为兔耳是会动弹的。

1834.东试一步,西试一步,弯下腰,轻轻的(地)立起来,向左扭,向后退……

1835.这次孝敬父亲四十镑添买些家具,剩下不过所合四百余元。东凑西挪,一股脑儿花在这件外套上面,不大合算。

1836.鸿渐两天没剃胡子梳头,昨天给雨淋透的头发,东结一团,西刺一尖,一个个崇山峻岭,装湿了……

1837.所以您记都没法记,今儿个东一句西一句,等具体的时候……

1838.东一句西一句瞎聊了,是啊,是啊,这社会是,真是,太好啦,这社会。

1839.看了我的简历,听了我的歌后,大家东一句西一句七嘴八舌地讨论了足足一个下午,最后由毛仁风拍板。

1840.这比东一件事情、西一件事情到处干预好得多,党的威信自然就会提高。

1841.批发市场的东边贴着工商所的“告示”,批发市场门前不宽的场地上,东一处、西一处活动着穿着制服的工商所干部……

1842.说东一榔头,西一棒子不大好听。

1843.现时有些贫困地方对于怎样脱贫心里没谱,东一枪、西一炮,一直走不出贫困的“谜宫”。

1844.远处三山闪烁着几盏电灯,湖上的渔船东一处西一处地亮着几星渔火……

1845.但是工作一轮要用4天时间,因为山高路远,东一家西一家,最远的一户来回要走25公里。

1846.这样,各家的腰包都掏了,却见不到较好的效果,东一股汤,西一股水,资金不集中,乱撒了"胡椒面"……

1847.倪润峰说:搞企业切忌人云亦云,东一榔头、西一棒子,必须信念坚定、目标明确。

1848.他带着一丝酒意归来后,我便寻个缘由,故意装成傻呵呵样子,东一榔头西一棒子瞎问一通以进行"勾引"。

1849.在大部分城市,人们交电话费、煤气水电费、房租,再也不用东一趟西一趟地跑电话局、煤气公司、房管站,只要就近找一家银行开个户头……

1850.开罗骆驼市场占地甚广,进入骆驼市场,东一堆,西一堆,能见到好几百峰骆驼。

1851.山谷里满是萝卜籽花,白亮泛紫;东一块西一块镶嵌着金晃晃的油菜花,一直漫涌到山坡上,杂染在巨石间……

1852.一座山分给十几户,今天你要烧荒,明天他要砍树,把座山弄得东一条西一道,像个西瓜皮。

1853.主人说,这些土地不用竹桩固定住,就会像冰块一样东一块西一块地漂走。

1854.但他却谦逊地自许为园边人,只在园边东一片西一片,随意地拣拾落叶。

1855.男人们则提着马灯,举着火把,唤上家犬,东一头西一头分路上山寻找。

1856.除了一滩又一滩白花花的盐碱地,就是东一蓬西一蓬痢痢头般稀落的骆驼刺。

1857.不顾实际与可能，盲目“抢道”，上规模、铺摊子，四面出击，东一榔头西一棒子，抓不到点子上。

1858.在此之前，货场就有类似的登记簿，只是东一笔、西一笔，记得不完整、不仔细。

1859.而我在北大已毕业了两年，东一头西一头，没有固定工作，已换了三四个地方了。

1860.湿漉漉的水印子，东一片西一片，满地都是。

1861.一战引人注目，面对小林觉黑棋的模样，马晓春又施出惯用的战术，东一枪、西一棒，果然奏效，共下158手，就将强敌小林觉拉下鞍来。

1862.所以，现在海外华侨华人回国探亲访友，不用再万里迢迢东一包西一包的(地)带什么礼品了。

1863.一种墨绿色枝干，丛生在沙滩，东一簇，西一簇，散发着苦味，却荣幸地被大家命名为“戈壁军花”……

1864.我觉得原因可能有两条：一是我的说教东一榔头西一棒子，缺乏理论性……

1865.当时有这样一首顺口溜：“雁翎队，在水上，鬼子轮船追不上；东一枪，西一枪，专打敌人冷不防。”

1866.“不。以前零零碎碎的村庄，东一处，西一处，小村并大村后，才成了这个样子。”

1867.根据人物个性展示的需要，每个语段在节奏上明快，集中，不搞东一榔头西一棒子的交叉式，打碎那种毫无生气的节奏……

1868.紫风老师一刻也没有好好歇息过。“秦牧这人的东西很零乱的，书稿东一堆西一堆……”

1869.几年之内只见荒草有些地方紧靠城镇，便靠东一块西一片地炒房地产以求暴发。

1870.中队院子没空地,他们就在营区附近小山坡的乱坟岗上东一块、西一块,开垦出菜地2亩多,每年产菜万余公斤,基本达到了蔬菜自给……

1871."高峰"时连找个清静的地方站一会儿都困难,可四周却东一处、西一摊排满了商品柜台。

1872.来自丰台的小何夫妇说:"以前买房子真不易,单看房就把人累死,东一座,西一幢,时间、精力、财力都吃不消。现在可方便啦……"

1873.羊圈离场部不远,方便看管吧。我们迎着浓郁的芳香信步草场,遥望东一拨、西一堆的羊群在溪流、泉水边快乐逍遥。

1874.村里大人孩子一下围上去,不容书画家们喘气,就东一坡、西一摊地拉去写将起来。

1875.见了梯子,噔噔几下,像个矫健的小伙子爬到房上。果然不少学员东一个西一个都睡在房上,我急急喊醒他们,告知有情况。

1876.没有大面积连成一片的深厚煤层,而是东一堆、西一堆的所谓"鸡窝煤",煤层也就时深时浅,时大时小……

1877.有一个老妇人摸索着走进她自家地下室里去。这是她的实验室,器物东一堆西一堆杂乱无章。

1878.暮色越来越浓,一家人吃完了饭,正在客厅里东一搭西一搭地聊着,突然,"嘭嘭嘭"一阵急促粗暴的敲门声……

1879.我也无心欣赏夜景,只是随便东一句西一句,说些八竿子打不着的话……

1880.车子东一转,西一拐,开到杭州北山街××号住宅楼门前停下,吕厅长说……

1881.那会儿农村生活虽然也不咋好,但社员在家红薯稀粥烂菜,热炕上东一口西一口,咋也不至于喝这东西。

1882.碰见一位同行,刚刚自费从驾校学习回来,拿到了驾驶执照,熟人们东一个,西一个,都会开车了。

1883.这人也是因烫发脱了发,摘下发套给她俩看,头上东一块西一块秃着,最长的头发只有一寸,她也是用"冰都"烫的头发。

1884.笼统地说,这本来要算是一个好习惯。但如果他有书到手即读,东一册西一册,芜杂凌乱,毫无系统,又不去认真思索,那结果反而会是很不妙……

1885.这个名为"总厂"的汽车配件厂,由十六个小厂组成,东一摊西一摊分散在北京市四十多条街道上,主要产品质量不合格……

1886.目前正东一处西一处地在朋友们家里借住。

1887.把本应完整的情节撕得东一块西一块,多线条复合结构在小说中留下了一段段富有诱惑性的空白……

1888.这本是无可厚非的;同时还谈到:要是津津乐道于小文章,而且东一榔头西一棒……

1889.由《汉语口语语法》到《现代英语研究》,直到晚年完成《通字方案》,东一片儿西一段儿的,虽没有砖头形的巨著,也还发凡知著,瓣香中西。

1890.他俩兴冲冲地在走廊里把臭球鞋踢得东一只西一只。

1891.房门也都开了,邻居们蜂涌(拥)而出,只见内勒·帕森尼小姐正在走廊里东一头西一头乱撞,嘴里嚷嚷着,双手紧绞在一起。

1892.我随想随写,东一句、西一句。

1893.起稿时,却想不出颜究竟所说的是什么内容。因为颜虽无话不说,却东一句西一句,七拉八扯。

1894.然而,这种"东一榔头西一棒"的搜寻方法的成功概率常常等于零。

参考文献

一、中文文献

1.郭锐.现代汉语词类研究[M].北京:商务印书馆,2004.

2.吕叔湘.中国文法要略[M].北京:商务印书馆,1982.

3.吕叔湘.现代汉语八百词(增订本)[M].北京:商务印书馆,2003.

4.李临定.现代汉语句型[M].北京:商务印书馆,1986.

5.孟琮.汉语动词用法词典[M].北京:商务印书馆,1999.

6.邢福义.汉语复句研究[M].北京:商务印书馆,2001.

7.徐烈炯,刘丹青.话题的结构与功能(增订本)[M].上海:上海教育出版社,2007.

8.俞士汶等.现代汉语语法信息词典详解(第二版)[M].北京:清华大学出版社,2003.

9.中国社会科学院语言研究所词典编辑室.现代汉语词典(第6版)[M].北京:商务印书馆,2012.

10.朱德熙.语法讲义[M].北京:商务印书馆,1982.

11.弗里德里希·温格瑞尔,汉斯-尤格·施密特.认知语言学导论[M].彭利贞,许国萍,赵微,译.上海:复旦大学出版社,2009.

12.陈小荷.主观量问题初探——兼谈副词"就"、"才"、"都"

[J].世界汉语教学,1994(4):18-24.

13.郭锐.汉语动词的过程结构[J].中国语文,1993(6):410-419.

14.郭锐.同形删略和离合词、不完整词形成机制——兼论准定语的形成机制[J].语言科学,2017(3):225-249.

15.黄大祥.量词为名量的"A_1 一量 A_2 一量"格式[J].河西学院学报,2005(3):92-94.

16.蒋遐."V1 一量 V2 一量"格式的语义类型[J].语文学刊,2011(9):8-10.

17.李临定,范方莲.试论表"每"的数量结构对应式[J].中国语文,1960(11):379-382.

18.刘德周.同语的语用功能及分类研究[J].中国语文,1998(1):44-49.

19.吕韦华."你""我"对举现象浅析[J].汉语学习,1998(1):7.

20.彭睿.语法化"扩展"效应及相关理论问题[J].汉语学报,2009(1):50-64.

21.邵敬敏."同语"式探讨[J].语文研究,1986(1):13-19.

22.沈家煊."有界"与"无界"[J].中国语文,1995(5):367-380.

23.沈家煊.再谈"有界"和"无界"[J].语言学论丛,2004(30):40-54.

24.王惠等."现代汉语语义词典"的结构及应用[J].语言文字应用,2006(6):134-141.

25.徐国玉."N 一 L,N 一 L"结构[J].延边大学学报(社会科学版),1992(3):100-102.

26.殷志平.对举短语的结构特点和语义理解[J].语言学研究,1995(4):68-70.

27.张国宪.论对举格式的句法、语义和语用功能[J].淮北煤师院学报(社会科学版),1993(1):96-100.

28.周毕吉.浅析“A一量B一量”式并列短语[J].湖北师范学院学报(哲学社会科学版),2002(2):113-119.

29.资中勇.现代汉语中的对举结构[J].湖南人文科技学院学报,2005(1):85-88.

30.窦玉荣.现代汉语“A一X,B一Y”对举格式考察[D].北京:北京语言大学,2008.

31.李善熙.汉语“主观量”的表达研究[D].北京:中国社会科学院研究生院,2003.

32.李艳华.现代汉语交替范畴的表达[D].延吉:延边大学,2004.

33.魏雪.面向语义搜索的汉语名名组合的自动释义研究[D].北京:北京大学,2012.

34.吴姝俐.现代汉语“A一量B一量”对举结构及其相关问题研究[D].广州:暨南大学,2007.

35.许涵.汉语动词重叠式句法功能比较研究[D].北京:北京大学,2012.

36.詹卫东.面向中文信息处理的现代汉语短语结构规则研究[D].北京:北京大学,1999.

37.赵立云.现代汉语对举格式探讨[D].长春:东北师范大学,2005.

二、英文文献

1. Fillmore C J, Lee-Goldman R R, Rhodes R. The FrameNet Construction [M]. Stanford: CSLI Publications

Stanford University，2012.

2. Goldberg A. Constructions：A Construction Grammar Approach to Argument Structure[M]. Chicago：University of Chicago Press，1995.

3. Goldberg A. Constructions at Work：The Nature of Generalization in Language[M]. Oxford：Oxford University Press，2006.

4. Traugott E C，Trousdale G. Constructionalization and Constructional Changes [M]. Oxford：Oxford University Press，2013.

5.Fillmore C J,et al. Regularity and Idiomaticity in Grammatical Constructions：The Case of Let Along[J]. Language，1988(3)：501-538.

山东大学中文专刊目录

《杨振声文集》
《黄孝纾文集》
《萧涤非文集》
《殷孟伦文集》
《殷焕先文集》
《刘泮溪文集》
《孙昌熙文集》
《关德栋文集》
《牟世金文集》
《中国诗史》（陆侃如、冯沅君）
《诗经考索》（王洲明）
《出土文献与先秦著述史研究》（高新华）
《战国至汉初的黄老思想研究》（高新华）
《蔡伦造纸与纸的早期应用》（刘光裕）
《刘光裕编辑学论集》（刘光裕）
《挚虞及其〈文章流别集〉研究》（徐昌盛）
《苏轼诗文评点研究》（樊庆彦）
《中国小说互文与通变研究》（李桂奎）
《中国当代戏曲论争史述》（刘方政）
《袁世硕文集》
《刘乃昌文集》
《钱曾怡文集》
《葛本仪文集》
《董治安文集》
《张可礼文集》
《郭延礼文集》
《曾繁仁学术文集》

《中国电影新生代的轨迹探寻》（丁晋）
《莫言小说叙事学》（张学军）
《景石斋训诂存稿》（路广正）
《古汉字通解500例》（徐超）
《战国至汉初简帛人物名号整理研究》（王辉）
《瑶语方言历史比较研究》（刘文）
《石学蠡探》（叶国良）
《因明通识》（姜宝昌）
《袁昶年谱长编》（朱家英）
《孙吴文学系年》（徐昌盛）
《明代文学论丛》（孙学堂）
《语言学田野调查方法与实践》（刘文）
《基于人工神经网络和向量空间模型的汉语体貌系统研究》（刘洪超）
《面向构式知识库构建的现代汉语“A+一+X,B+一+Y”格式研究》（刘洪超）